Maria –
für alle Frauen
oder über allen Frauen?

Anne Jensen

Maria –
für alle Frauen oder über allen Frauen?

Herausgegeben von
Elisabeth Gössmann
und Dieter R. Bauer

Herder Freiburg · Basel · Wien

Reihe *frauenforum*
herausgegeben von Karin Walter

Umschlagbild: Herder-Archiv

Herstellung: Freiburger Graphische Betriebe 1989
ISBN 3-451-21348-6

Inhalt

Maria – Schwester im Glauben

Eine Einführung

von Dieter R. Bauer und Elisabeth Gössmann

Wer nach Maria fragt, sucht wohl auch – vielleicht sogar in erster Linie – die historische Mutter Jesu, das jüdische Mädchen, die glaubensstarke Frau. Doch ist der Zugang zu ihr weitgehend verschüttet; die frühe christliche Gemeinde interessierte sich nach dem Zeugnis der Quellen nicht oder jedenfalls kaum für diese Frau in ihren konkreten Lebensumständen. Beherrschend aber steht die große Symbolgestalt des christlichen Glaubens vor Augen, zu der die jungfräuliche Gottesmutter in der Tradition der Kirche geworden ist. Dabei blieb Maria im Sinne eines Idealbildes der Frau als „Inbegriff der Passivität, der Selbstvergessenheit, des schweigenden Duldens"[1] prägendes Beispiel – auch wenn sie, die Reine, Erhabene, nur allzuoft gegen alle anderen Frauen ausgespielt wurde: „Je höher Maria in der kirchlichen Rangordnung aufstieg, desto niedriger, minderwertiger wurde die Frau, die verheiratete Frau zumal, bewertet"[2].

Die deutlichsten Worte der Kritik und der Anklage gegenüber traditioneller Mariologie und Marienfrömmigkeit fanden vor allem feministisch orientierte Theologinnen; doch zeigt sich bei einigen von ihnen auch eine Tendenz zur Wiederaufwertung des Marianischen. So wird auf die „doppelte Botschaft" und die „prophetischen Gehalte" marianischer Dogmen hingewiesen, wird etwa das Jungfrauensymbol als „Botschaft der Unabhängigkeit und weiblichen Autonomie" gesehen, gilt die Unbefleckte Empfängnis als Negation des Mythos vom weiblichen Bösen und als Vorausdeutung auf eine „Welt jenseits der patriarchalen Vorstellungen von Gut und Böse, in der die Frauen nicht mehr die Last der Sündenbockrolle tragen"[3]. Die Entdeckung des Magnifikat als Befreiungs- und Protestlied – zunächst in der lateinamerikanischen Befreiungstheologie von zentraler Bedeutung – stellt Maria in die prophetische Tradition ihres Volkes und an den Anfang einer christlichen Tradition, in der gerade auch Frauen immer wieder das göttlich inspirierte, prophetische Wort für sich in Anspruch nahmen.

Auch Mütterlichkeit, ein zentrales Attribut Marias, wird heute zum Teil neu gesehen und weiter gefaßt; die Aufgabe, Mutter zu sein, kann „als Offenheit und Bereitschaft zur Zukunft betrachtet werden, als die Sorge, daß Menschen in einer menschenwürdigen und menschlichen Umwelt leben können, als das Bedachtsein darauf und das Arbeiten dafür, daß Gemeinschaft entsteht und Gemeinschaft wächst"[4]. Doch wurden Mütterlichkeit und Mutterschaft Marias schon in der Tradition nicht – jedenfalls nicht nur – im Hinblick auf die einmalige Geburt Gottes überhöht und auch nicht in einem auf das Geschlecht einengenden oder gar die Aufgabe der Frau definierenden Sinne mit leiblicher Mutterschaft verknüpft, vielmehr sah mittelalterliche Mystik – wesentlicher und tiefer gründend – gerade hierin Marias Vorbildlichkeit im Glauben für Frauen wie Männer. In den Worten des Angelus Silesius:
„Ich muß Maria sein und Gott aus mir gebären,
Soll er mich ewiglich der Seligkeit gewähren"[5].

Damit ist schon angedeutet, daß wir heute keineswegs an einem Punkt Null ansetzen müssen, daß vielmehr wichtige und notwendige Neuansätze bereits in der Vergangenheit vorgeformt oder sogar verwirklicht wurden. Dies gilt im Kern auch für aktuelle feministische Anliegen – bei allen Unterschieden, die sich von veränderten praktischen und theoretischen Voraussetzungen her selbstverständlich ergeben. In Vergessenheit geratenes Nachdenken über Maria, vergangene Kämpfe und Auseinandersetzungen um Frauen und um die gesellschaftliche (wie kirchliche) Rolle von Frauen aufzuarbeiten und wieder zugänglich zu machen, dies ist nicht nur ein Akt überzeitlicher Solidarität mit Frauen und auch Männern, die als Vorläufer und Wegbereiter für uns Nachgeborene solches besonders verdienen; es könnte auch das Denken und Handeln in der Gegenwart beflügeln[6].

Das neuerwachte Interesse an Maria ist nicht mehr an Konfessionsgrenzen gebunden, doch verbindet sich in der westlichen Christenheit Maria immer noch in besonderer Weise mit der römisch-katholischen Kirche: keine notwendige Konsequenz aus Lehrstreitigkeiten, sondern das Ergebnis einer gegenreformatorisch inspirierten und bewußt forcierten Marienfrömmigkeit mit den überbordenden Formen barocker Volkskultur auf katholischer Seite. Erst spät – 1854 und 1950 – führte diese Entwicklung zu Lehrdefinitionen, den beiden letzten Mariendogmen: Anfang und Ende des sogenannten „marianischen Jahrhunderts"[7].

Daß gerade durch Formen der Frömmigkeit der Zugang zu Maria verschüttet wurde und wird – durchaus auch für Katholiken –, darauf machte Papst Paul VI. aufmerksam, dessen Apostolisches Mahnschreiben ‚Marialis Cultus' vom 2. Februar 1974 sicherlich kein Endpunkt sein konnte, aber doch in die richtige Richtung wies und immer noch von Bedeutung ist[8]. Es war das besondere Anliegen dieses Papstes, daß der Blick auf Maria, diese „hervorragende Tochter Evas", in Zukunft nicht ein Hindernis sei, sondern ein Weg und ein Treffpunkt, um die Einheit aller, die an Christus glauben, wiederherzustellen. In den eineinhalb Jahrzehnten seit der Veröffentlichung dieses Schreibens hat sich in der Mariologie wie in der Marienfrömmigkeit einiges getan, doch noch immer gibt es die vom Papst angeprangerten leichtgläubig ausgeübten Praktiken, die, statt zu ernsthaftem religiösen Bemühen aufzufordern, sich mit oberflächlicher Sentimentalität begnügen und dabei das Zentrum unseres Glaubens, Christus, aus dem Blick verlieren. Der Auftrag des Papstes, vom „völlig gewandelten anthropologischen Denken und psychologisch-soziologischen Empfinden der heutigen Zeit" her ein neues Marienbild zu zeichnen, das „den Lebensbedingungen der Gegenwart, vor allem den Lebensbedingungen der modernen Frau", gerecht wird, ist zweifellos noch nicht eingelöst.

Der vorliegende Band geht auf eine Tagung der Akademie der Diözese Rottenburg-Stuttgart zurück, die in dem von Papst Johannes Paul II. ausgerufenen „Marianischen Jahr" stattfand und davon nicht unbeeinflußt blieb.

Eckpfeiler des „Marianischen Jahres" bildeten zwei päpstliche Schreiben, die hier kurz angesprochen werden sollen. Den Auftakt bildete die Enzyklika ‚Redemptoris Mater', ‚Mutter des Erlösers', vom 25. März 1987, in der offiziellen deutschen Fassung überschrieben ‚Über die selige Jungfrau Maria im Leben der pilgernden Kirche'[9]. Der Papst unterstreicht die große ökumenische Bedeutung der Gottesmutter – allerdings besonders mit Blick auf die Ostkirchen. Er spricht von der „Pilgerschaft des Glaubens, für die Maria selbst das bleibende Beispiel ist: Sie soll sie (die Christen) zur Einheit führen, wie sie von dem einen, allen gemeinsamen Herrn gewollt ist und von denjenigen heiß ersehnt wird, die aufmerksam auf das hören, ‚was der Geist heute den Kirchen sagt'."[10] Und er markiert die gemeinchristlichen Aussagen über Maria: „Die Kirchen, die sich zur Glaubenslehre von Ephesus bekennen, nennen die Jungfrau ‚wahre Mutter Gottes'; denn ‚unser Herr Jesus Christus, vom Vater vor aller Zeit in seiner Göttlichkeit geboren, ist als derselbe in den letzten Tagen für uns und zu unserem Heil von der Jungfrau Maria und Mutter Gottes in seiner Menschheit geboren worden'."[11] Damit wird auch die notwendige Christusbezogenheit jedes Sprechens über Maria noch einmal herausgestellt.

Dies kann schon als „Korrektiv zu jenen (nicht allgemein geteilten) feministischen Bestrebungen gelesen werden, die in einer unsachlich monokausalen Erklärung die Theotokos als Erbin der Göttinnen des Mittelmeerraumes und als die Erfüllung der Sehnsüchte des menschlichen Herzens nach der ‚göttlichen Frau' erblicken"[12] – wie dann die Klärung des Begriffs Theotokos in dem Apostolischen Schreiben ‚Mulieris Dignitatem' (Über die Würde und Berufung der Frau) anläßlich des Marianischen Jahres[13]. Hier finden sich mariologische Aussagen, die durchaus einem allgemein feministischen Interesse entsprechen: „Wenn gesagt wird, daß Maria ‚durch ihre im Glauben gesprochene Antwort' ihren freien Willen zum Ausdruck bringt und damit ‚die volle Teilnahme ihres personalen weiblichen Ich am Ereignis der Menschwerdung', die sie zum ‚wahren Subjekt' der Gottesbeziehung macht, dann ist damit auch ein Verdikt gesprochen über allen Mißbrauch von Marias ‚Fiat' (‚Es geschehe'), um aus Frauen untertänige, ihre Subjektivität unterdrückende Wesen zu machen."[14] Marias Selbstbezeichnung als „Magd des Herrn" wird im Sinne ihrer Geschöpflichkeit ausgelegt; sie wird dem „Gottesknecht" – also Christus, dem „Menschensohn" – an die Seite gestellt. – Insgesamt ein Lehrschreiben, das wichtige Positionen festschreibt, aber doch hinter manchen in der Sache berechtigten Erwartungen deutlich zurückbleibt.

In der Geschichte stand das Bild der Gottesmutter immer in engem Zusammenhang mit der Vorstellung von der Rolle der Frau in Kirche und Gesellschaft. Dem soll im vorliegenden Band nachgegangen werden – mit dem Ziel, Hilfestellungen für die Gegenwart anzubieten. Denn zu Recht suchen Christen – gerade Frauen, aber auch Männer – heute „ihre" Maria, die sie als gültiges Vorbild anerkennen können: Schwester im Glauben.

Alttestamentliche Weisheitstexte als marianische Liturgie

Sprüche 8 und Jesus Sirach 24 in den Lesungen an Marienfesten

von Helen Schüngel-Straumann

Ein alttestamentlicher Beitrag mit Bezug auf Maria mutet zunächst fremd an. Anlaß hierfür sind zahlreiche Lesungen aus dem Alten Testament, die an den großen Marienfesten bis in die Zeit des II. Vatikanum gehalten wurden (und zu einem Teil auch noch in den nachkonziliaren Meßbüchern vorkommen). Ich kann deshalb keine Aussagen über Maria oder die Mariologie machen, auch nicht erschöpfende Ausführungen über die alttestamentlichen Texte als solche, meine Darstellung beschränkt sich vielmehr – im vorgegebenen thematischen Rahmen – auf die Funktion der Lesungstexte.

In der Zeit vor dem Konzil gab es im Laufe des Kirchenjahres über ein Dutzend mit Datum versehene Marienfeste. Der Hauptteil der alttestamentlichen Lesungen in meinem Meßbuch stammte aus Spr 8 und Sir 24 [1]. Diese weisheitlichen Texte wurden im Laufe des Jahres rund zehnmal vorgelesen, wobei es für mich und meine Generation keine Frage war, daß die Aussagen, die hier ursprünglich von der Weisheit gemacht wurden, für Maria galten; das heißt: es entstand der Eindruck, die präexistente biblische Weisheit und die Person Marias seien identisch.

Daß dem nicht so ist, sondern daß es sich hier um zwei sehr unterschiedliche Größen handelt, wurde mir erst sehr viel später klar. Es soll also im folgenden darum gehen, die ursprüngliche Intention und den Symbolgehalt der Texte in ihrem biblischen und außerbiblischen Kontext zu beleuchten; sodann wird die Übertragung auf bestimmte Personen bzw. Feste untersucht. Was hat die alttestamentliche Weisheit *(ḥokmah/sophia)* mit Maria zu tun? Warum und mit welcher Legitimation konnten biblische Texte, die ursprünglich ganz anders gemeint waren, jahrhundertelang von der Liturgie für Maria verwendet werden?

Die alttestamentlichen Weisheitstexte

Der Begriff für „weise" *(ḥakam)* und „Weisheit" *(ḥokmah)* ist gemeinsemitisch. Er bedeutet „kundig, gescheit, schlau" und kommt wohl vom Akkadischen „verstehen, begreifen"[2].

Nach von Rad[3] entwickelt sich in Israel aus der Lebenslehre die theologische Weisheit, wie sie vor allem in nachexilischen Texten zu finden ist und wie sie uns hier als weibliche Gestalt besonders beschäftigt. (Interessant ist hierzu noch, daß sich der Begriff im Arabischen weiter entwickelt zu *ḥikmat* = Wissenschaft, ebenfalls ein weiblicher Begriff, der dort, wo er plastisch dargestellt wird, jeweils auch durch eine weibliche Figur symbolisiert wird.)

Sprüche 8

1 „Nicht wahr? Die Weisheit ruft,
und die Einsicht läßt ihre Stimme erschallen.
2 Auf den Höhen, oberhalb des Weges,
am Schnittpunkt der Pfade hat sie sich aufgestellt,
3 seitlich der Tore zur Stadt,
am Eingang der Pforten ruft sie laut:
4 Euch, Männer, rufe ich,
und meine Stimme richtet sich an die Menschen.
5 Gewinnt Einsicht, ihr Einfältigen, in die Klugheit,
und, ihr Toren, müht euch um Verstand.
6 Hört zu, denn Erhabenes sage ich,
und der Öffnung meiner Lippen (entströmt) Redliches.
7 Spricht doch Wahrheit mein Gaumen,
aber ein Greuel für meine Lippen ist Frevelhaftigkeit.
8 In Geradheit (ergehen) alle Reden meines Mundes,
und nichts Hinterhältiges oder Verdrehtes ist in ihnen.

9 Sie sind allesamt richtig für den Einsichtigen
und rechtschaffen für die, die Erkenntnis finden.
10 Nehmt meine Zurechtweisung an und nicht Silber,
Erkenntnis lieber als kostbares Gold.
11 Denn besser ist Weisheit als Korallen,
und alle Kostbarkeiten sind ihr nicht gleichzuachten.

12 Ich, die Weisheit, bin benachbart der Klugheit,
und über besonnenes Wissen verfüge ich.
13 Jahwefurcht (besteht) im Hassen des Bösen,
Hochmut und Hochfahrenheit und bösen Weg
und verkehrten Mund hasse ich.
14 Bei mir finden sich Rat und Gelingen,
ich – ich besitze Einsicht und Kraft.
15 Durch mich herrschen Könige,
und Machthaber setzen fest, was rechtens ist.
16 Durch mich regieren Fürsten
und Würdenträger und alle gerechten Richter.
17 Ich liebe meine Liebhaber,
und die mich suchen, werden mich finden.
18 Reichtum und Würde befinden sich bei mir,
vermehrtes Vermögen und Gerechtigkeit.
19 Besser ist meine Frucht als Gold und Feingold
und mein Ertrag (besser) als kostbares Silber.
20 Auf dem Weg der Gerechtigkeit gehe ich einher,
mitten auf den Pfaden des Rechts,
21 um an meine Liebhaber Besitztum zu vererben,
und ihre Schatzhäuser will ich anfüllen.
22 Jahwe hat mich hervorgebracht als Erstling seiner Wege,
vor seinen Werken von damals.

23 Vor der Zeit bin ich eingesetzt worden,
vor Beginn, vor den Anfängen der Erde.
24 Als die Urfluten noch nicht bestanden, bin ich geboren worden,
als es noch keine Quellen gab, reich an Wasser.
25 Bevor die Berge eingesenkt wurden,
(noch) vor den Hügeln wurde ich geboren.
26 Als er noch nicht das Land gemacht hatte und die

Gefilde
und das Ganze an Bestandteilen auf dem Erdengrund,
27 als er den Himmel aufrichtete, war ich da.
Als er den Erdkreis festlegte über der Tiefe,
28 als er die Wolken oben befestigte,
als er die Quellen der Tiefe zähmte,
29 als er dem Meer seine Grenze setzte
und das Wasser seinen Rand nicht überschreiten konnte,
als er die Grundfesten der Erde festlegte,
30 da war ich bei ihm als Pflegling,
und ich war seine Wonne Tag für Tag,
war spielend tätig vor ihm zu jeder Zeit,
31 war spielend tätig auf seinem Erdkreis
und hatte meine Wonne an den Menschenkindern.

32 Nun also, Söhne, hört auf mich!
Heil denen, die meine Wege bewahren.
33 Höret auf Zurechtweisung und werdet weise
und vernachlässigt (sie) nicht.
34 Heil dem Menschen, der auf mich hört,
um Wache zu halten an meinen Türen täglich,
um zu behüten die Pfosten meiner Tore.
35 Denn wer mich findet, findet Leben
und empfängt Wohlgefallen von Jahwe.
36 Wer mich aber verfehlt, tut sich selbst Gewalt an.
Alle, die mich hassen, lieben den Tod'."[4]

Der ältere der beiden Texte, Spr 8, bildet den Höhepunkt der Spruchsammlung von Kap. 1–9, die viele altorientalische Vorstellungen aufgenommen hat. Es gibt fast einen Konsens darüber, daß dieses Kapitel um 300 v. Chr. anzusetzen ist, also am Ende des 4. Jahrhunderts.

Spr 8 bringt eine Rede der Weisheit (hebr. *ḥokmah*), ab V. (= Vers) 4 in der Ich-Form, wobei am Anfang und am Ende des Kapitels Ermahnungen enthalten sind. Sonst spricht hier die Weisheit wie eine Person. In der gleichen Form finden sich im Alten Testament oft Jahwereden in der Ich-Form, häufig bei den Propheten, aber auch im Kult und in ethischen Texten.

Nun ist erst ein Wort zu sagen zur Auswahl des Lesungstextes an Marienfesten. Es wurde nämlich nicht das ganze 8. Kapitel ausgewählt; der erste Teil ist weggebrochen. Dadurch fallen die beiden ersten Abschnitte, aus denen hervorgeht, wer hier spricht, weg. V. 4–11 stellt die Weisheit sich vor und preist ihre Ordnung an. Der Gedanke, daß Weisheit besser ist als Gold und anderer edler Besitz, ist ein allgemeiner Topos in dieser Literatur und wird mehrfach variiert. Man vergleiche den verwandten Text Ijob 28!

V. 12–21 gibt sie eine Selbstempfehlung. Was hier die *ḥokmah* von sich selbst sagt, müßte als Anmaßung empfunden werden, würde irgendein irdisches Wesen, auch ein Weisheitslehrer oder Prophet, solches von sich behaupten.

Dieser ganze erste Teil kommt in den Marienlesungen nicht vor, sondern sie beginnen alle mit V. 22 ganz abrupt: „Jahwe hat mich hervorgebracht am Anfang seiner Wege ..." Nur wenn die sich vorstellende Person wegfällt, kann später die Aussage auch auf eine andere, hier auf Maria, bezogen werden. Das Stück V. 22–31 ist zudem andersartig als die Einleitung, hier sind besonders viele ägyptische Vorstellungen aufgenommen worden. In diesen Versen wird die Herkunft der Weisheit geschildert: Als Erstling der Schöpfung spricht sie von ihrer Aktivität vor und bei der Erschaffung der Welt. Dieser Teil hört aber mit V. 31 auf; V. 32–36 ist ein Schlußabschnitt, der wiederum Ermahnungen enthält wie die Anfangspassage und sich terminologisch und sachlich auf diese zurückbezieht. Diese ist jedoch in der Liturgie durchweg weggelassen. So ergibt sich die Diskrepanz, daß der letzte, ermahnende Teil bei allen Lesungen sozusagen in der Luft hängt. Bei allen drei Festen, die Spr 8 als Lesung enthalten, hört der Text zudem mit V. 35 auf („Denn wer mich findet, findet das Leben ...") und läßt den letzten V. 36 weg, der die Antithese enthält: „Wer mich aber verfehlt ...". Ein Grund für diese gefühllose Beschneidung des biblischen Textes ist nicht einsichtig.

Nun etwas zum Rahmen, zu der Lehrpredigt der Weisheit V. 4–11.12–21 und dem Schluß V. 32–36, und danach zum Mittelstück, das den Hauptteil der marianischen Lesungen ausmacht.

In V. 4 beginnt die Weisheit zu reden, indem sie die Männer anspricht, dann aber alle Menschen insgesamt; sie ist also nicht national begrenzt. Wichtig ist die Öffentlichkeit, in der sie auftritt. Im Gegensatz zur Torheit, die darauf angewiesen ist, ihr Unwesen heimlich zu treiben, ist der Weisheit daran gelegen, sich in einem möglichst großen Raum Geltung zu verschaffen. Auch Spr 1,20f. ist dieser Zug betont: sie spricht öffentlich und laut.

Im zweiten Abschnitt, V. 12–21, tritt die *ḥokmah* mit einem geradezu göttlichen Anspruch auf. Allein schon die Ich-Rede, wie sie häufig als Selbstvorstellung Jahwes im Alten Testament, z. B. auch am Anfang des Dekalogs, vorkommt, zeigt die Selbsteinschätzung dieser Sprecherin. Vor allem ist hinzuweisen auf V. 17, wo gesagt wird, sie sei zu suchen. Dieses Suchen und Finden hat ein Vorbild bei bestimmten Propheten, z. B. in Am 4, 4.6, wo Jahwe selbst fordert: „Suchet mich, auf daß ihr lebet." Dieses Gott-Suchen wird hier nun gleichgesetzt mit dem Suchen und Verlangen nach Weisheit. Noch deutlicher wird diese Identifizierung im vorletzten V. 35 (in der Lesung ist es der abschließende, letzte Vers!): „Denn wer mich findet, hat Leben gefunden und Wohlgefallen erlangt von Jahwe." Ein weiterer Hinweis auf eine Verbindung mit prophetischer Tradition, besonders mit Amos und Jesaja, könnte darin gesehen werden, daß die Weisheit sich hier *ṣ^{e}daqah* (Gerechtigkeit) zuschreibt, ein Kernbegriff gerade dieser beiden Propheten.

Aber nicht nur werden hier Aussagen, die gewöhnlich Jahwe zugeordnet werden, auf die Weisheit übertragen, in V. 14 wird auch beispielsweise das, was Jes 11,2 vom messianischen Friedensfürsten ausgesagt ist, mit den gleichen Termini der Weisheit zugeordnet; es heißt dort:

„Und der Geist Jahwes wird auf ihm ruhen,
der Geist der Weisheit und der Einsicht,
der Geist des Rates und der Stärke,
der Geist der Erkenntnis und Furcht Jahwes."

Rat und Tüchtigkeit, Einsicht und Stärke (Kraft) werden von der Weisheit ausgesagt. Einzig *rûaḥ* (Geistkraft) fehlt Spr 8,14, sie fällt mit der Weisheit zusammen. Wie oft in der Spätzeit, werden

Geist und Weisheit fast synonym gebraucht. So erscheint die bildlich personifizierte *ḥokmah* hier „sowohl als Offenbarungsmittler (!), indem sie mit ihrer Verkündigung wie ein Prophet und mit dem Anspruch höchster Autorität auftritt, als auch als Offenbarung des göttlichen Willens an den Menschen selbst, indem sie dem Menschen das Leben anbietet und ihre Annahme als diejenige des göttlichen Willens versteht"[5].

Aber trotz der vielen Anspielungen auf frühere prophetische Aussagen ist der Bezug zu ägyptischen Vorstellungen doch noch größer. So wird Christa Bauer-Kayatz recht haben damit, daß die Rede der Weisheit in Spr 8 „den ägyptischen Götterreden viel näher" steht als den alttestamentlichen Gottesreden. Ägyptische Vorbilder haben demnach prägend auf die Weisheitsreden eingewirkt[6]. Ich möchte dazu auf einen Text hinweisen, in dem sich die Göttin Isis in einer Ich-Rede vorstellt:

„Ich bin Isis, Herrin des Feldes, die Herrliche, die Wohltäterin in Upe in meinem Namen Nebtun.
Ich bin die Herrscherin der Götter an der Spitze des Goldhauses, die Herrin der Menschen an der Spitze des Lebenshauses.
Ich bin Seschat, die Große, an der Spitze des Buchhauses, die Große an Zauberkraft,
Herrscherin des Königshauses.
Ich bin die Fürstin von Ägypten, und ich habe die Fremdländer schon im Ei (?) erobert.
Ich bin die Königsmutter, die Mutter des Gottes Horus, die Königsgemahlin, die königliche Schwester des Wennofre, des Herrn."[7]

Daß, wer so spricht, göttliche Eigenschaften aufweisen muß und göttliche Hoheit beansprucht, wird in Spr 8 besonders deutlich an V. 15 und 16:

„Durch mich regieren Könige ..."

Die *ḥokmah* steht als Kraft oder Person hinter denen, die dafür verantwortlich sind, daß alles seine Richtigkeit *(ṣᵉdaqah)* und seine Ordnung hat. Diese Kraft, die alles ordnet, stammt als Vorstellung ganz klar aus Ägypten. Deutlich steht die Ma'at als

Vorbild hinter diesem Text. Obwohl auch andere außerbiblische Vorstellungen hinter Spr 8 gesucht wurden, ist doch heute nicht mehr zu bestreiten, daß die *ḥokmah,* wie sie hier geschildert ist, ihr Vorbild in Ägypten hat und nicht anderswo im Alten Orient.

Dies wird noch deutlicher im folgenden Abschnitt, der den Kern des Lesungstextes bildet. V. 22–31 ist nun nicht mehr die Rede von der Predigt der Weisheit und der Aufforderung an die Hörer, sie zu suchen, sondern hier wird sozusagen ein Wechsel des Schauplatzes von der Gegenwart in die Vergangenheit vorgenommen. Die Weisheit schildert ihre Herkunft, spricht von ihrem Ursprung vor aller Schöpfung. So läßt sich dieses Stück formal und inhaltlich aus dem Kapitel Spr 8 herauslösen.

„Jahwe" ist das erste Wort des Textes. Er hat die Weisheit geschaffen, erworben oder auch gezeugt. Dies alles ist in dem Verb *qanah* enthalten[8]. Die *ḥokmah* ist somit vorgestellt als eine Tochter Jahwes. „Sie ist die Erstgeborene der Schöpfung. Darin gründet ihr Adel und im Ganzen von Kapitel 8 ihr Anspruch, die Menschen unterweisen zu können."[9]

Die *ḥokmah* ist anwesend bei allen Schöpfungswerken. Daß sie vor allen anderen Werken erschaffen ist, wird mit der altorientalischen Ausdrucksform „als noch nicht" ausgedrückt, mit der viele altorientalische Schöpfungsmythen beginnen:

„Als die Urfluten noch nicht bestanden
bin ich geboren worden,
Als es noch keine Quellen gab,
reich an Wasser.
...
Als er noch nicht das Land gemacht hatte
und die Gefilde ..." (V. 24.26)

Gott ist der Schöpfer, aber sie, die *ḥokmah,* ist immer dabei, „alles ordnend" – so lautet der Schluß von V. 30 in manchen Übersetzungen. Erschaffen heißt Ordnung machen; eine chaotische, nicht-geordnete Welt ist ein Nichts – ein Terminus, den es im Hebräischen nicht gibt. Nun ist gerade dieser Vers heute heftig umstritten. Kernpunkt der Auseinandersetzung ist dabei das zweimalige „spielen" in V. 30 und 31. Dieses Spielen hat bei den meisten Exegeten das Bild eines Kindes heraufbeschworen, und sie betrachten die Weisheit als ein Kind, das zum Vergnügen Jahwes und der Menschenkinder „spielt". Die Übersetzungen lauten dann „Hätschelkind", „Pflegling" o. ä.[10].

Aber im Alten Orient bezeichnet der zugrundeliegende Terminus m^{e}šaḥeqet nicht nur naives Kinderspiel, wie es ein prüdes 19. Jahrhundert hineinlas, sondern auch erotisches Spiel: dies belegen ikonographische Zeugnisse und auch neuere Untersuchungen[11]. Auch die ägyptische Ma'at ist nie als Kind, sondern immer als erwachsene junge Frau dargestellt. Daß dies für ein monotheistisches Denken in Israel ein Problem war – denn Jahwe darf keine erotische Partnerin haben –, erklärt die Vorliebe der meisten Exegeten für die Übersetzung „Kind" anstatt „Werkmeisterin" oder „Expertin". Bei dieser zweiten, meines Erachtens einzig textgemäßen Möglichkeit kann natürlich nur eine erwachsene Person gemeint sein[12].

Die Rolle der *ḥokmah* als einer erwachsenen Frau ist hier geschildert als einzigartige Verbindung zwischen Himmel und Erde, zwischen Gott und den Menschen. Sie ist die Mittlerin bei der Schöpfung[13]. Durch ihre Lebensfreude hat sie gleichsam aktiv an der Welt mitgewirkt. „Nicht der große Kummer oder ein irrer Zufall, sondern eine übermütige Heiterkeit und eine untödliche Lebensfreundlichkeit liegen dem All zugrunde"[14].

Hier ist ein kurzer Exkurs zur ägyptischen Ma'at nötig: *Ma'at* ist ein ganz zentraler Begriff der ägyptischen Weisheitslehre. Sie verkörpert als die geliebte Tochter des Sonnengottes die Richtigkeit, die Ordnung, den Bestand der Welt.[15] „Die Ma'at, Gottes Ordnung der Welt, die den Menschen erst Lebensmöglichkeit schafft, ist mit der Schöpfung auf die Erde niedergestiegen, doch sind die Menschen geneigt, sie immer wieder zu stören; es ist Aufgabe des Königs, sie stets neu zu verwirklichen und das Unrecht zu vertreiben."[16] Dies wird auch im Kult vollzogen, und zwar in der Weise, daß der König der Gottheit ein Figürchen der Ma'at darbringt. Solche Kulthandlungen sind ikonographisch vielfach (so gut wie in jedem ägyptischen Tempel) bezeugt. Weil hier jeweils die Ma'at in einer Kleinstdarstellung aufgeführt ist, hat dies möglicherweise die Meinung verstärkt, sie sei ein Kind. Das kleine Format der Darstellung ist aber aus technischen Gründen bedingt, die Ma'at ist eine ausgewachsene Frau im Kleinstformat [17].

Die Göttin Ma'at.
Zeichnung A. Brodbeck nach N. de G. Davies, The Mastaba of Ptahhetep and Akhethet at Saqqareh (1900), Plate IV, 13

König Ramses II. bringt Ptah die Ma'at dar.
Aus H. Bonnet, in: Bilderatlas zur Religionsgeschichte, 2–4. Lieferung: Ägyptische Religion, Leipzig 1924, Abb. 90.

Im übrigen wartet diese außerordentlich wichtige Gestalt der ägyptischen Ma'at, obwohl viel besprochen, wie Hornung bemerkt, „immer noch auf eine gründliche Untersuchung und Darstellung, die ihrem vielschichtigen Wesen und ihrer Bedeutung für alle Lebensbereiche gerecht wird. In aller Kürze gesagt, ist sie die Ordnung und das rechte Maß, welches der Welt zugrunde liegt, der erstrebenswerte, vollkommene Zustand der Dinge, wie er der Absicht des Schöpfergottes entspricht"[18]. Eigentlich ist sie die Verkörperung eines ursprünglichen und eines erwarteten Heils- und Paradieszustandes. Daß ein solcher Zustand immer in einer weiblichen Figur symbolisiert wird, ist noch ein Grund zu weiteren Fragen.

In Ägypten ist die Ma'at eine eigene göttliche Größe. Sie wird in der Spätzeit mit anderen weiblichen Gottheiten, vor allem mit Isis und Hator, oft fast gleichgesetzt. Wir befinden uns ja um 300 v. Chr., in der Spätzeit einer bereits jahrtausendealten ägyptischen Religion und Kultur! Daß die Ma'at für Spr 8 Patin gestanden hat, ist unbestreitbar. Aber damit kommt es in Israel am Ende des 4. Jahrhunderts v. Chr. zu einem Konflikt. Denn der Monotheismus ist jetzt endgültig ausgebildet, und es stellt sich die Frage, wie diese ägyptische Vorstellung darin einzuordnen ist, genauer: es stellt sich die Frage nach dem Verhältnis von Gott (Jahwe) und der Weisheit.

In Spr 8 ist Jahwe der Schöpfer, und zwar Jahwe allein. Darin ist der Text eindeutig. So steht denn auch der Gottesname betont – und sicher bewußt – als erstes Wort in diesem Abschnitt (V. 22). Die Weisheit ist ihm ganz deutlich untergeordnet. Sie ist von Jahwe hervorgebracht, erworben oder geschaffen *(qanah)*. Es wird darüber diskutiert, ob sie eine Personifikation, eine „bildhafte Personifizierung"[19] oder auch eine „Hypostase" sei. Daß die „Personifizierung oder Hypostasierung der Weisheit" nichts anderes sei als „ eine Veranschaulichung des schon 3, 19 ausgesprochenen Satzes: ‚Durch Weisheit hat Jahwe die Welt geschaffen'"(!)[20], scheint mir doch etwas zu wenig. Warum haben in diesem Fall die Verfasser von Spr 8 dies nicht einfacher, nämlich abstrakter, ausgedrückt? Warum diese komplizierte Schilderung, wenn das gleiche sich auch in einem

Satz sagen ließe? Bei der Frage, ob es sich um eine Personifikation oder Hypostase handelt, wird allzusehr von einer festen griechischen philosophischen Begrifflichkeit ausgegangen. Tatsächlich ist die Angelegenheit umgekehrt verlaufen: eine Person, eine Gottheit, wird degradiert und in ein neues Bezugssystem eingeordnet. Plöger diskutiert ausgiebig die Problematik der Einfügung dieser selbständigen Vorstellung in den israelitischen Glauben, in dem Jahwe im Mittelpunkt des Bekenntnisses stand und stehen bleiben mußte. Spr 8,22ff. wird das Problem in der Weise gelöst, daß die Weisheit „die Einzigartigkeit Jahwes unangetastet (läßt), indem sie, die bislang redendes Subjekt war, sich im Verhältnis zu Jahwe zum Objekt macht"[21]. Damit wird von den Redaktoren des Kapitels 8 die Weisheit an einen untergeordneten Platz verwiesen im Sinne einer Subordination.

Da dieses Thema im zweiten Text, in Sir 24, noch weiter ausgeführt wird, ist es ratsam, sich zunächst dieser zeitlich späteren Parallele zu Spr 8 zuzuwenden.

Jesus Sirach 24

Wenn auch die Abhängigkeit von Spr 8 in der Gedanken- und Vorstellungswelt eindeutig ist, so hat doch Sir 24 wieder ganz neue Akzente. Sir 24 ist ein Text, der nicht nur über hundert Jahre später entstanden ist als Spr 8, sondern auch eine andere Tradition und Geltung besitzt. Einmal gehört das Buch Jesus Sirach nicht zu den im hebräischen Kanon überlieferten Büchern, so daß es von den Juden und den Kirchen der Reformation nicht als kanonisch anerkannt ist. Es ist daher nur für katholische (und orthodoxe) Christen Heilige Schrift im strengen Sinne, denn es wurde in der Septuaginta, der griechischen Übersetzung des Alten Testaments, tradiert. Bis 1896 war lediglich der griechische Text von Sir bekannt. Daß dieser aber doch eine Übersetzung aus dem Hebräischen ist, zeigen nicht nur sprachliche Eigentümlichkeiten, sondern auch die Vorrede, die der griechischsprechende Enkel des Verfassers seiner Übersetzung vorangestellt hat. Diese Vorrede ist in katholischen Bibelausgaben beigefügt. Noch der große Hieronymus hat den hebräischen Text gekannt, später ging er verloren.

In der Kirche der lateinischsprechenden Welt ist schon im dritten Jahrhundert der Name Ecclesiasticus (Eccli) für dieses Buch aufgekommen. Damit sollte wohl die Nähe zum Buch Kohelet (Prediger), der mit Ecclesiastes bezeichnet wurde, dokumentiert werden. Diese Ähnlichkeit hat bis heute zu zahllosen Verwechslungen geführt.

Da sowohl in Qumram als auch in Masada und in der Geniza von Kairo hebräische Textfragmente von Sir gefunden wurden, sind nunmehr Teile des Buches im hebräischen Original vorhanden (drei Fünftel). Das Kapitel 24 liegt jedoch nur in der Septuaginta-Fassung vor. Da es sich um ein deuterokanonisches Buch handelt, wird Sir in keinem der großen wissenschaftlichen Bibelkommentare behandelt, sondern in der Reihe der ‚Jüdischen Schriften aus hellenistisch-römischer Zeit'. Die Abfassungszeit des Buches Sir liegt um 180 v. Chr., und zwar noch vor den Makkabäern. Die Übersetzung ins Griechische geschah nach 132 v. Chr. In dieser Spätzeit sind die ägyptischen Einflüsse in Israel besonders stark. Sir 24 übernimmt denn auch wieder sehr viel aus der ägyptischen Gedankenwelt.

Sirach 24

1 „Die Weisheit lobt sich selbst,
und mitten in ihrem Volke rühmt sie sich.
2 In der Gemeinde des Höchsten tut sie auf ihren Mund,
und vor seiner Heerschar rühmt sie sich:
3 ‚Ich bin hervorgegangen aus dem Munde des Höchsten
und wie ein Nebel hüllte ich die Erde ein.
4 Ich wohnte in den höchsten Höhen,
und mein Thron stand auf einer Wolkensäule.
5 Die Wölbung des Himmels umkreiste ich allein,
und in der Tiefe der Abgründe wandelte ich.
6 Über die Wogen des Meeres und über die ganze Erde
und über jedes Volk und jede Nation herrschte ich.

7 Bei ihnen allen suchte ich Ruhe,
und in wessen Erbteil ich mich aufhalten könnte.
8 Da befahl mir der, der das All erschaffen hat,
und der, der mich erschuf, ließ mein Zelt einen Ruheplatz finden,
und sprach: ‚In Jakob schlage dein Zelt auf,
und in Israel sei dein Erbteil!'
9 Von Ewigkeit her, von Anfang an erschuf er mich,
und bis in Ewigkeit vergehe ich nicht.
10 Im heiligen Zelt vor ihm diente ich,
und so wurde ich auf dem Zion fest eingesetzt.
11 In der Stadt, die er in gleicher Weise liebt, ließ er mich ruhen,
und in Jerusalem liegt mein Machtbereich.
12 Und ich schlug Wurzeln in einem gepriesenen Volke,
im Anteil des Herrn, dem seines Erbbesitzes.
13 Wie eine Zeder wuchs ich in die Höhe auf dem Libanon
und wie eine Zypresse auf dem Hermongebirge.
14 Wie eine Palme wuchs ich in die Höhe in Engedi,
und wie Rosenstöcke in Jericho,
wie ein wohlgestalteter Ölbaum in der Ebene,
so wuchs ich in die Höhe wie eine Platane.
15 Wie Zimt und wie wohlriechender Aspalath,
und wie auserlesene Myrrhe gab ich Wohlgeruch von mir,
wie Galbanum und wie Onyx und Stakte
und wie die Wolke des Weihrauchs im (heiligen) Zelt.
16 Ich breitete wie eine Terebinthe meine Zweige aus,
und meine Zweige waren Zweige voll Pracht und Anmut.
17 Ich brachte wie ein Weinstock wohlansehnliche Triebe hervor,
und meine Blüten wurden zu einer Frucht voll Pracht und Reichtum.
18 Ich bin Mutter der schönen Liebe und der Furcht
und der Erkenntnis und der heiligen Hoffnung,
ich gebe aber allen meinen Kindern
ewiges Werden, denen, die von ihm genannt sind.

19 Kommt her zu mir, die ihr mich begehrt,
und an meinen Früchten sättigt euch!
20 Denn der Gedanke an mich geht über süßen Honig,
und das, was ich zu Besitz gebe, geht über Honigwaben.
21 Die, die mich essen, wird noch mehr hungern,
und die, die mich trinken, wird noch mehr dürsten.
22 Wer auf mich hört, wird nicht zuschanden werden,
und die, die ihr Werk in mir verrichten, werden nicht sündigen.'
23 Dies alles gilt vom Buch des Bundes des höchsten Gottes,
das Gesetz, das uns Mose auferlegt hat,
als ein Erbteil für die Gemeinden Jakobs.
24 Laßt nicht ab, stark zu sein im Herrn,
hanget ihm aber an, damit er euch stark mache.
Der Herr, der Allmächtige, ist allein Gott,
und es gibt keinen Retter außer ihm.
25 Es ist angefüllt wie der Pison mit Weisheit,
und wie der Tigris in den Tagen der Erstlinge.
26 Es füllt an wie der Euphrat mit Einsicht
und wie der Jordan in den Tagen der (Haupt-)Ernte.
27 Es läßt ausstrahlen wie der Nil Bildung,
wie der Gichon in den Tagen der Weinlese.
28 Nicht kam zu einem Ende der Erste, sie kennenzulernen,
so konnte sie auch der Letzte nicht voll erforschen.
29 Denn mehr als das Meer ist angefüllt ihr Sinn,
und ihr Rat ist größer als die Urflut.
30 Und ich war wie ein Wassergraben aus einem Fluß,
und wie eine Wasserleitung kam ich heraus in den Garten.
31 Ich sprach: ‚Tränken will ich meinen Garten,
und ich will bewässern mein Beet.'
Und siehe, da wurde mir der Wassergraben zu einem Strom,
und der Strom wurde mir zu einem Meer.
32 So will ich weiterhin Bildung wie Morgenröte

ausstrahlen
und will dies offenbaren bis in den weiten Raum.
33 So will ich weiterhin Lehre wie Prophezeiung ausgießen,
und werde sie hinterlassen ewigen Geschlechtern.
34 Seht, daß ich nicht für mich allein mich abgemüht
habe,
sondern für alle, die sie suchen'."[22]

Am meisten erinnert der Anfang des Textes an Spr 8. In V. 1–6 stellt sich die *ḥokmah* wieder vor, ab V. 3 in der Ich-Form. In diesem Stück hat Conzelmann einen ägyptischen Isis-Hymnus wahrscheinlich gemacht, der aber in Israel in einen ganz anderen Sinnzusammenhang eingeordnet ist.

„Ich ging aus dem Munde des Höchsten hervor
und bedeckte die Erde wie ein Nebel.
Ich schlug auf den Höhen mein Zelt auf,
und mein Thron war auf einer Wolkensäule.
Den Kreis des Himmels umwanderte ich allein,
und in der Tiefe der Urflut ging ich einher,
in den Wellen des Meeres, auf der ganzen Erde,
in jedem Volk, in jeder Nation erlangte ich Besitz."
(Sir 24,3–6)[23]

Weil hier ein göttliches, geradezu präexistentes Selbstbewußtsein deutlich wird, ist dieser Anfang in den Marienlesungen regelmäßig weggelassen. Einige der Lesungen beginnen mit dem anschließenden V. 7, andere noch später[24].

Dieser Anfang und V. 7 sprechen von einer Wanderung der Weisheit in kosmischen Räumen und von einem Suchen nach einer Ruhestätte. Diese Stätte wird schließlich im Volk Israel gefunden, wo die *ḥokmah* Wurzel schlägt. Ab V. 8 wird der Gedanke der Schöpfung, der schon am Anfang ausgesprochen war, nun in besonderer Weise mit dem Schöpfergott Jahwe verbunden, und die Gestalt der Weisheit wird in die geschichtliche und geographische Situation Israels eingebunden. Die Ausdrucksweise „Wurzel schlagen" oder „einwurzeln" zeigt das Hauptbild, das durch den Text geht, nämlich die Symbolik des Baumes. Dieses Bild für die Weisheit, das hier vielfach und farbig variiert ist, ist das eines besonders schönen, wohlgestalteten und auch wohlriechenden Baumes. Die Attribute der vielen Baumarten, die hier aufgezählt sind, wären einer eigenen Untersuchung wert.

Das Bild des Lebensbaumes ist gemeinorientalisch, die typischsten Ausformungen stammen wiederum aus Ägypten, wo der Baum immer mit einer Göttin verknüpft ist. Die Göttin, die Leben und Nahrung spendet, ist entweder direkt mit dem Baum verbunden, so daß sie aus ihm herauswächst, oder wenigstens sind die Körperteile, die Nahrung geben, ausdrücklich hervorgehoben. Wo die Göttin neben dem Baum steht, ist deutlich gemacht, daß sie mit dem Baum identisch ist. Solche Göttin-Baum-Darstellungen sind in Ägypten außerordentlich zahlreich[25]. Die Bilderwelt ab V. 7 weist somit wieder stark nach Ägypten, wobei bei den älteren Darstellungen meist Hator die Hauptrolle spielt. In der Spätzeit jedoch, in der wir uns befinden, werden die einzelnen Figuren nicht immer streng unterschieden. Isis und Hator können auch verschmelzen. Interessant an diesem Text ist, wie nun die überlieferte Bilderwelt mit der Geschichte Israels, besonders mit Zion/Jerusalem, verknüpft wird. Dies gilt sowohl für die Auswahl der Bäume als auch für die Lokalangaben (Jakob, Zion, Jerusalem, Libanon, En-Gedi, Jericho usw.). Die Selbstdarstellung der Weisheit in den verschiedensten Baumbildern ist mit V. 17 zu Ende. V. 18 folgt ein sehr umstrittener Satz, der nicht in allen Handschriften enthalten ist und den Gedankengang unterbricht („Ich bin die Mutter der schönen Liebe ..."). Vermutlich ist dieser Vers erst in christlicher Zeit in den Text gekommen[26].

Ab V. 19 spricht die *ḥokmah* Einladungen aus, von ihren Früchten zu essen. Auch hier ist das ägyptische Kolorit außerordentlich deutlich. Die Aufforderungen klingen oft fast sakramental und erinnern sowohl sprachlich als auch inhaltlich an verschiedene Stellen im Johannesevangelium, wo Jesus die Menschen zum Essen und Trinken einlädt[27].

Über Spr 8 hinaus bringt Sir 24 besonders einen Gedanken, der in dieser Spätzeit prägnant ist: die Weisheit geht aus dem Munde Gottes hervor. Damit ergibt sich eine enge Beziehung bzw. Konkurrenz zwischen Weisheit *(ḥokmah/sophia)*, Wort *(dabar/logos)* und Geistkraft *(rûaḥ/pneuma)*. Sie alle gehen aus dem Munde des Höchsten hervor, und alle sind sie schöpferisch bzw. an der Schöpfung maßgeblich beteiligt, aber ihre weitere Wirkungsgeschichte ist sehr unterschiedlich[28].

Schwierigkeiten im Zusammenhang mit dem biblischen Gottesverständnis

In der Übernahme von Einflüssen außerisraelitischen Gedankenguts, vor allem aus Ägypten, sind sowohl Spr 8 als auch Sir 24 eindeutig. Wenn auch nicht eine einzelne Göttin namhaft gemacht werden kann, die der Vorstellung der Sophia-Aussagen zugrunde liegt, weil eben gerade in dieser Spätzeit auch in Ägypten die verschiedensten Gestalten bereits miteinander verschmolzen waren, so vereinigt die Weisheit deutlich Züge der ägyptischen Hator, der Isis und der Ma'at sowie der scherzenden Gottesgemahlin[29].

In dieser geradezu göttlichen Rolle ist die *ḥokmah-sophia*-Vorstellung jedoch in der biblischen Religion ein Fremdkörper. Dem großen Problem, wie eine weibliche Figur in einem Kanon, der „patriarchal in source and monotheistic in perspective" ist, bestehen kann, widmet sich besonders Claudia Camp im ersten Teil ihrer Studie[30]. Die Weisheit ist sicher mehr als eine literarische Figur, sie wird in der nachexilischen Zeit ein religiöses Symbol von starker synthetischer Kraft. Es geht dabei gar nicht mehr um einen bestimmten Mythos oder dessen Übernahme, sondern um die theologische Reflexion dieser Spätzeit, die damit eine neue, eigene Form von Theologie entwickelt. Diese Theo-Logie, die sich in der griechischsprechenden Antike ausbildet und auch das neutestamentliche Denken stark beeinflußt, wird von Elisabeth Schüssler Fiorenza im Unterschied zum mythischen Material als „reflektierte Mythologie" („reflective mythology") bezeichnet[31]. Aufgrund solcher reflektierter Mythologie ist die Weisheitshypostase erwachsen. Wie stark solche Reflexionen um die Zeitenwende verbreitet sind, zeigt z. B. die Weiterentwicklung bei Philo (ca. 15 v. Chr. – 45 n. Chr.), wo die *sophia,* die eine zentrale soteriologische Funktion hat, als Offenbarerin identisch wird mit dem *pneuma*[32]. Beide werden zudem durch die Taube symbolisch dargestellt, die ihrerseits wiederum der Vogel der altorientalischen Liebesgöttin ist. Aber während sich das Pneuma (hebr. *rûaḥ)* später einlinig auf eine göttliche Person hin weiterentwickelt (Hl. Geist), bei der der weibliche Hintergrund weitgehend erkennbar bleibt, ist es bei der Sophia-Vorstellung vielschichtiger: einmal entwickelt sich diese Vorstellung in der Gnosis zu einer weiblichen Offenbarungsgestalt, die später von der Orthodoxie abgelehnt wird, zum anderen wird sie auch mit menschlichen Personen in Verbindung gebracht (erst Jesus, später Maria). Wie es dazu kommt, daß die Weisheitsvorstellung auf Maria übertragen wird und dann jahrhundertelang Weisheitstexte in der Liturgie entsprechend gebraucht werden konnten, muß abschließend noch zur Sprache kommen.

Die Übertragung der ḥokmah-Aussagen auf Maria

Die Aussagen über die Weisheit (griech. *sophia*) wurden nicht erst in christlicher Zeit auf eine andere Figur übertragen, vielmehr gibt es schon früher Beispiele, wie die Gestalt der *ḥokmah* sich sozusagen unter der Hand in etwas anderes verwandelt bzw. etwas anderes personifiziert. Nur zwei Beispiele seien kurz erwähnt:

Erstmals geschieht eine solche Uminterpretation bereits im Text von Sir 24 selbst. Hier wird V. 23 das, was von der *ḥokmah* ausgesagt ist, auf die *torah* übertragen. Die *torah,* das Gesetz – besser: die Wegweisung Israels – ist eine Größe besonderer Art: Begriff und Vorstellung sind ebenfalls weiblich, und der Verfasser oder Interpolator des V. 23 will nun offenbar diese *torah* als eine vor und neben der Schöpfung entstandene Größe bezeichnen. Nach Winter wird, als Sir 24 die Weisheit mit der *torah* identifiziert, die Rede von der „Frau Weisheit" mit Sicherheit nur noch als Metapher verstanden[33].

Dieser Strang wird dann im Judentum weitertradiert, wo es bis heute das jährliche Fest der *simḥat torah* (Freude an der Tora) gibt.

Ein zweiter Strang im griechischen Bereich ist von ganz anderer Art. Wie in den letzten Jahren herausgearbeitet wurde, ist die älteste Christologie im Neuen Testament eine Sophia-Christologie, das heißt: bei den Synoptikern finden sich noch viele Aussagen über die ehemals hebräische *ḥokmah,* die auf Jesus bezogen werden. Jesus spricht oft – wie die Sophia in Person – *laut* auf Straßen und Plätzen, und viele Aussagen über die Weisheit werden direkt auf ihn bezogen. „Jesus tritt bei den Synoptikern als Sprecher und Träger der Weisheit, darüber hinaus aber auch als die Weisheit selbst auf. Wie die präexistente Weisheit der Weisheitstradition sendet Jesus Sophia Propheten und Gesandte ... wohnt in Jerusalem als Schekina, ruft zu sich als Gesetz, wird von diesem Geschlecht abgelehnt"[34].

Der Gedanke der wandernden Weisheit, die auf Erden einen Ort sucht, ist im Neuen Testament sicher am deutlichsten im Prolog des Johannesevangeliums bezeugt. Hier wird ausgesagt, daß sie in ihr Eigentum kam, aber nicht aufgenommen wurde. Jedoch hat schon Johannes hier – unter dem Einfluß der griechischen Philosophie – die Sophia-Vorstellung durch den Logos-Begriff ersetzt. Dieser männliche Begriff prägt nunmehr die Christologie. Jesus, der Mann, wird zunehmend mit diesem männlichen Begriff verbunden: er ist der fleischgewordene Logos. *Dieser* Strang wird weiterentwickelt, während die Sophia-Christologie immer mehr verkümmert. Als Grund ist zu vermuten, daß diese weibliche Figur nicht mit einer männlichen Person verbunden werden konnte. Zudem wird die Verwendung der Sophia-Vorstellung in der Gnosis eine große Rolle bei deren Ablehnung gespielt haben.

Wie kommt nun die Verbindung der Weisheit mit Maria zustande? Hier können nur einige grundsätzliche Linien ausgezogen werden, die Einzelheiten müßten für jedes einzelne Fest untersucht werden. Die Marienfeste sind ja zu den verschiedensten Zeiten entstanden, viele erst im Mittelalter oder noch später. In den ersten Jahrhunderten war man mit der Person

Jesu, mit seiner Menschheit und Gottheit beschäftigt, erst nach dem Konzil von Ephesus wurden die Marienfeste ausgebildet (5. Jh.). Überhaupt hängen mit dem Ort Ephesus viele Entwicklungen zusammen, die später in der Mariologie wiederkehren. In dieser Stadt gab es neben der Stadtgöttin Artemis einen Isistempel und viele Darstellungen, die auch die Mariendarstellungen beeinflußt haben (z. B. beeinflußte Isis, dargestellt als Thron, die Darstellung Marias mit dem Kind).

Die erste Antithese, die Maria mit einer Gestalt aus dem Alten Testament in Verbindung bringt, stammt bereits aus dem zweiten Jahrhundert. Nach dem Vorbild Adam – Christus wird Eva mit Maria parallelisiert (Justin und Irenäus). Der Vergleichspunkt ist der Ungehorsam Evas und der Gehorsam Marias. So wie Eva eine Mittlerrolle in bezug auf die Sünde zugeschrieben wird, wird Maria eine Mittlerrolle bezüglich der Erlösung zugedacht. Diese Mittlerrolle bekommt auch die Kirche, die in einem zweiten typologischen Vergleich ebenso durch Maria symbolisiert wird.

In der Zeit der Kirchenväter war das Verständnis der Bibel und ihrer Interpretation ein anderes als heute. Diese Art der Übertragung einer Figur oder eines Textes auf etwas ganz anderes, als ursprünglich gemeint war, ist eine Sicht, die alles in Urbildern typologisch vorgeprägt sieht. So ist Eva der Typos, das Urbild, in dessen Licht nun Maria antithetisch gesehen wird. Was nach heutigem aufgeklärtem Verständnis der Bibel und mit der historisch-kritischen Methode nicht mehr als legitim angesehen werden kann, wurde in alter Zeit laufend angewendet. Es scheint mir deshalb nicht erlaubt, jene zu verurteilen, die ein anderes Schriftverständnis hatten als wir heute (genausowenig wie wir Leute auslachen, die meinten, die Erde sei eine Scheibe). Aber es ist eine andere Frage, ob es heute noch legitim ist, solche Identifikationen vorzunehmen.

Von diesem typologischen Schriftverständnis aus und in verschiedenen Stufen ist dann die Übertragung der Sophia auf Maria erfolgt. Die Weisheit ist die Verbindung von Himmel und Erde – Spr 8 ist sie Offenbarungsmittlerin, Sir 24 ist mehr das Element der Lebensspendenden betont, in jedem Fall ist sie eine herrscherliche und soteriologische Größe –, so wird nunmehr Maria zu dieser vermittelnden Gestalt. Nachdem die Sophiagestalt nicht mehr auf Christus übertragen werden konnte – das heißt: nicht mit einer männlichen Person in Verbindung zu bringen war –, wurde sie allmählich auf Maria übertragen. Dies geschah jedoch nur im Westen, während im Osten eine eigene Sophia-Tradition bewahrt wurde (Hagia Sophia).

Für die Situation, die eine solche Übertragung möglich macht, möchte ich nochmals auf Spr 8 und seinen Sitz im Leben zurückkommen. Anders als alle Kommentare, die die Weisheit relativ abstrakt im luftleeren Raum schweben lassen, geht einzig Claudia Camp ausdrücklich auf die historische und sozialgeschichtliche Lage der Frau in der nachexilischen Zeit ein, und sie behandelt das Problem der Situierung einer weiblichen Figur in einer geradezu göttlichen Rolle, trotz der damit verbundenen Problematik der Einfügung in einen monotheistischen Kontext. In ihren sozialgeschichtlichen Analysen erarbeitet sie die Rolle der Frau und des Hauses, besonders des Haushaltes (Spr 31!), und sie sieht die Frau hier als Mittlerin von Gottes Segen in einer Zeit, die andere Mittler, z. B. den König, verloren hat [35]. Die Weltsicht dieser späten Zeit war geprägt von einer großen Distanz zwischen Gott und Welt. In dieser Situation fungiert die Weisheit als Mittlerin zwischen Gott und Welt [36].

Es stellt sich die Frage, ob dies nicht eine ganz ähnliche Situation ist wie die in der zweiten Hälfte des ersten Jahrtausends, in der Maria in der Weise einer „Heilsvermittlerin" in Theorie und Praxis der Frömmigkeit immer mehr aufrückt. Gott und auch der einzige Mittler, Christus (Ravenna!), waren ferngerückt, und Maria bietet sich an als die Gestalt, die nun als Mittlerin und Fürsprecherin dieses Vakuum ausfüllt. In der Praxis wird ihr immer mehr Verehrung zuteil, die an die der alten Göttinnen erinnert – vor allem im Mittelmeerraum.

Doch ist diese Entwicklung, die Verbindung der Sophia mit Maria, nur ganz allmählich und in verschiedenen Stufen erfolgt. Als in der zweiten Hälfte des ersten Jahrtausends die Lesungen von Spr 8 und Sir 24 an Marienfesten aufkamen [37], wurden die Aussagen über die Sophia durchaus noch auf *Jesus* bezogen, wie Sr. Paula Seethaler anhand von Aussagen der Kirchenväter und der Entwicklung der einzelnen Marienfeste nachweist[38]. Auch Ikonographie und Plastik machen ja die gleiche Aussage, wenn Maria dargestellt wird als *sedes sapientiae* (Sitz der Weisheit) – das heißt: die Weisheit ist Jesus selbst, der Sohn; Maria steht erst an zweiter Stelle.

Am Beginn des zweiten Jahrtausends erst geht das Verständnis ganz allmählich dazu über, die Aussagen der alttestamentlichen Texte auf Maria selbst zu übertragen[39]. Dies geht Hand in Hand mit dem Aufkommen zahlreicher Marienfeste und -kirchen im Hochmittelalter. Die feinen Unterscheidungen werden nunmehr verwischt, Maria wird mit Sophia identifiziert – wenigstens in der praktischen Frömmigkeit.

Damit kommt es zu dem Problem, wie eine ursprünglich göttlich vorgestellte Größe mit einem Menschen verbunden werden kann. Maria ist ein *historischer* Mensch aus Fleisch und Blut, und darum wird diese Identifizierung mit der *ḥokmah*-Gestalt äußerst fragwürdig – um es nicht schärfer auszudrücken. Besonders bezeichnend ist bei diesen ganzen Vorgängen, daß weibliche Bilder mit fast schlafwandlerischer Sicherheit wieder eine weibliche Personifizierung finden, nachdem sich die Verbindung mit einer männlichen Gestalt (Jesus) nicht hat durchsetzen können. Dies ist jedenfalls ein Faktum. Damit drückt sich die grundsätzliche Problematik aus – und mit dieser Dissonanz möchte ich schließen –, daß das Weibliche im göttlichen Bereich nicht genügend repräsentiert ist. Wenn nur das Männliche Gott symbolisieren kann, muß es immer wieder zu Entwicklungen kommen, die diesen Ungleichgewichtszustand irgendwie auszugleichen suchen – oft auch eruptiv, wie manche Strömungen in der feministischen Theologie zeigen. Einen solchen Ausgleichsversuch bildet die Identifizierung von Weisheit und Maria, die meiner Meinung nach heute nicht mehr legitimiert werden kann, so poetisch und ästhetisch ansprechend sie auch sein mag. Vielmehr müssen neue Wege gefunden werden, um die einseitige Männlichkeit der theologischen Symbolik abzubauen und dem Weiblichen den ihm gebührenden Ort im theologischen Symbolsystem zurückzugeben. Dieser Weg geht nicht über eine Wiederkehr von alten Göttinnen und auch nicht über Maria – meine ich –, dies würde nur immer wieder zu ähnlichen wie den geschilderten Aporien führen. Vielmehr muß es im Gottesbild selbst zu einer ganzheitlichen, integrierten Sicht kommen.

Auf dem Weg zur Heiligen Jungfrau

Vorformen des Marienkultes in der frühen Kirche

von Anne Jensen

Vor einigen Jahrzehnten hat die Rückfrage nach dem historischen Jesus die Theologie bewegt und eine entscheidende Neubesinnung auf die Botschaft Jesu bewirkt: Orthopraxie statt Orthodoxie, Nachfolge statt Dogmengläubigkeit. Geht es in der neuen Diskussion über Maria um Ähnliches? Doch über die historische Maria wissen wir nicht viel.

In der ältesten Quelle ist von einer Mutter die Rede, die zusammen mit ihren übrigen Söhnen und Töchtern einen Jesus in die Familie zurückholen will, den sie für „von Sinnen" hält (Mk 3,21.31–35) – eine Szene, die bereits für Matthäus (Mt 12,46–50) und Lukas (Lk 8,19–21) so anstößig war, daß sie den kritischen Satz weglassen und nur von einem vergeblichen Besuch sprechen; doch auch hier bleibt die schroffe Abweisung Jesu noch stehen. Die Maria der Verkündigung bei Lukas, Maria bei der Hochzeit von Kana und unter dem Kreuz bei Johannes, Maria inmitten der Zwölf in der Erwartung des Heiligen Geistes in der Apostelgeschichte: das alles sind bereits Aspekte der „großen Symbolgestalt des christlichen Glaubens". Auch ein Blick über den Zaun des neutestamentlichen Kanons in die sogenannten Apokryphen [1] hilft uns bei der Frage nach der historischen Maria nicht weiter: Wir finden dort kein noch so indirektes Zeugnis über ihre Rolle als Jüngerin Jesu in der urchristlichen Gemeinde. Auch dort wird nur an der Symbolgestalt weitergearbeitet; es werden – besonders im sogenannten ‚Protoevangelium des Jakobus' [2] – Legenden über ihre Herkunft, ihre Kindheit im Tempel, ihre Übergabe an Josef und die Bewahrung ihrer Jungfräulichkeit selbst während der Geburt erzählt. Neue Aufschlüsse über die historische Maria, gar über ihre besondere Botschaft sind also von den uns zur Verfügung stehenden Quellen nicht zu erwarten. Reden können wir immer nur von Mario-Logien, von Vorstellungen, Gedanken, Ideen über Maria – und diese interessieren uns heute neu, weil die Lehre über Maria fast immer – explizit oder implizit – als Lehre über die Frau verstanden wurde. Maria also als Frauenideal. Doch wessen Frauenideal? Ein Idealbild, das Frauen von und für sich selbst hatten? Oder ein Ideal von Männern für Frauen? So werden wir jeweils getrennt und differenziert fragen müssen.

Doch im folgenden soll nun nicht direkt von Maria die Rede sein, sondern von der „heiligen Jungfrau". Im deutschsprachigen Raum sind wir eher gewohnt von der „Mutter Gottes" zu sprechen, aber in vielen Ländern ist „die Heilige Jungfrau" die übliche Bezeichnung der Mutter Jesu (z. B. in Frankreich: *la Sainte Vierge*). Die Muttergottesfeste heißen in der römischen Liturgie Feste *Beatae Mariae Virginis.* Nun ist die Einsicht, daß ein enger Zusammenhang zwischen der Marienverehrung und der Lehre von der Jungfrauengeburt besteht, sicher weder neu noch überraschend oder originell. Was aber überrascht, ist die Tatsache, daß die kultische Verehrung der jungfräulichen Mutter, die bereits im Neuen Testament gepriesen wird, erst in den späteren Jahrhunderten des frühen Christentums einsetzt. Wir müssen uns also fragen, was vorher war. Gab es damals im Christentum andere weibliche Identifikationsfiguren?

Die apostolischen Frauen

Die apokryphen Traditionen

Wir haben für die frühe nachapostolische Zeit wenig schriftliche Quellen. Zu ihnen gehören die schon genannten apokryphen Schriften, in denen, wie bereits erwähnt, kaum etwas über die Mutter Jesu zu finden ist. Doch dafür begegnen wir hier vielen anderen neutestamentlichen Frauengestalten wieder, insbesondere den Jüngerinnen Jesu, die unter dem Kreuz standen. Diese Schriften – erdichtete Evangelien, Apostelbriefe und Apostelgeschichten, die die christliche Botschaft verbreiten wollten – galten der theologisch-historischen Forschung lange Zeit als verdächtig; jetzt entdeckt man ihren Wert als Quellen über die Anfänge der Christenheit allmählich neu.

Sicher verbietet es der fiktive Charakter dieser Literatur, das dort überlieferte Material als historisch anzusehen; aber es läßt Rückschlüsse auf die Rolle zu, die Frauen in der apostolischen und nachapostolischen Zeit zumindest in bestimmten christlichen Bewegungen gespielt haben müssen, die oft recht vorschnell als „Sekten" und „Häresien", meist „Gnostizismus", apostrophiert werden. Es ist dringend an der Zeit, den Geist der Ökumene auch in unserem Verständnis der frühen Kirche anzuwenden und die alten „Häretiker und Schismatiker" als christliche Brüder und Schwestern zu würdigen. Im übrigen stammen die einzelnen apokryphen Bücher aus verschiedenen geographischen und kulturellen Räumen, aus verschiedenen Jahrhunderten und den unterschiedlichsten Denkrichtungen, so daß ein Pauschalurteil sich ohnehin verbietet. Jede Schrift ist einzeln zu untersuchen und zu werten.

Ich möchte hier nur zwei (von vielen) literarischen Gattungen hervorheben, die den später angeführten Texten zugrunde liegen: 1. die meist aus gnostischen Kreisen stammenden Evangelien in Form von Dialogen mit dem Auferstandenen: Jünger oder Jüngerin stellen eine Frage, und ihnen wird ein Offenbarungswort des Erlösers zuteil; 2. die Apostelgeschichten, die nach dem Muster der antiken Helden- und Abenteuerromane die Wundertaten der Apostel schildern – eine Art frühchristliche Trivialliteratur. Sie überliefern uns gewiß keine historischen Fakten, aber sie vermitteln uns sehr unmittelbar das geistige Klima, die Mentalität ihrer Zeit. Schließlich ist noch einem Mißverständnis vorzubeugen: Die Apokryphen sind nicht etwa ein „feministisches Paradies" gegenüber einem patriarchal bestimmten Kanon. Doch immerhin erfahren wir durch sie einiges über Frauentraditionen, die später untergegangen sind.

Dazu gehören die Berichte über Salome, von denen allerdings nur noch Bruchstücke vorhanden sind. In Fragmenten des sogenannten ‚Ägypterevangeliums'[3], die uns Klemens von Alexandrien (2. Jh.) überliefert hat, erscheint Salome in der Funktion der Offenbarungsträgerin: „Als Salome fragte: ‚Wie lange wird der Tod Macht haben?' sagte der Herr: ‚Solange ihr Frauen gebärt'." Ein zweites überliefertes Herrenwort an Salome lautet ähnlich: „Ich bin gekommen, die Werke des Weiblichen aufzulösen." Diese kurzen Zitate führen bereits mitten in die frühkirchliche Debatte um Ehe, Jungfräulichkeit und die sogenannte „Enkrateia" (die Lehre von der totalen Enthaltsamkeit als Heilsweg). Vorläufig sei hier nur als bemerkenswert festgehalten, daß Klemens weder gegen das Ägypterevangelium und noch weniger gegen Salome polemisiert, sondern sich im Gegenteil unter Berufung auf Salome bemüht, die offensichtlich enkratitische (also ehe- und sexualfeindliche) Tendenz dieser „Herrenworte" im Sinn der Großkirche zu interpretieren; er kommentiert nämlich: „(sagte der Herr), nicht als ob das Leben etwas Schlechtes und die Schöpfung böse seien, sondern um die natürliche Gesetzmäßigkeit zu lehren" (Strom. III, 45). Mit anderen Worten: Die Ehe ist erlaubt, doch Geschlechtlichkeit und Tod gehören in dieser Welt zusammen – die Überwindung des Geschlechtlichen („des Weiblichen"!) bedeutet zugleich Überwindung des Todes. Dieses Argumentationsmuster findet sich immer wieder in der späteren Patristik. Jedenfalls aber berufen sich hier sowohl der unbekannte Verfasser des Ägypterevangeliums wie Klemens von Alexandrien auf Salome als eine Garantin authentischer apostolischer Lehre.

Salome-Traditionen finden sich auch in anderen ägyptischen Quellen. Diese lokale Häufung ist auffällig. Sollte es sich hier um historische Reminiszenzen einer missionarischen Aktivität dieser Jüngerin Jesu handeln? Mein gegenwärtiger Kenntnisstand erlaubt mir nicht, hier mehr als eine Vermutung auszusprechen. Die Christianisierung zumindest eines anderen Landes, nämlich „Iberiens" (= Georgiens) durch eine

Frau ist durch spätere patristische Geschichtsschreibung bezeugt: Rufinus berichtet von einer christlichen Kriegsgefangenen, die zunächst durch ihr Beispiel und dann auch durch ihre Predigt dieses Land bekehrt hat. Die Tradition wird von den Kirchenhistorikern Sokrates, Sozomenos und Theodoret[4] aufgegriffen, allerdings unter deutlicher Abschwächung der Predigttätigkeit der Kriegsgefangenen, die schließlich unter dem Namen Nino in die georgische Hagiographie eingegangen ist.

Doch reale historische Erinnerungen sind nicht die einzig mögliche Erklärung für die Entstehung lokaler Frauentraditionen. Man kann vielmehr beobachten, daß christliche Frauentraditionen besonders an Orten entstehen, in denen bereits in der hellenistischen Umwelt Frauen sozial und religiös eine besondere Rolle spielten. So entwickelt sich die montanistische Bewegung mit den zwei führenden Prophetinnen Priska und Maximilla in Phrygien, wo der Kult der Kybele beheimatet ist. In Hierapolis, wo die frühkirchliche Tradition die neutestamentlichen prophetisch aktiven Töchter des Philippus[5] ansiedelt, befand sich ebenfalls ein Heiligtum der Kybele. Wiederum in der apokryphen Literatur erscheint in Hierapolis die Prophetin Mariamne an der Seite ihres Bruders Philippus (Akten des Philippus)[6]. Diese Zusammenhänge sind leider bisher viel zu wenig erforscht. Eines jedoch ist inzwischen erwiesen: Wenn auch die Botschaft Jesu viele frauenbefreiende Elemente enthält, so war es dennoch nicht das frühe Christentum, das eine gewisse Frauenemanzipation in der Antike bewirkt hat. Es hat diese emanzipatorischen Tendenzen vielmehr in der hellenistischen Umwelt bereits vorgefunden und mußte sich mit ihnen auseinandersetzen. In den späteren Jahrhunderten hat es sie leider nicht gefördert, sondern gebremst[7]. Im Fall der Salome-Tradition ist zweierlei jedenfalls nicht zu vergessen: Ägypten war in der Antike ein Land, in dem Frauen in vielem gleiche Rechte wie Männer hatten (Vermögensverwaltung, Scheidungsrecht), und es war die Heimat des Isiskultes, der in der Spätantike die ganze hellenistische Welt eroberte. Es ist also sicher kein Zufall, wenn auch das Christentum hier eine besondere Frauentradition entwickelte und pflegte.

Maria von Magdala

Nicht Maria von Nazaret war die wichtigste neutestamentliche Frauengestalt in dieser frühen nachapostolischen Zeit, sondern Maria von Magdala, nach den Synoptikern die Anführerin der galiläischen Jüngerinnen unter dem Kreuz und die Erstzeugin der Auferstehung Jesu (bei Johannes wird sie bereits Symbolfigur). Obwohl von den sie betreffenden Traditionen nur noch winzige Bruchstücke vorhanden sind, läßt sich mit deren Hilfe zeigen, welch zentrale Rolle Maria von Magdala gespielt haben muß, ja, daß mit ihrer Gestalt eine erste Mario-Logie entwickelt wurde, eine Mario-Logie also, die nicht die Mutter, sondern die Jüngerin und Gefährtin Jesu in den Mittelpunkt stellte.

Anders als bei Salome haben wir es bei Maria von Magdala nicht nur mit einer lokalen Tradition zu tun, sondern mit einer Tradition von universaler Bedeutung. Als Garantin der rechten Lehre erscheint sie sowohl in der vermutlich judenchristlichen, sicher anti-gnostischen ‚Epistula apostolorum' wie im gnostischen Schrifttum; wir finden sie in syrischen wie in ägyptischen Überlieferungen; sie tritt als Gegenspielerin des Petrus und des Jakobus auf und begegnet uns als Gefährtin des Johannes. Wir besitzen die Fragmente eines Evangeliums, das nach ihr benannt wurde.

Die ungewöhnliche Autorität, die Maria von Magdala zuerkannt wurde, gründet zweifellos in der Tatsache, daß sie als Erstzeugin der Auferstehung galt. Elaine Pagels, die amerikanische Gnosisforscherin, hat mit Recht darauf hingewiesen, daß es unter den frühen Christen verschiedene Richtungen im Verständnis der Auferstehung gegeben hat: eine symbolistische und eine realistische[8]. Für beide war die Auferstehung als solche real, doch von der symbolistischen Richtung der gnostischen Bewegungen wurden die Erscheinungen des Auferstandenen als eine spirituelle Erfahrung verstanden, als eine Art Offenbarungserlebnis (etwa der Art, wie Paulus sein Damaskuserlebnis beschreibt). Dieser Erfahrung des Auferstandenen waren keine zeitlichen Grenzen gesetzt.

Die andere Richtung betonte die Leibhaftigkeit der Erscheinungen: Wir finden sie in den kanonischen Evangelien, wo Jesus in seiner früheren Gestalt wahrgenommen wird, ißt, trinkt, berührt werden kann etc. Diese leiblichen Erscheinungen finden mit der Himmelfahrt ein Ende. Das „Zeuge der Auferstehung sein" wird nun zum Privileg weniger Jünger, zum Kriterium authentischen Apostolats und somit zu einem Machtfaktor in der Jüngergemeinde: Dem „Erstzeugen" kommt ein besonderer Primat zu. Im Neuen Testament finden wir deutliche Spuren dieser Rivalität. Schon im ältesten Auferstehungsbericht (1 Kor 15) sind offensichtlich zwei Traditionen – mit zwei verschiedenen Erstzeugen – kombiniert worden: „Petrus und die Zwölf" – „ Jakobus und alle Apostel" stehen dort unvermittelt nebeneinander. Das Johannesevangelium berichtet vom Wettlauf zwischen Petrus und Johannes. Eigenartigerweise ist in der frühesten Quelle von den Frauen überhaupt nicht die Rede, während in den Evangelien übereinstimmend die Frauen als Erstzeuginnen erscheinen. Da sonst eher das umgekehrte Phänomen zu beobachten ist – das heißt: Frauen werden in frühen Quellen genannt, in späteren verschwiegen –, überrascht dieser Befund. Jedenfalls tritt Maria von Magdala in ihrer Eigenschaft als Erstzeugin in Konkurrenz mit den „Säulen" der Jerusalemer Urgemeinde: mit Petrus, Jakobus und Johannes.

Daß die besondere Autorität Marias von Magdala nicht unumstritten blieb, und zwar aufgrund ihres Geschlechtes, zeigen diese Traditionen in aller Deutlichkeit. In zwei uns erhaltenen Texten wird Petrus deutlich als „Frauenfeind" charakterisiert. So lautet das letzte Logion des Thomas-Evangeliums[9] (114): „Simon Petrus sagte zu ihnen: Mariham soll aus unserer Mitte fortgehen, denn die Frauen sind des Lebens nicht würdig. Jesus sagte: Seht, ich werde sie ziehen, um sie männlich zu machen, damit auch sie ein lebendiger Geist wird, vergleichbar mit euch Männern. Denn jede Frau, die sich männlich macht, wird in das Himmelreich gelangen." Ein ähnlicher Text findet sich im ‚Evangelium nach Maria'[10], wo Petrus eine an Maria ergangene Offenbarung bezweifelt und deshalb den Tadel Levis einstecken muß: „Petrus, du bist von jeher aufbrausend. Nun sehe ich, wie du dich gegen die Frau ereiferst wie die Widersacher. Wenn der Erlöser sie aber würdig gemacht hat, wer bist denn du, daß du sie verwirfst? Sicherlich kennt der Erlöser sie ganz genau. Deshalb hat er sie mehr als uns geliebt." Hier erscheint also Maria von Magdala als, wenn auch umstrittene, Primatsträgerin unter den Aposteln. Zweierlei Assoziationen zu den kanonischen Schriften werden hier geweckt: 1. die Lieblingsjüngerin in Parallele, ja Überbietung zum Lieblingsjünger des vierten Evangeliums und 2. der Konflikt zwischen Petrus und Paulus in Antiochien: dort verteidigte Paulus gegenüber Petrus die Gleichbehandlung von Juden und Heiden in der christlichen Gemeinde, hier verteidigt Levi die gleichrangige Stellung von Mann und Frau als authentische Botschaft Jesu.

Wohl am weitesten vorangetrieben ist die magdalenische Mario-Logie im Sinn der Entwicklung einer weiblichen Symbolgestalt in der gnostischen Schrift ‚Pistis Sophia' [11]. Dort werden 46 Fragen an den Auferstandenen gestellt – 39 durch Maria. Die Schrift ist von einer polaren (nicht antagonistischen!) Dualität geprägt, die dem himmlischen Jesus die himmlische Weisheit zuordnet: „Der Menschensohn stimmte mit der Sophia, seiner Paargenossin, überein und offenbarte sich in einem großen Licht als männlich-weiblich. Seine Männlichkeit heißt ‚der Erlöser, der Erzeuger aller Dinge'; seine Weiblichkeit aber ‚Sophia, Allmutter', die einige ‚die Pistis' nennen." Zwar kommt auch die Mutter Jesu in dieser Schrift vor, doch als gleichsam irdische Entsprechung der göttlichen Paargenossen, die dann ins Himmlische erhöht werden, erscheinen die Erstzeugin und der Lieblingsjünger: „Aber Maria von Magdala und Johannes, der Jungfräuliche, werden überragen alle meine Jünger ... Sie werden zu meiner Rechten und zu meiner Linken sein, und ich bin sie, und sie sind ich, und sie werden mit euch in allen Dingen gleich sein."

Die gnostischen Denk- und Welterklärungsmodelle werden oft mit dem negativ besetzten Begriff „Dualismus" abgetan. Doch in den verschiedenen Schriften der Gnosis finden sich sowohl hierarchische wie polare dualistische Modelle. Abzulehnen ist sicher jeder hierarchisch-antagonistische Dualismus, der die Gleichsetzung männlich = gut, weiblich = böse vollzieht. Anzuerkennen ist aber, daß ein polarer Dualismus, oder besser: ein duales Modell, das die Welt in Gegensatzpaaren beschreibt, ohne dabei Über- und Unterordnungen vorzunehmen, der Wirklichkeit, insbesondere auch der menschlichen Zweigeschlechtlichkeit besser Rechnung zu tragen vermag als ein monistisches System, das zwangsläufig zur Hierarchie der Geschlechter oder zu einer Aufhebung der Zweigeschlechtlichkeit führen muß. Der jüdisch-christliche Monotheismus versuchte zwar, Gott jenseits jeder Geschlechterpolarität anzusiedeln, aber es gelang ihm nicht, Gott dabei seiner männlichen Züge zu entkleiden. So ist die Faszination der Gnosis verständlich, die mittels der Syzygien, der Paargenossen, das Männliche und Weibliche gleichrangig im Göttlichen aufheben konnte. Vermutlich ist auch die Einführung der bekannten Eva-Maria-Typologie durch Irenäus von Lyon (2. Jh.)[12] auf diesem Hintergrund zu sehen. Als er die paulinische Adam-Christus-Typologie durch die Eva-Maria-Typologie ergänzte, war es offensichtlich sein Anliegen, am Ursprung der alten wie der neuen Schöpfung jeweils – wie in der Gnosis – nicht nur einen Menschen (d.h. einen Mann), sondern ein Menschenpaar (also Mann und Frau) stehen zu lassen. Das irenäische Modell konnte nicht aufgehen, weil es ja Ehegatten auf der einen, Mutter und Sohn auf der anderen Seite parallelisierte. Das Problem blieb bis heute ungelöst.

Werfen wir auf dem Hintergrund der apokryphen Traditionen einen Blick zurück auf die Gestalt der Maria von Magdala im Neuen Testament. Bei einem genauen Textvergleich können wir dort die umgekehrte Tendenz ausmachen: Wird sie in den Apokryphen zur übernatürlichen Offenbarungsträgerin hochstilisiert, so wird sie bei Lukas und Johannes gegenüber Markus und Matthäus in ihrer Funktion als Verkünderin privatisiert. Lukas zählt in der Passions- und Auferstehungsperikope die Frauen nur kurz auf, ohne einen Verkündigungsauftrag zu erwähnen. Dafür hat er Maria von Magdala und die Jüngerinnen bereits im 8. Kapitel genannt, mit einer subtilen redaktionellen Retouche: die Frauen erscheinen hier zwar auch in einem Verkündigungskontext, werden aber selbst – im Unterschied zu den Jüngern – als Geheilte dargestellt, sind also

Objekte, nicht Subjekte. Im Johannesevangelium finden wir das älteste Zeugnis einer „Verdrängung" Marias von Magdala durch Maria, die Mutter Jesu: in der Szene unter dem Kreuz. In der Auferstehungsperikope bleibt Maria von Magdala zwar die erste am Grab, doch sind es Petrus und Johannes, die das leere Grab zuerst betreten und glauben. Der Verkündigungsauftrag erscheint in einem gleichsam romantisierten Kontext, der den Akzent auf die persönliche Begegnung legt. Hier konnte allerdings die gnostische Tradition mit ihrer Symbolisierung der Gestalt Marias von Magdala durchaus anknüpfen.

Thekla

Wir kommen nun zu einer dritten vor-marianischen Frauengestalt, die, obwohl Paulusschülerin, im Neuen Testament überhaupt nicht bezeugt ist, sondern lediglich in den sogenannten Paulusakten [13]. Nichtsdestoweniger wird sie von den Kirchenvätern immer wie eine allen bekannte biblische Gestalt eingeführt. In der Ostkirche wird sie bis heute unter ihren altkirchlichen Ehrentiteln *Protomartys* (Erstmartyrin – wie Stefanus unter den Männern) und *Isapostolos* (Apostelgleiche) gefeiert. Ihr Kult ist zwar auch im Westen verbreitet gewesen, doch hat die nachvatikanische Reform sie aus dem Kalender der römischen Kirche gestrichen.

Zunächst ein Wort zu den Apostelakten, besser: Apostelromanen des 2. und 3. Jahrhunderts – die fünf wichtigsten haben die Taten der Apostel Johannes, Petrus, Paulus, Andreas und Thomas zum Gegenstand. Der amerikanische Forscher Stevan L. Davies [14] rechnet auch die ‚Akten der Xantippe und Polyxena' [15] dazu, da sie nach Form und Inhalt eindeutig in die Gattung gehören. Davies wie auch Dennis MacDonald und Virginia Burrus vertreten die Ansicht, daß die apokryphen Apostelakten mündliche Frauentraditionen überliefern [16].

Die Titel – ‚Der Aufstand der Witwen' und ‚Keuschheit als Autonomie' – evozieren ein Grundmuster dieser Romane: Die Frauen weigern sich zu heiraten, ihre Ehe weiterzuführen oder wieder zu heiraten, nachdem sie die Predigt der Apostel vernommen haben, was natürlich zu großen Konflikten führt. In einigen glücklichen Fällen läßt sich auch der Partner zu einem sexualfreien asketischen Leben überreden, aber meistens kommt es zur gerichtlichen Verfolgung des Apostels, der die Frau „verzaubert" hat, zu seiner Einkerkerung und bei Petrus und Andreas gar zum Martyrium. Die Apostelakten variieren hier das Keuschheitsmotiv der hellenistischen Abenteuerromane, wo die Liebespaare über alle Schicksalsschläge hinweg in der Trennung voneinander die Keuschheit bewahren, bis sie wieder glücklich vereint sind. Bei erster Lektüre wirken diese Romane mit ihrer extremen Geringschätzung von Sexualität und Ehe auf uns schockierend, und wir wären aufgrund dieses Befundes wohl gern bereit, die Kirche für ihre Vernunft zu preisen, diese Schriften als häretisch eingestuft und aus ihrer Tradition verbannt zu haben. Leider ist das ein anachronistisches Urteil. Viele Kirchenväter stehen in ihren Traktaten über die Jungfräulichkeit dieser Einstellung recht nahe, wie wir sehen werden.

Das Grundmuster der Theklaakten (in der uns überlieferten Form eine Episode innerhalb der Paulusakten) ist dasselbe wie bei den übrigen Frauengeschichten der Apostelakten: Thekla weigert sich, nachdem sie die Predigt des Paulus gehört hat, ihren Verlobten zu heiraten. Aber im Unterschied zu den übrigen Apostelakten wird nun sie selbst, nicht Paulus, zur Protagonistin des Dramas (ein Indiz dafür, daß die Theklageschichte ursprünglich eigenständig war). Es kommt zum Prozeß: Paulus wird aus der Stadt verbannt; Thekla wird zum Feuertod verurteilt, wird durch ein Wunder gerettet und findet den geflüchteten Paulus schließlich in einem Versteck wieder. Sie bittet ihn um die Taufe mit den Worten: „Ich will mich rundherum scheren und dir folgen, wohin du auch gehst." Paulus erwidert ihr: „Die Zeit ist böse, und du bist schön von Gestalt. Daß nur nicht eine andere Versuchung über dich komme, schlimmer als die erste." Thekla: „Gib mir das Siegel in Christo, und keine Versuchung wird mich ergreifen." Paulus: „Thekla, habe Geduld, und du wirst das Wasser empfangen." Paulus, so heißt es weiter, „nahm Thekla darauf zu sich und kam nach Antiochien". Dort verweigert sich Thekla einem neuen Liebhaber; es kommt wieder zu einem Prozeß (bei dem die Frauen auf die Straße gehen und sich mit Thekla solidarisieren). Thekla wird diesmal zum Tierkampf verurteilt. In der Arena befindet sich ein Wasserbecken mit wilden Robben; Thekla betet und ruft schließlich aus: „Jetzt ist die Zeit gekommen, mich zu waschen", und sie stürzt sich in das Becken mit den Worten: „Im Namen Christi taufe ich mich am letzten Tage." Da es jedoch nicht gelingt, Thekla zu töten, wird sie schließlich freigelassen und findet Schutz bei einer Frau aus kaiserlicher Familie; Thekla unterrichtet sie und ihre Hausgenossinnen im Wort Gottes. Dann macht sie sich wieder auf die Suche nach Paulus: „Da nahm sie Diener und Dienerinnen, gürtete sich und nähte ihr Gewand zu einem Oberkleid nach Männerart." Sie findet Paulus in Myra und teilt ihm mit: „Ich habe das Bad genommen, Paulus; denn der mit dir zusammengewirkt hat für das Evangelium, hat auch mit mir zusammengewirkt zu waschen", wie auch ihren Beschluß: „Ich gehe nach Ikonium" (das ist ihre Heimatstadt). Darauf Paulus: „Gehe hin und lehre das Wort Gottes." In den Akten wird dann nur noch kurz berichtet, daß sie später nach Seleukia ging. Das Ende lautet: „und nachdem sie viele durch das Wort Gottes erleuchtet hatte, entschlief sie eines sanften Todes."

Was die Thekla-Geschichte in besonderer Weise charakterisiert, ist das missionarische Element. Thekla will vor allem eines: mit Paulus oder wie Paulus das Wort Gottes verkünden. Die enkratitisch-asketischen Akzente sind möglicherweise erst bei der literarischen Integration der mündlichen Thekla-Legende in die Paulusakten in den Vordergrund getreten. Aber auch jetzt haben sie durchaus funktionalen Charakter: durch den Verzicht auf die Ehe und damit auf die traditionelle Frauenrolle wird Thekla „wie ein Mann", was sie auch konkret in ihrem Haarschnitt und ihrer Kleidung zum Ausdruck bringt. Dadurch ist sie befähigt, wie Paulus das Amt eines Apostels wahrzunehmen.

Wie ist diese Überlieferung zu beurteilen? Die Verbindung von missionarischer Frauenaktivität mit dem Zölibat ist zweifellos restriktiv, gemessen an der vom Neuen Testament bezeugten apostolischen Tätigkeit verheirateter Frauen. Eine formale Verknüpfung von Amtstätigkeit und weiblichem Zölibat (die sich später für die Diakonissen findet, als Diakone noch verheiratet sein können) besteht hier allerdings nicht: Theklas Zölibat ist frei gewählt. Und ihr Schritt ist zumindest partiell emanzipatorisch, denn er bedeutet den Bruch mit der gesellschaftlichen Rollenerwartung.

Signifikant ist nun, wie diese Thekla-Tradition von den Vätern rezipiert wird: Hier erscheint Thekla keineswegs als Prototyp der Apostelin, trotz aller ihr verliehenen Ehrentitel, sondern als Prototyp der Asketin, in der sowohl das Element des erlittenen Martyriums wie das des Sexualverzichtes zum Tragen kommen. Die Enthaltsamkeit wird zum Martyrium vor dem Martyrium, der eigentliche Sieg ist die Krone der Jungfräulichkeit, die Thekla vor allen Jungfrauen nach ihr errungen hat. Sie ist die heilige Jungfrau schlechthin geworden.

Die asketische Tradition

Das Jungfräulichkeitsideal

Wir sind den enkratitisch-asketischen Tendenzen im frühen Christentum bereits auf Schritt und Tritt begegnet. Die Väter preisen den Lebensstand der Jungfräulichkeit – und es sind mehrheitlich Frauen, die diesen Lebensstand für sich wählen. Doch – und das überrascht uns – in den frühen lateinischen wie überhaupt in den griechischen Jungfräulichkeitstraktaten kommt Maria als Modell für die Jungfrauen nicht vor. Erst Ambrosius (gest. 397) vollzieht diesen Schritt: In seiner Schrift ‚Über die Jungfrauen'[17] beschreibt er das zurückgezogene Leben der Mutter Jesu in kühner „Eisegese" (Schrift„ein"legung statt Schrift„aus"legung) nach dem Modell, das ihm für die asketischen Jungfrauen seiner Zeit vorschwebt (II, 6–18). Übrigens nimmt er zugleich eine Art Substitution bzw. Zurückdrängung der Theklagestalt vor: Sie wird von ihm neben Maria gestellt – als Modell heldenhaften Sterbens neben das Modell des verborgenen Lebens (II, 19–21). Hieronymus (gest. 420)[18] behauptet dann Jungfräulichkeit auch für Josef; Augustinus (gest. 430)[19] schließt aus der lukanischen Verkündigungsszene auf ein ausdrückliches Jungfräulichkeitsgelübde Marias.

Warum geschieht das erst so spät und vorwiegend im Westen? Der erste Teil der Frage ist einfach zu beantworten: Die frühen Kirchenväter hielten zwar nach dem Zeugnis der Schrift an der jungfräulichen Geburt Jesu fest, glaubten aber nicht an eine *virginitas post partum,* eine Jungfräulichkeit Marias nach der Geburt, wie ja auch die Schrift selbstverständlich von den Brüdern und Schwestern Jesu spricht. Maria war also für sie eine „normale" Ehefrau und Mutter, als Vorbild für Jungfrauen nicht geeignet. Der Gedanke von der „immerwährenden Jungfräulichkeit" Marias kommt zwar schon bei Origenes (gest. 254) vor, wird aber noch von Basilios dem Großen (gest. 379) als nicht verbindliche Lehrmeinung angesehen[20]. Die in mariologischen Lehrbüchern zu lesende Behauptung, das Zweite Konzil von Konstantinopel habe 553 die immerwährende Jungfräulichkeit Marias zum Dogma erhoben, strapaziert den Konzilstext erheblich: Dieser verwendet zwar den Ausdruck „heilige, glorreiche, immerjungfräuliche *(aeiparthenos)* Maria", thematisiert die Frage aber in keiner Weise ausdrücklich, sondern bestätigt lediglich die Lehre von den zwei Naturen in Christus und die Berechtigung des Titels *Theotokos* (Gottesgebärerin). Man kann aus der Verwendung des Adjektivs nur schließen, daß sich diese Lehrmeinung inzwischen allgemein durchgesetzt hatte. Eines zeigt diese Entwicklung ganz deutlich: während die neutestamentlichen Traditionen über die jungfräuliche Geburt Jesu in keiner Weise mit einer Herabsetzung des Ehestandes verbunden sind, entsteht das „ Dogma" von der immerwährenden Jungfräulichkeit Marias in einem Klima, das sexual- und ehefeindlich ist.

Zur Entlastung der Kirchenväter läßt sich anführen, daß die Tendenz zur Ablehnung von Sexualität und/oder Ehe ein allgemeiner Zug der Spätantike war. Im römischen Recht sah man sich unter Augustus gezwungen, eine gesetzliche Eheverpflichtung[21] zu erlassen: für Männer vom 25.–60., für Frauen vom 20.–50. Lebensjahr (18 v. Chr. die *lex Julia,* 9 n. Chr. die *lex Papia Poppea*). Für geschiedene oder verwitwete Frauen galt – jedenfalls auf dem Papier – eine Wiederverheiratungsfrist von 18 Monaten! Auch Kinderlosigkeit wurde sanktioniert. Für die Medizin der Zeit galt der Geschlechtsverkehr als „eigentlich" ungesund – in androzentrischer Perspektive fürchtete man den „Energieverlust" beim Zeugungsakt. Da man andererseits dem gesetzlichen Zeugungszwang ausgesetzt war, versuchte man Rezepte zu entwickeln, mit möglichst wenig Sexualität die vorgeschriebene Kinderzahl zu erreichen[22]. Hanna-Barbara Gerl hat in einem Vortrag über die neuplatonische Philosophin Hypatia – auch sie, obwohl nicht Christin, dem Jungfräulichkeitsideal verschrieben – auf eine mögliche positive Deutung dieser Abwendung von der Sexualität hingewiesen: geistesgeschichtlich war man zu dieser Zeit soeben der Erdmutter Gäa entronnen, man begann die Welt zu vermessen und zu beherrschen und strebte daher danach, den erdhaft-biologischen Zwängen zu entrinnen und sich in die Welt des reinen Geistes zu erheben[23]. Für diese Haltung steht der Traktat ‚Über die Jungfräulichkeit' Gregors von Nyssa.

Der Wandel vom biblischen Ehe- zum frühchristlichen Jungfräulichkeitsideal vollzog sich allerdings nicht ohne Widerstand. Im Neuen Testament steht neben dem von Paulus mit einiger Zurückhaltung gegebenen Rat, möglichst auf die Ehe zu verzichten (1 Kor 7), die massive Eheideologie der Pastoralbriefe. Noch zu Beginn des 5. Jahrhunderts sieht sich Johannes Chrysostomos[24] in Konstantinopel gezwungen, einen Traktat ‚Wider die Gegner des Mönchtums' zu schreiben, und Hieronymus attackiert in Rom die Schrift des Helvidius[25], der die Lehre von der immerwährenden Jungfräulichkeit Marias ablehnte und die Gleichwertigkeit von ehelichem und ehelosem Lebensstand behauptete.

Doch die Asketen dominierten das frühe Christentum, wobei sie sich in zwei Richtungen spalteten: die einen predigten die absolute *Enkrateia* (Enthaltsamkeit) als Ideal des Christentums, die anderen lehnten die Ehe nicht ab, gaben aber der Jungfräulichkeit den Vorrang. Hier ist allerdings viel Vorsicht in der Interpretation der Quellen geboten: Das den „Häretikern" von den orthodoxen Kirchenvätern vorgeworfene „Verbieten der Ehe" entpuppt sich oft nur als das Verbot einer Zweitehe; umgekehrt erweist sich angesichts des überschwenglichen Preises der Jungfräulichkeit auch bei den orthodoxen Kirchenvätern das Festhalten an der Ehe eher als ein Lippenbekenntnis. Den gemäßigten und den radikalen Vertretern ist im Grunde eine Theologie gemeinsam: Die Ehe ist eine Institution des Alten Bundes, die in Christus überholt ist. Nur mit Rücksicht auf die Schwachen gilt diese Lebensform auch in der Kirche noch weiter, obwohl der Neue Bund schon auf Erden die Wiederherstellung des paradiesischen, (nach Meinung der meisten) geschlechtsfreien Zustandes ermöglicht: erst der über den Menschen verhängte Tod hatte die Fortpflanzung und somit die Geschlechtlichkeit notwendig gemacht. Mehr noch: der Neue Bund erlaubte die Vorwegnahme des himmlischen Zustandes: die Teilnahme am wiederum geschlechtsfreien Leben der Engel. Ehelosigkeit erscheint als eine Antizipation der Unsterblichkeit, und somit als der in jedem Fall preiswürdigere Lebensstand.

Ist die Geringschätzung der Ehe allen Traktaten über die Jungfräulichkeit gemeinsam, so unterscheiden sie sich doch erheblich hinsichtlich des Grades ihrer jeweiligen Ehe-, Sexual- und/oder Frauenfeindlichkeit. Es ist ein Unterschied, ob man die Ehe ablehnt, weil sie in jedem Fall die Verwicklung in weltliche Sorgen bedeutet (Gregor von Nyssa, Johannes Chrysostomos) oder weil man Sexualität prinzipiell mit Sünde verknüpft (Tertullian, Augustinus)! Es ist ein Unterschied, ob man von Jungfrauen strenge Zurückgezogenheit und demütige Unterordnung verlangt, weil sie zum Geschlechte Evas gehören (Tertullian), oder ihnen Freiheit vom „Fluch" der Genesis verheißt: nämlich schmerzvoll Kinder zu gebären und dem Mann zu gehorchen (Cyprian, Johannes Chrysostomos)!

Hier nähern wir uns der Antwort auf die Frage, warum im Westen die asketische Jungfräulichkeitspredigt die Verbindung zur Jungfrauengeburt und somit zu Maria in den Vordergrund stellt: Im Westen ist allgemein eine grundsätzlichere Sexualfeindlichkeit festzustellen, die ihren extremsten Ausdruck in der augustinischen Lehre von der Übertragung der Erbsünde durch den Geschlechtsakt gefunden hat.

Für die radikalsten Frauenfreunde des frühen Christentums (hinter denen die Selbsteinschätzung vieler Frauen wohl nicht zurückgeblieben sein dürfte) galt die Verheißung von Gal 3,28: „In Christus ist nicht mehr Mann und Frau", ganz allgemein für alle Bereiche, einschließlich der Amtsfrage (so zumindest für einen Teil des Montanismus durch ein Epiphaniuszitat[26] belegt). Doch die Vertreter (auch die Vertreterinnen?) dieser Richtung wurden immer seltener. Gal 3,28 wurde von vielen nun so verstanden: in Christus, d. h. im Neuen Bund, ist bereits das engelgleiche Dasein möglich – im jungfräulichen Leben (aber nur dort!) sind die Unterschiede zwischen Mann und Frau aufgehoben.

Doch selbst für die Jungfrauen war eine Gleichstellung nicht unumstritten. In der Amtsfrage ist sie zumindest in der Großkirche nur sehr partiell praktiziert worden: den Diakoninnen wurde in den Anfängen eine relative Gleichberechtigung mit den männlichen Kollegen gewährt. Für das asketische Leben wurde den Frauen von vielen Kirchenvätern Autonomie zugestanden; in der Theorie hat sie sich bis in die Gesetzgebung Justinians gehalten. Faktisch erfuhren aber die Frauenklöster zunehmend männliche Bevormundung. Hierbei spielt auch die Dimension der Sexualfeindlichkeit, – besser vielleicht: der Sexualphobie, – eine Rolle. Am Anfang scheint eine „optimistische" Richtung stark gewesen zu sein: die Gleichheit der Geschlechter (richtiger: die gleiche „Geschlechtslosigkeit") führte zu einem höchst unbefangenen Umgang der asketischen Männer und Frauen miteinander, wie es etwa die Mönchsgeschichte des Palladius[27] zeigt. Auch die später viel bekämpfte Institution des „Syneisaktentums"[28], das eheähnliche Zusammenleben von Asketenpaaren oder von Klerikern mit Jungfrauen, zeugt von dieser Unbefangenheit. Diese Praxis war damals wie auch bis in neuere Zeit natürlich Verdächtigungen aller Art ausgesetzt – nach dem Zeugnis der Quellen meist ohne Grund.

Wenn sich auch im Osten, wie wir sahen, schließlich die Vorstellung von der dauernden Jungfräulichkeit Marias durchgesetzt hat und der Titel *aeiparthenos* heute ständig in der byzantinischen Liturgie wiederkehrt, so ist das theologische Interesse an der Jungfrauengeburt doch wenig mit dem asketischen Ideal der Enthaltsamkeit verbunden. Im großen Traktat des Johannes Chrysostomos (gest. 407) über die Jungfräulichkeit[29] werden Maria und Jungfrauengeburt überhaupt nicht erwähnt, die Jungfräulichkeit wird vielmehr als die große neue Freiheit – ganz besonders für die Frauen – gegenüber der alten „Sklaverei" der Ehe gepriesen. Gregor von Nyssa (gest. 394) geht von der *parthenia* (Jungfräulichkeit) Gottes aus und erwähnt die Jungfrauengeburt im Zusammenhang der Auferstehung Jesu: Hier wie dort ging der Gottessohn durch verschlossene Türen[30]. Es ist dieses Motiv des Paradoxes, das das Marienlob der griechischen Liturgie geprägt hat. In seinem Traktat über die Jungfräulichkeit beschreibt Gregor den Weg der Enthaltsamkeit als einen Weg der Vergeistigung und Vergöttlichung, ohne sich dabei extrem ehe-, sexual- und/oder frauenfeindlich zu äußern. Es klingen sogar indirekt ehefreundliche Töne an: Wer jungfräulich lebt, muß den großen Schmerz nicht ertragen, den der Tod des geliebten Partners oder der geliebten Partnerin bedeutet!

Nun ist Sexualfeindlichkeit nicht in jedem Fall mit Frauenfeindlichkeit gleichzusetzen, wie wir gesehen haben. Sie fallen aber zusammen, wenn die Frau einseitig als Geschlechtswesen definiert wird. Hier ist wieder Augustinus der konsequenteste Lehrer. In seinem Genesiskommentar[31] spricht er der Frau nur eine partielle Gottebenbildlichkeit zu: sie besitzt diese als *homo* (Mensch), nicht aber als *femina* (Frau = Geschlechtswesen); Adam dagegen wird nicht in *homo* und *vir* (Mann) aufgespalten. Verhängnisvoll ist auch seine Zuordnung des Mannes zum „Geist" und der Frau zum „Fleisch", die er in seinem Traktat ‚Über die Enthaltsamkeit'[32] durch eine geschickte Schriftmanipulation zustande bringt. Er verbindet nämlich Eph 5: „Die Männer sollen ihre Frauen lieben ... wie ihr eigenes Fleisch ... so wie Christus seine Kirche", mit Gal 5,17: „Das Fleisch streitet wider den Geist". So erhält er die Abfolge: Christus/Kirche – Mann/Frau – Geist/Fleisch, wozu er schreibt: „Von diesen betreut jedesmal das erste Glied das zweite, während das zweite dem ersten dient; alle aber sind gut, indem bei ihnen die Schönheit der Ordnung dadurch gewahrt wird, daß die einen in geziemender Weise zur Führung bestellt, die anderen in geziemender Weise zur Unterordnung berufen sind"[33].

Da Augustinus auch die typologische Verbindung Maria–Kirche in seinem Traktat ‚Über die Jungfräulichkeit'[34] herstellt, legt sich der Verdacht nahe, daß bei den lateinischen Vätern Maria benutzt wird, um den Jungfrauen Demut und Unterordnung zu predigen. Das wird die nun folgende Darstellung der Konflikte um die Jungfrauen bestätigen.

Zuvor noch eine allgemeine Bemerkung zu den Kirchenvätern: Sie sind als Personen kaum je nur auf Frauenfeindlichkeit festzulegen; selbst bei Tertullian finden sich Beispiele, die auf eine gewisse Ambivalenz schließen lassen. Von Augustinus ist zu sagen, daß er sich vielleicht am stärksten darum bemüht, bei seinem Jungfräulichkeitslob die Ehefrauen nicht zu sehr abzuwerten – was ihn allerdings nicht daran hindert, in der Polygamie der Väter folgende Typologie verwirklicht zu sehen: die vielen Frauen des einen Mannes seien ein Vorbild für die vielen Seelen und den einen Gott, die vielen Gemeinden und den einen Christus (Über das Gut der Ehe)[35].

Konflikte um die ehelosen Frauen

Konnte sich das allgemeine Enthaltsamkeitsideal nicht ohne Widerstand durchsetzen, so warf die freiwillig praktizierte Ehelosigkeit von Frauen erst recht Probleme auf. Wie standen nun die Frauen selbst zu diesem Jungfräulichkeitsideal? Da wir keine Selbstzeugnisse von Frauen aus dieser Zeit besitzen, läßt sich die Frage nicht so ohne weiteres beantworten. Wir können nur versuchen, das Selbstverständnis der Frauen aus den uns zur Verfügung stehenden Quellen indirekt zu erschließen. Eines allerdings scheint festzustehen: Frauen haben ein besonderes Interesse an dieser Lebensform, denn die „Witwen" sind der erste kirchlich anerkannte Lebensstand, wie es die neutestamentlichen Spätschriften, die sogenannten Pastoralbriefe (1. u. 2. Tim; Tit), bezeugen. Doch zugleich fürchten die Pastoralbriefe offensichtlich diese unverheirateten Frauen: polemisieren sie doch scharf gegen die Witwen, führen ein Mindestalter von 60 Jahren ein und verlangen von Jüngeren die Wiederverheiratung. Um die Unterordnung der Frauen zu sichern, geben sie sogar das Ideal der einmaligen Verheiratung auf, das sie doch für Bischöfe, Diakone und eben die kirchlichen Witwen selbst fordern. Ein solch eindeutiger Widerspruch zur Lehre des historischen Paulus (vgl. 1 Kor 7) überrascht in einer Schrift, die sich als paulinisch ausgibt! Zweifellos werden hier mittels Eheverpflichtung, strikter Unterordnungsideologie und Lehrverbot ein Frauenbild und eine Frauenpraxis bekämpft, wie wir sie – wiederum unter Berufung auf die Autorität des Paulus – in den Theklaakten kennengelernt haben.

Verbirgt sich hinter der Thekla-Gestalt frühchristliches weibliches Selbstverständnis? Zunächst ist festzustellen, daß die gerichtliche Verfolgung von Frauen, die nicht heiraten wollten (sowie ihrer Inspiratoren, der Apostel), die in den Apokryphen so romanhaft bunt beschrieben wird, auf dem Hintergrund der genannten römischen Gesetzgebung ihr *fundamentum in re* hat. Aus nicht-fiktiven Quellen kennen wir sehr reale Fälle solcher Prozesse. Hier ist nicht zuletzt die Vertreibung des Hieronymus aus Rom wegen exzessiv asketischer Propaganda zu nennen[36]. Auch das Auftreten der Thekla in Männerkleidern und mit männlichem Haarschnitt ist keineswegs nur romanhafte Ausschmückung. Aus späterer Zeit besitzen wir einen Synodalbrief (Gangra 340), der ausführlich über ähnliche Vorgänge berichtet, die sich bei den mit Eustathius von Sebaste lebenden Asketinnen und Asketen abgespielt haben[37]. Es heißt dort: „Aufgrund ihrer Verurteilung der Ehe und der Unterstellung, daß keiner der Verheirateten von Gott das Heil erhoffen könne, haben zahlreiche verheiratete Frauen, die von ihnen getäuscht wurden, ihre Männer und Männer ihre Frauen verlassen. Darauf haben sie (gr.: weiblich!), weil sie unterdessen nicht mehr enthaltsam leben konnten, Ehebruch begangen und so Schande auf sich geladen." Nach einem kurzen Bericht über die asketischen Bräuche heißt es weiter: „und Frauen haben, entgegen der Sitte, statt Frauenkleider Männerkleider angezogen, da sie glaubten, so die Heiligkeit zu erlangen; einige haben sich unter dem Vorwand der Frömmigkeit sogar ihr natürliches Haar abschneiden lassen." Es folgen Verbote, die diese Praktiken noch einmal spiegeln:

„Wenn eine Frau unter dem Vorwand der Askese ihre Kleidung ändert und statt der üblichen Frauenkleider Männerkleider anlegt, so sei sie im Bann“[38]. „Wenn sich eine Frau unter dem Vorwand der Askese die Haare abschneidet, die Gott ihr gegeben hat, um sie an ihre Abhängigkeit zu erinnern, und sie so gleichsam das Gebot des Gehorsams aufhebt, so sei sie im Bann“[39].

Wie ist dieser Text zu beurteilen? Es ist wohl nicht auszuschließen, daß manche Vorwürfe der Synode gegen den Hochmut der Asketen berechtigt waren. Vorsicht ist hinsichtlich des angeblichen Eheverbots am Platz, da dies zum polemischen Arsenal gegen die Häretiker gehört (auch zur Polemik der Römer und Griechen gegen die Christen!). Das asketisch geprägte Christentum hat das antike Frauenideal der Einmalehe auch auf Männer ausgedehnt. Dieses alte Ideal der *univira* macht verständlich, daß es für Witwen am leichtesten war, ihre Absicht, unverheiratet zu bleiben, durchzusetzen: Sie konnten sich auf eine in der öffentlichen Meinung hochgeachtete Tradition stützen. Da nach römischem Recht aufgrund des Konsensprinzips der Ehe Scheidung möglich und üblich war, konnte sich das von der Synode gegeißelte „Verlassen“ der Männer durchaus im Rahmen der Legalität und der allgemeinen Moralvorstellungen vollziehen. Zwei Rückschlüsse auf Selbstverständnis und Motivation der Frauen läßt der Synodalbrief jedenfalls zu: 1. Sie hatten ein moralisch hochstehendes Motiv („sie glauben, so die Heiligkeit zu erlangen“); 2. sie sahen in ihrer männlichen Kleidung und Haartracht ein Symbol ihrer Gleichstellung mit den Männern, das Ende also von Unterordnung und Gehorsamspflicht.

Hier noch eine Anmerkung zur weiblichen „Männlichkeit“. Meist findet sie sich als anerkennendes Lob im Mund von Männern, gelegentlich allerdings auch als Selbstaussage von Frauen. Es ist aber zu vermuten, daß ursprünglich die Asketenkleidung der Jünger und Jüngerinnen des Eustathius in Wirklichkeit für Männer und Frauen in gleicher Weise geschlechtsunspezifisch war, denn auch den Männern wird ihre absonderliche Tracht vorgeworfen. Diese geschlechtsverhüllende und geschlechtsneutrale Kleidung (bis heute tragen Mönche

„Frauenkleider“!) wäre also Ausdruck des asketischen Verständnisses von Gal 3,28: „In Christus ist nicht mehr Mann und Frau.“ In der geläufigen Formel, daß die christliche Jungfrau „wie ein Mann“ sei, drückt sich bereits eine androzentrische Umdeutung der asketischen Gleichheit aus. Es ist nicht unbedingt zu unterstellen, daß sich seitens der frühchristlichen Frauen ihr Ideal auf das „Männlichwerden“ reduzierte.

Es kam jedenfalls eindeutig zu Konflikten um die Jungfrauen und Witwen, weil sie sich an eine Gehorsamspflicht gegenüber Männern nicht mehr gebunden sahen. Bisher war nur von asketisch orientierten Frauen die Rede, aber das Motiv der Eheverweigerung finden wir auch außerhalb der asketischen Kreise, was vielen Kirchenvätern ein Dorn im Auge war. Die Polemik gegen reiche Jungfrauen, die sich nicht aus dem öffentlichen Leben zurückziehen wollen, wird eine Art fester Topos in den diesbezüglichen Traktaten. Besonders gut belegt ist ein solcher Konflikt in der Schrift des noch katholischen Tertullian ‚Über die Verschleierung der Jungfrauen‘, übrigens eine seiner frauenfeindlichsten Schriften[40]. Es geht ihm darum, in Karthago durchzusetzen, daß alle Frauen sich verschleiern müssen. Für Ehefrauen war es ohnehin üblich, aber das Verschleierungsgebot soll nun auch sowohl für unverheiratete junge Mädchen gelten wie für die christlichen Jungfrauen, die auf die Ehe verzichtet haben. Für Tertullian war die Sache klar: „Wenn der Mann das Oberhaupt der Frau ist, so ist er es durchaus auch für die Jungfrau ..., es sei denn, die Jungfrau gehöre zu irgendeinem seltsamen dritten Geschlecht *(tertium monstruosum genus)* mit einem eigenen Oberhaupt“[41]. Für die Gegner und Gegnerinnen Tertullians, so können wir es seiner eigenen Schrift entnehmen, war die Sache ebenso klar: Die kirchlichen Jungfrauen waren keinem Mann Gehorsam schuldig und brauchten daher auch keinen Schleier zu tragen. Interessanterweise ist es zunächst unter den Jungfrauen selbst zum Konflikt gekommen, da unter ihnen einige verschleiert gingen (zum Teil wohl auch aus Erwägungen praktischen Schutzes auf der Straße). Nun waren es nicht etwa die Verschleierten, die den Unverschleierten Vorwürfe machten, sondern die Unverschleierten nahmen am Schleier der übrigen

Anstoß, weil sie darin einen Verrat an der neuen christlichen Freiheit sahen. Diese „bürgerlichen" Jungfrauen weigerten sich zwar zu heiraten, aber sie wollten deswegen keineswegs ein asketisches, aus der Welt zurückgezogenes Leben führen. Ja, sie beanspruchten sogar Ämter!

In diesem Zusammenhang stoßen wir bei Tertullian auf Thekla: „Der tolle Übermut von Frauen aber, der sich vermessen hat, lehren zu wollen, wird sich hoffentlich nicht auch das Recht zu taufen aneignen ... Wenn sie die Schriften, welche verkehrterweise für Schriften Pauli gelten, und das Beispiel der Thekla zugunsten der Statthaftigkeit des Lehrens und Taufens durch Frauen vorschützen, so mögen sie wissen, daß jener Priester aus Asien, der die genannte Schrift verfertigt hat ..., abgesetzt worden ist."[42] Stein des Anstoßes an dieser apokryphen Schrift war für Tertullian also nicht deren enkratitische Tendenz, sondern die dort berichtete Predigt- und Tauftätigkeit einer Frau.

Tertullians Anliegen war es, zwar Frauen zur Ehelosigkeit zu motivieren, aber auf keinen Fall einen eigenen Jungfrauen-Stand in der Kirche mit spezifischen Privilegien zu fördern. Er lamentiert geradezu herzzerreißend darüber, wie ungerecht es doch sein würde, weibliche Jungfrauen öffentlich und bereits an der Kleidung erkenntlich auszuzeichnen, während die armen Jungfrauen männlichen Geschlechts unerkannt bleiben müssen – das sei *inhumanum,* unmenschlich (De virg., IX f.). Tertullian hat sich übrigens in seiner Zeit nicht durchgesetzt; der wenig später im gleichen Karthago schreibende Cyprian erkennt die Jungfrauen als Stand und ihre Freiheit vom Fluch der Genesis an und erwähnt keinen Schleier[43]. Die Unterordnungsideologie des Tertullian hat sich trotzdem in der späteren kirchlichen Tradition durchgesetzt.

Göttinnen und Frauenkulte

Bei der Entwicklung des Jungfräulichkeitskultes ist noch ein Faktor zu berücksichtigen: die Konkurrenz der griechisch-römischen Kulte (für die man endlich die Kategorie „Heidentum" ablegen sollte!). Es ist wiederum Tertullian, der erwähnt, daß das Beispiel der „heidnischen" Jungfrauen und Witwen für die christlichen Witwen ein Problem darstelle: dürfen jene doch priesterliche Rechte ausüben, sie aber nicht. Von ihm wird dieses Priestertum von Jungfrauen und Witwen als „Satanskult" bezeichnet und das heilige Feuer der Vestalinnen als „Höllenfeuer". Und er nennt weitere Beispiele: der Juno diene in Aigia eine Jungfrau, die Prophetinnen in Delphi kennten keine Ehe, der afrikanischen Ceres dienten Frauen, die ihre Männer mit deren Einverständnis verlassen hätten; er erwähnt auch Diana und Minerva, denen ebenfalls jungfräuliche Priesterinnen dienten[44].

Für Frauen allgemein attraktiv waren Bona Dea (ein Kult unter Ausschluß von Männern!), Demeter (Eleusinische Mysterien), Isis und Kybele (letztere hatte Priester, die sich entmannten). Die größten griechischen Göttinnen, Athene und Artemis, waren jungfräuliche Göttinnen, Identifikationsfiguren, die nicht gerade für das Ideal der Hausfrau und Mutter standen!

Auch aus dem hellenistischen Judentum wird von Philo von Alexandrien über eine asketische Gemeinschaft berichtet, in der (Jung-)Frauen eine recht aktive und gleichberechtigte Rolle gespielt haben müssen. Dort wird das Fest der 50 (Tage) als einer Symbolzahl für Jungfräulichkeit mit großer Feierlichkeit begangen. Dabei treten im Nachtgottesdienst Männer- und Frauenchöre auf, deren Anführer und Anführerin Mose und Mirjam beim Durchzug durch das Rote Meer repräsentieren[45].

Wenn wir dies alles bedenken, verwundert es nicht allzu sehr, daß wir eine große (ja, die größte) Kultstätte unserer Apostolin, Märtyrin und Jungfrau Thekla schließlich in Seleukia neben einem großen Athene-Heiligtum wiederfinden. Die berühmte Pilgerin Egeria (4. Jh.) hat Hagia Thekla besucht und beschrieben: ein Heiligtum umgeben von unzähligen Männer- und Frauenklöstern[46]. Und um dem benachbarten Athene-Kult standhalten zu können, wird die Vita der hl. Thekla im fünften Jahrhundert noch einmal neu geschrieben[47]. Nebenbei bemerkt: der Verfasser bringt dabei das Kunststück fertig, in Thekla das züchtige Frauenbild seiner Zeit festzuschreiben und sie dennoch zur Göttin emporzustilisieren. Die Lebensbeschreibung endet diesmal aber nicht mit der Missionstätigkeit in Seleukia, sondern setzt hier noch einmal ganz neu an. In der Beschreibung von Seleukia erscheint die Stätte „der Jungfrau" (so nennt der Verfasser sie fast immer) als Festung gegen den lokalen Orakel-Dämon Sarpedon und als Gegenstück zur Akropolis der Athene. Hier vollbringt sie Wunder um Wunder. Am Ende stirbt sie nicht, sondern der Fels spaltet sich unter ihr, und sie steigt lebendig in die Erde hinab. An dieser Stelle steht nun der Altar ihres Heiligtums. Die Beziehungen zwischen dem Athene- und dem Theklakult erhellen deutlich durch eine Legende, in der erzählt wird, man habe Thekla wegen ihrer Fähigkeit zu heilen und wegen ihrer Jungfräulichkeit für eine Dienerin der jungfräulichen Göttin gehalten. Eifersüchtige Ärzte, die durch die Heilungen beeinträchtigt werden, wollen ihr durch Vergewaltigung ihre Wunderkraft entziehen. Durch ihr Verschwinden in der Erde wird Thekla gerettet.

Wir sehen hier deutlich, wie sich das Klima seit dem zweiten Jahrhundert verändert hat. Thekla ist nun nicht mehr das leuchtende Vorbild der Asketen, im Vordergrund steht der triumphalistische Sieg über die alten Götter – und zugleich muß der attraktive alte Kult durch einen noch attraktiveren neuen ersetzt werden. So wie in Ephesus die *Theotokos* an die Stelle der ebenfalls jungfräulichen Göttin Artemis tritt, so in Seleukia Thekla an die Stelle der *Pallas,* der „Jungfrau" Athene. Und ihre Wunder übertreffen natürlich bei weitem die Wunder der entthronten Göttin. Im ersten Wunder besiegt Thekla Sarpedon, im zweiten Athene, im dritten Aphrodite, im vierten Zeus selbst. In den beiden folgenden Wundern bewährt Thekla sich als neue „Stadtgöttin": sie rettet ihre Städte – Seleukia vor der feindlichen Eroberung, Ikonium vor dem Untergang durch Feuer. Es folgen noch dreißig Wundergeschichten verschiedener Art, bei denen sich zahlreiche Parallelen zum alten Athene-Kult aufzeigen lassen. Bei der Verdrängung der vorchristlichen Kulte „erben" kultisch verehrte christliche Jungfrauen die Attribute und Kräfte der Göttinnen.

Wie sieht unsere Bilanz bezüglich des Thekla-Kultes aus? Vom real existierenden Vorbild für real existierende Frauen ist sie quasi zur himmlischen Göttin geworden. Das scheint zunächst wie ein Rückfall in den Aberglauben. Doch das würde implizieren, daß der alte Athene-Kult nichts als Aberglaube war. Die Kirchenväter haben damals so geurteilt – aber dürfen wir uns heute noch ein derart abschätziges Urteil über die hellenistische Religion erlauben?

Dasselbe gilt zweifellos für den Marienkult. Daß sich hier das gleiche Phänomen vollzogen hat, wie ich es für Thekla kurz aufgezeigt habe, scheint mir offensichtlich. Nur ist bei Thekla eine größere Kontinuität in ihrer Verehrung, ein allmählich wachsender Kult, festzustellen.

Schließlich gilt es das Phänomen zu erklären, warum der Kult der Jungfrau-Mutter schließlich die anderen Frauenkulte verdrängt hat. Sollte mit Hilfe der Marienverehrung die fortschreitende kirchliche Zurückdrängung der Frauen ideologisch untermauert werden? Oder haben sich die alten Göttinnen hier heimlich Eingang ins Christentum verschafft? Oder geschah beides zugleich?

Ausblick

1. Es ist sicher zu früh, diese Fragen definitiv zu beantworten; es sind dafür noch Jahre intensiver – und vor allem interdisziplinärer – Frauenforschung nötig. Das Verdienst einiger feministischer Theologinnen ist, auf die Bedeutung der Göttinnen sowohl für die christliche Gotteslehre wie für eine theologische Anthropologie verwiesen zu haben. Doch die von ihnen mehr postulierten als historisch erwiesenen Matriarchatstheorien halten nüchterner religionsvergleichender Forschung nicht stand. Auch als Zukunftsutopie scheint der Begriff „Matriarchat“ fragwürdig: keinerlei „Archat“ (Herrschaft) sollte es mehr geben, sondern herrschaftsfreie Partnerschaftlichkeit!

2. Der christliche Marienkult hat sich in dem Moment entwickelt, als die christliche Kirche zur Volkskirche wurde und alle anderen Religionen und Kulte verdrängte (im übrigen mit teilweise recht unchristlichen Verfolgungsmethoden). Faktisch kam es dabei zu einem religiösen Synkretismus – meist

verschämt „Christianisierung heidnischer Elemente" genannt. Mit diesem Phänomen sollte man heute positiver umgehen und anerkennen, welche Bereicherung dieser faktische Synkretismus für das junge Christentum bedeutete – was den Marienkult angeht, gerade unter dem Aspekt der Integration alter weiblicher Religion und Theologie.

3. Deutlich *unterschieden* werden muß *zwischen einer männlich-patriarchal „von oben" diktierten und verordneten Mario-Logie,* die den ideologischen Zweck verfolgte, den Emanzipationsbestrebungen der Jungfrauen ein Ende zu setzen, sie zu „domestizieren" und erneut auf den allen Frauen verordneten Innenraum festzulegen, und einer *volkstümlich „von unten" gewachsenen Marienverehrung, insbesondere der von Frauen praktizierten:* haben wir doch inzwischen gelernt, daß Volksreligion und Volksglaube sowohl weisheitliche wie kritisch-subversive Elemente enthalten, die von der herrschenden Theologie unterdrückt worden sind.

4. In der Jungfräulichkeitsbewegung der frühen Kirche war zwar ein Durchbruch durch alte Rollenklischees erreicht worden, aber die asketischen Ideale waren nur für eine kleine Minderheit erreichbar. Und stand dieser Asketismus nicht im Widerstreit zu einem wahrhaft humanen Christentum? Die Verliererinnen in dieser Entwicklung waren jedenfalls die große Zahl der „normalen" Ehefrauen und Mütter, deren Würde diskriminiert war. Wenn die „*Jungfrau*-Mutter" auch kein reales Frauenmodell sein konnte, so haben sich diese Frauen vielleicht doch eher in der jungen Frau aus Nazaret, der „Jungfrau-*Mutter*", wiedererkannt als in den hehren asketischen Jungfrauengestalten. Es ist vielleicht kein Zufall, daß in dem einzigen vollständig überlieferten frühchristlichen Werk einer Frau, in Probas ‚Cento'[48], der in virgilischen Versen die Heilsgeschichte nacherzählt, die Jungfrauengeburt nur erwähnt wird, dafür aber Marias mütterliche Weisheit und Zärtlichkeit ausführlich beschrieben werden.

Mariologische Entwicklungen im Mittelalter

Frauenfreundliche und frauenfeindliche Aspekte

von Elisabeth Gössmann

Vor allem um die dogmengeschichtliche Entwicklung der Mariologie im Rahmen der scholastischen Philosophie und Theologie soll es im folgenden Beitrag gehen. Während zwei der mariologischen Dogmen aus neutestamentlich-altchristlicher Überlieferung stammen (Jungfräulichkeit, Gottesmutterschaft), sind die beiden im 19. und 20. Jahrhundert verkündeten (Unbefleckte Empfängnis 1854, leibliche Aufnahme in den Himmel 1950) während des Mittelalters theologisch ermöglicht worden. An diese Entwicklung möchte ich nun im folgenden unter der Fragestellung herangehen, ob sie uns Maria unter frauenfreundlichem oder frauenfeindlichem Aspekt zeigt – mit anderen Worten: ob unsere Glaubenstradition uns eine Mariengestalt vorstellt, die für alle Frauen, ja für alle Menschen steht, oder eine solche, die mit den allgemeinen Formen weiblichen Daseins kaum mehr zu tun hat. Eine *über* allen Frauen und „frei von den Fehlern ihres Geschlechts" gedachte Maria läßt vermuten, daß im Hintergrund ein antifeministisches Frauenbild steht, während eine *für* alle Frauen oder sogar als Vertreterin der Menschheit konzipierte Maria auch ein frauenfreundliches Menschenbild repräsentiert.

Dies ist nicht etwa erst der Ansatzpunkt der Feministischen Theologie der Gegenwart, sondern schon seit der letzten Jahrhundertwende wird in der Literaturwissenschaft zwischen antifeministischer und feministischer (Marien-)Literatur unterschieden. Vom 12. bis zum 17. Jahrhundert etwa gibt es eine starke Strömung einer – meist von Frauen, aber auch von Männern – konzipierten Mariologie, die Maria als alle Frauen vertretende, um sich sammelnde, mit Christus verbindende Gestalt sieht. Als Beispiel ein Zitat aus Laurens le Pelier (17. Jh.): „An Freigebigkeit übertrifft das weibliche Geschlecht jede andere Kreatur, weil ja die Jungfrau Maria uns den ewigen Sohn Gottes und Erlöser der Menschheit geschenkt hat. (...) Durch die Frau kam die christliche Religion in diese Welt, die Frau ist also die Mutter der Religion und der Quell des geistlichen Lebens"[1]. Titel und Inhalte von Büchern, die die Vorzüglichkeit des weiblichen Geschlechts von der Vorzüglichkeit Marias ableiten, fehlen in dieser Zeit nicht. Besonders jedoch in der Frauentradition finden wir eine Synthese der Eva- und der Mariengestalt mit deutlichem Affront gegen die Abwertung der Eva in der männlichen Schultradition. Eva gilt als das zuletzt erschaffene Geschöpf und daher das Meisterwerk Gottes, der Vorentwurf Marias, nicht als Verführerin[2].

Aber leider steht dieser positiven Marientradition seit dem Mittelalter eine große Zahl von Autoren und Werken gegenüber, die mit Recht als frauenfeindlich zu charakterisieren sind, denn bei ihnen wird Maria als befreit von allen Lastern des weiblichen Geschlechts, als eine, die mit den Fehlern der „gewöhnlichen" Frauen nichts zu tun hat, bezeichnet, eine dem Fluch der Weiblichkeit entronnene und nur als Ausnahme von ihrem Geschlecht zur Größe erwählte und gelangte Frau.

Als Beispiel dafür sei hier der sonst so verdienstvolle und irenische Petrus Canisius aus dem Zeitalter der Gegenreformation angeführt. In seinem Werk *‚De Maria Virgine Incomparabili'* (‚Über die unvergleichliche Jungfrau Maria') stellt er Maria dar als Ausnahme von der Negativität des weiblichen Geschlechts[3]. Während bei allen Frauen die Affekte mehr ausgebildet seien als der Intellekt – *varium et mutabile semper foemina* – und sie deshalb zu Ungeduld, Haß, Lamentieren, Unmäßigkeit geneigt und nicht fähig seien, ein integres Urteil zu fällen, sei an Maria nichts Tadelnswürdiges. Sie ist nach Canisius allen Frauen und Müttern vorzuziehen und als einzige im weiblichen Geschlecht wahrhaft als Gebenedeite zu preisen: *In toto illo foemineo genere vere ac unice benedicta praedicetur.* Das „Gebenedeit unter den Weibern" wird also von Canisius mißinterpretiert als Herausnahme Marias aus allen Frauen: Durch göttlichen Segen ist Maria befreit von den drei Übeln des weiblichen Geschlechts. Denn Gottes „gerechtes

Gesetz" läßt alle andern Frauen unter dem dreifachen Straffluch der Evastöchter leiden: durch viele mühsame Schwangerschaften, Geburtsschmerz und unter der Macht des Mannes. Viele Kirchenväterzitate nimmt Petrus Canisius zu Hilfe, um zu zeigen, wie sehr die Töchter der Eva diesen Fluch verdient haben: Hätte Eva sich nicht im Paradies verführen lassen, wäre Adam noch darin.

Dagegen Maria: Umso lobwürdiger ist sie, je weiter sie sich vom Leben des weiblichen Geschlechts entfernt hat. Nur für diejenigen Frauen kann Maria zur Führerin werden, die wie sie sich von der Fleischeslust und dem Joch der Ehe fernhalten. – Soweit Canisius. Unter der Flut der Marienliteratur nach dem Konzil von Trient dürfte er keine Ausnahme sein. Wir haben also mit einer starken antifeministischen Tradition in unserer Marienlehre zu rechnen, die zu verdrängen die Situation nur noch verschärfen würde.

Jedoch ist diese – Maria auf Kosten ihres Geschlechts hochlobende – Tradition nicht unser einziges Erbe. Vielleicht wurde durch die reformatorische Distanzierung von übertriebener Marienfrömmigkeit das Marienlob der Gegenreformation besonders pointiert und hochgestochen. Es gibt jedenfalls protestantische Zeugnisse aus dem 17. Jahrhundert, die als „Entzugserscheinungen" von Mariologie zu werten sind: „Die Legenden der Papisten, wonach die selige Jungfrau Maria Familienmutter, Lehrerin und Trösterin aller Kirchen, auch der Apostel, gewesen ist, beachten wir nicht mehr, ebenso wenig die über Maria Magdalena und ihr Apostolat"[4].

Nach diesen einleitenden Zeugnissen aus dem Erbe des Mittelalters in der frühen Neuzeit läßt sich schon folgendes erkennen: Der Vorwurf heutiger Feministischer Theologie, die christliche Tradition habe durch ihr einseitiges Bild von Maria als der dienenden Magd alle Frauen in Abhängigkeit gehalten, während Maria als Königin des Himmels über die Köpfe der Frauenwelt hinausgehoben und Maria als Jungfrau und Mutter für konkretes Frauenleben unnachahmbar sei, trifft nicht für unsere gesamte Marientradition zu, vor allem nicht für die der Frauen selbst, die von heutigen Frauen immer noch zu wenig gekannt wird. Wir haben also im folgenden zu unterscheiden zwischen solchen Traditionselementen, die, wenn auch ursprünglich vielleicht nicht frauenfeindlich gemeint, sich doch so auswirken konnten, und solchen, die diesen Intentionen oder Wirkungen von Anfang an Widerpart bieten.

Positive Marientraditionen des Anfangs in ihrer Fortwirkung im Mittelalter

Schon die Kirchenväter bildeten die Typologie Maria-Kirche aus, indem sie die jungfräuliche Mutterschaft Marias auf die Kirche als Symbolgestalt übertrugen. „Die Kirche empfängt uns vom Geiste und gebiert uns ohne Seufzer", sagt Ambrosius[5]. Diese Universalisierung des Mariensymbols zielt auf eine Deutung der Jungfräulichkeit Marias als ihres Glaubens, der exemplarisch wird für die gesamte Kirche – auch in ihren verheirateten Gliedern. Augustinus, der einerseits die historische Gestalt der Maria von Nazaret sehr ernst nimmt, auch wenn er sie mit apokryphen Zügen wie einem Jungfräulichkeitsgelübde ausstattet, sieht ihren Glauben als Voraussetzung für die Mutterschaft Christi an: „Glücklicher war also Maria, indem sie den Glauben an Christus empfing, als durch ihre Empfängnis Christi dem Fleische nach. (...) So hätte auch die mütterliche Nähe Maria nichts genutzt, wenn sie nicht glücklicher als im Fleische, Christus im Herzen getragen hätte."[6] Dieser später überall aufgegriffene Gedanke von der Priorität der Glaubensempfängnis vor der leiblichen Empfängnis Christi – eine Interpretation des Wortes der Elisabeth bei der Heimsuchung: „Selig bist du, weil du geglaubt hast" – führt wieder zu einer typologischen Universalisierung der Mariengestalt: Maria wird für alle Generationen von Mystikern, für Frauen wie für Männer unter ihnen, zum Urtyp der mystischen Erfahrung der Gottesgeburt in der menschlichen Seele. Namen wie Mechthild von Magdeburg und Meister Eckhart stehen hier für manche andere. Dieser mariologische Aspekt hat vielen Jahrhunderten sehr viel bedeutet.

Erstaunen erregend ist aber vor dem Hintergrund gegenwärtiger, sowohl psychologisch wie feministisch-theologisch angeregter Marienspekulationen vor allem die älteste Auslegung des lukanischen Berichtes der Verkündigung an Maria (Lk 1,26–38). Die alte Sophia-Christologie spielt hier eine wichtige Rolle, besonders bei der Auslegung von V. 35, dem Engelswort an Maria: „Heiliges Pneuma wird auf dich herabkommen, und die Kraft des Höchsten wird dich überschatten." Bis ins vierte Jahrhundert verstehen die Kirchenväter unter diesem Parallelismus membrorum von δύναμις ὑψίστου und πνεῦμα ἅγιον den Sohn Gottes selbst, der als die Weisheit oder der Logos des Vaters auf Maria herabkommt und in ihr Fleisch annimmt. Hinter dem göttlichen Logos als Pneuma steht die Sophia-Tradition: Die alttestamentliche Weisheit, wie sie zuweilen hypostasenhaft aus Gott heraustritt und zuweilen nicht von ihm unterschieden wird. Sie ist es, die in Christus Gestalt annimmt.

Im Neuen Testament selbst finden wir beide Konzeptionen: Die in den fünfziger Jahren des ersten Jahrhunderts verfaßten Paulusbriefe spiegeln die Sophia-Tradition, während das erst im frühen zweiten Jahrhundert geschriebene Johannes-Evangelium vom menschgewordenen Logos Gottes spricht. So nennt Paulus Christus die „Kraft und die Weisheit Gottes" (Χριστὸν θεοῦ δύναμιν καὶ θεοῦ σοφίαν – 1 Kor 1,24) – wie im Verkündigungsbericht bei Lukas von der Kraft und dem heiligen Pneuma des Höchsten die Rede ist. Diese Texte dürfen nicht vor dem Hintergrund einer späteren Trinitätslehre gelesen werden. Die Sophia, Gottes kraftvolle Barmherzigkeit und Weisheit, inkarniert sich in Christus. Nach den frühen Kirchenvätern ist die Weisheit oder der Logos (das Wort) Gottes selbst der Ursprung der Menschwerdung in Maria, indem sie/er sich in ihr mit der menschlichen Natur „überschattet", wie es bei Lukas heißt[7].

Als die theologische Lehre sich dann weitergebildet hatte und der Begriff der *creatio* etwa bei Augustinus als Schöpfer den trinitarischen Gott verlangte, wurde die Auffassung entwickelt, daß die menschliche Natur Christi von der gesamten Trinität in Maria geschaffen (nicht gezeugt) sei, was aber als Werk Gottes nach außen dem Heiligen Geist in besonderer Weise appropriiert wurde. Nun trat die alte Sophia-Christologie und mit ihr die frühe Auslegung des Verkündigungsberichtes in den Hintergrund. Aber noch im Mittelalter kommt es vor, daß die beiden Benennungen für die Wirksamkeit des Göttlichen in Maria, Kraft des Höchsten und Heiliges Pneuma, verschieden ausgelegt werden, letzteres als die dritte Person der Trinität, erstere jedoch weiterhin als das ewige Wort oder die Weisheit des Vaters [8].

Damit hängt auch die alte Darstellung der Verkündigung an Maria zusammen: Die Taube begegnet zuerst in diesem Zusammenhang in der Verkündigung auf der großen Apsiswand von Santa Maria Maggiore in Rom (Mosaik). Hier ist es die Logos- oder Weisheitstaube, die sich auf Maria herabläßt [9]. Santa Maria Maggiore mit ihren Kunstwerken gilt als Manifestation des Konzils von Ephesus von 431, wo Maria zur Theotokos erklärt wurde, d. h. zur Gebärerin dessen, der die zweite Person der Gottheit ist. Diese läßt sich in Taubengestalt auf Maria herab. An eine Übernahme der Taube von der Taufe Jesu auf das Verkündigungsbild ist zu denken, zumal auch die Taube im neutestamentlichen Kontext ursprünglich eine heute weitgehend verlorengegangene Konnotation hat [10]. Allgemein heißt es aber, die Taube sei auf das Verkündigungsbild übernommen worden, um gegen gnostisch-adoptianische Strömungen zu beweisen, Jesus sei nicht erst bei der Taufe „der Christus" geworden, sondern sei es schon seit seiner Empfängnis in Maria. Es ist uns aber aufgrund neuerer Forschungen auch möglich, die religionsgeschichtliche Umwelt des biblischen Raumes einzubeziehen, den Mittelmeerraum mit Ägypten, wo die göttliche Weisheit in ihrer heimholenden, sorgenden und heilenden Funktion in Göttinnen hypostasiert wird, deren Attribut die Taube ist. Dies auf das frühe Verständnis des Verkündigungsberichtes bezogen, kommen wir zu der Deutung, daß Maria, das menschlich-weibliche Prinzip, von der Taube als dem Sinnbild des göttlich-weiblichen Prinzips überschattet wird. Die Taube steht keineswegs für eine etwaige Göttlichkeit Marias, und alle heutigen Versuche, Maria in den Bereich des Göttlichen zu heben, haben nichts zu tun mit dem ursprünglich Gemeinten. Die Symbolik der Taube als des Göttlich-Weiblichen zeigt auch, daß bei der Wirksamkeit der Kraft Gottes nicht an ein männliches Zeugungsprinzip zu denken ist. Maria, die nach Vorstellungen apokrypher Evangelien [11] kostbare Vorhänge herstellt, die das Allerheiligste des Jerusalemer Tempels verhüllen sollen, wird selbst zu diesem Allerheiligsten, indem die göttliche Weisheit, für die die Taube steht, in ihr Wohnung nimmt. [12] Dieser gesamte Vorstellungskomplex ist für den mariologischen Ansatz heute vielversprechend und sollte insbesondere von einer Feministischen Theologie nicht übersehen werden.

Ein weiteres positives Traditionselement ist die in Scholastik und Mystik als Allgemeingut greifbare Lehre von der Stellvertretung Marias für die Menschheit, die sich sowohl bei männlichen wie weiblichen Autoren findet. Weil Maria in einem wesentlichen Moment der Heilsgeschichte durch ihre Zustimmung zur Engelsbotschaft die Menschheit vertreten hat, also die Frau auch den Mann, deshalb wird ihr die Kraft fürbittender Vermittlung zugesprochen, deshalb kann sie das Vertrauen aller Bedrängten auf sich ziehen. Diese Stellvertretungsfunktion Marias wurde im Mittelalter sehr deutlich gesehen und herausgestellt. Sie gibt ihrer Antwort auf die Engelsbotschaft, dem viel mißdeuteten und mißbrauchten „Fiat", einen wesentlich anderen Inhalt als den der Unterwürfigkeit. Selbst in der letzten Marienenzyklika lebt solches Gedankengut wieder auf [13].

Wenn Mary Daly in ihrem Werk ‚Pure Lust' [14] Maria als eine Art sakrales Vergewaltigungsopfer darstellt, so ist dies eine groteske Verkennung der Tradition, die immer betont hat, daß Marias in ihrem „Fiat" ausgedrückte Bereitschaft auf ihrer freien Entscheidung beruht, auf den Heilswillen Gottes einzugehen. Dies gilt sogar als ein wesentliches Element ihrer Jungfräulichkeit. Die Kommentare der Kirchenväter und Scholastiker zum Lukas-Evangelium, auch die theologischen Summen, betonen immer wieder die Freiheit Marias.

Dieses theologische Gedankengut bestimmt auch die Mariendichtung des Mittelalters. Walther von der Vogelweide beginnt seine große Passage mit alttestamentlichen Prototypen für Maria, durch die Nöte seiner Gegenwart bedrängt, mit den Worten: *Maget und muoter, schouwe der Kristenheite not!* [15]

Wegen ihres geschichtsmächtigen „Fiat" wird Maria so etwas wie Verantwortung für die Heilsgeschichte zugeschrieben, eine Art Wachsamkeit, damit das Christentum, wie es durch sie in die Welt gekommen ist, nicht von seinem Anspruch absinke oder, wenn das bereits geschehen sein sollte, sich wieder erheben könne. Besonders die literarische und mystische Kirchenkritik des Mittelalters bringt solche Gedanken. Eine der ersten, nicht in Latein, sondern in unserer Muttersprache schreibenden Dichterinnen, Frau Ava in ihrem theologisch so belangvollen Leben Jesu, hat die heilsgeschichtlich entscheidende Stellung Marias dadurch zum Ausdruck gebracht, daß sie Maria in dem Augenblick, als der Engel ihr die Botschaft bringt, um das Heil der Welt beten läßt [16]. Die Mariensequenz aus Muri verbindet mit dem Gedanken, daß Maria ihren Sohn durch den Glauben (durch das Ohr) empfing, die Vorstellung von der Vereinigung der verschiedenen Religionen durch Christus:

Dir kam ein chint,
frouwe, dur din ore,
des cristen, iuden und die heiden sind,
und des genade ie was endelos [17].

Schöpfungsmäßige Gleichheit aller Menschen, welcher Rasse und Religion auch immer, repräsentiert die Maria der Epiphanie, die in den bildlichen Darstellungen des Besuches der drei Magier als Sitz der Weisheit Christus *(sedes sapientiae)* erscheint. Seit dem Zeitalter der Entdeckungen (und leider auch Eroberungen) tragen die Magier deutlich die Merkmale verschiedener Menschenrassen. Vor diesem Hintergrund ist die Redeweise von Maria als ökumenischer Leitfigur in der Marienenzyklika ‚Redemptoris Mater' zu verstehen.

Dies alles sind Traditionen oder Traditionselemente, die auf der menschlichen Stärke und kreatürlichen Mitwirkung Marias in der Heilsgeschichte basieren und die immer schon ein emanzipatorisches Element enthielten, wie es heute in Lateinamerika und anderswo zur Erkenntnis von Marias Bedeutung für die Befreiungstheologie geführt hat. Es ist die Maria, die Partei ergreift für die Gedemütigten, Erniedrigten, denen die Gerechtigkeit vorenthalten wird. Es ist die Mater dolorosa, die

Zuflucht aller Mütter, die im Widerstand gegen das Unrecht ihre Kinder verloren, die Trösterin der Betrübten. Alte Marientitel einer bei uns kaum noch ansprechenden Marientradition emotionaler Frömmigkeit werden da wieder akut und gewinnen neue Kraft.

Negatives und Positives in der dogmengeschichtlichen Entwicklung zur Unbefleckten Empfängnis Marias

Neben diesem heute als sinnvoll rezipierbaren Traditionsgut in Theologie, Literatur und Bildkunst des Mittelalters gibt es aber auch solche Lehren, die – an der Jungfräulichkeit Marias anknüpfend – unser Menschen- und insbesondere Frauenbild schwer belastet haben. Manches davon ist wiederum mit positiv zu bewertendem Traditionsgut durchsetzt, so daß eine Orientierung mühevoll ist. Es geht hier vor allem um die – oft gnostisch beeinflußte – Lehre von der Empfängnis und Geburt Christi, die auch für die Lehre von der Reinigung und Heiligung Marias ursächlich ist. Die jungfräuliche Mutterschaft Marias und ihre eigene Befreiung von der Erbsünde werden miteinander verknüpft. Die kanonischen Evangelien haben uns solche Geschmacklosigkeiten, wie sie in apokryphen zu finden sind, zum Glück erspart. Dort ist zu lesen, daß eine Hebamme nach der Geburt Jesu die Jungfräulichkeit Marias manuell geprüft habe. Dahinter steckt die gnostische Auffassung, daß der Leib Jesu ein Scheinleib war, der Marias Jungfräulichkeit nicht versehren konnte. Daß derartige gnostisch-manichäische Denkweisen auch das Mittelalter erreichen, sieht man an dem seltsamen Streit in der karolingischen Theologie, als ein Ratramnus die These des Paschasius Radbertus ablehnen mußte, daß Christus nicht aus dem Schoß Marias, sondern aus irgendeiner anderen geheimnisvollen Stelle ihres Leibes geboren sei [18]. Derartige mittelalterliche Mönchsphantasien biologischer Art über die Jungfräulichkeit Marias sind getrost als „Sakralpornographie“ zu bezeichnen. Um solches abzuwehren, schreibt mit durchaus frauenfreundlicher Absicht im zwölften Jahrhundert Abaelard in einem seiner Briefe an Heloise: „Wenn unser Erlöser gewollt hätte, hätte er gewiß auch von einem Mann seine Leiblichkeit annehmen können, genau so, wie die erste Frau aus des Mannes Leib gebildet wurde. Aber mit dieser besonderen Gnadengabe seiner Erniedrigung [gemeint ist die Geburt aus Maria] wollte er gerade das schwache Geschlecht besonders ehren. Er konnte auch aus einem anderen, würdigeren Teil des weiblichen Leibes geboren werden, er brauchte nicht aus dem verächtlichen Organ zu kommen, durch das die anderen Menschen empfangen und geboren werden. Aber um dem schwachen Leib des Weibes die unvergleichliche Ehre zu gönnen, heiligte er durch seine Geburt des Weibes Schoß so hoch, wie die Beschneidung dem Mann es nicht vergönnte."[19]

Dieser Text, der durch Maria alle Frauen in ihrer Gebärfunktion geheiligt sein läßt, zeigt andererseits sehr deutlich, was das weibliche im Gegensatz zum männlichen Geschlecht und insbesondere der Gebärvorgang mit den dazugehörigen Organen im Allgemeinverstand zumindest der Schultheologie jener Zeit sind: verächtlich – und das trotz aller christlichen Schöpfungslehre. Es ist vor allem die augustinische Lehre von der Konkupiszenz, der auf das Sexuelle eingeschränkten bösen Begierlichkeit, die sich als Verdächtigung des Geschlechtlichen überhaupt schlimm ausgewirkt hat. Augustinus hat die neun Jahre, die er bei der leibverachtenden Sekte der Manichäer verbracht hat, auch nach seiner Taufe nie ganz überwinden können, wenngleich er grundlegende christliche Wahrheiten gegen den Manichäismus behauptet hat. Nicht zuletzt durch seinen starken Einfluß auf alle nachfolgende Theologie haben wir bis zur Schwelle der Gegenwart an der besonders auf die Frau projizierten negativen Sicht von Leib und Geschlechtlichkeit gelitten, zumal die Abaelardsche Denkart, daß alle Frauen durch das Gebären Marias geheiligt und von Verächtlichkeit befreit seien, nicht die beherrschende blieb.

Nach augustinisch-mittelalterlicher Lehre führt die Empfängnis durch den Zeugungsakt, der ohne *libido* oder *concupiscentia* nicht vor sich gehen kann, zur Belastung des Kindes mit der Erbsünde. Realisierte Geschlechtlichkeit der Eltern ist kausal für die Erbsündigkeit des Kindes. Eine solche eheliche Empfängnis hätte dem Sohn Marias nicht die zur Erlösungstätigkeit notwendige Erbsündenfreiheit vermitteln können. Daher ist nach allgemein mittelalterlicher Lehre die jungfräuliche Empfängnis Christi in Maria eine metaphysische Notwendigkeit für seine Erlösungstätigkeit[20]. Dies ist ein Punkt, den heutige Universitätstheologie gern verschweigt oder verharmlost. Das Mittelalter vermag geistig-geistliches Geschehen am Menschen nicht ohne biologische Grundlage zu denken, auch wenn es Ansätze zur Überwindung rein biologischen Jungfräulichkeitsdenkens macht.

Aber auch bei jungfräulicher Empfängnis könnte nach diesem Denken die in generationenlanger Geschlechterfolge fortgezeugte und so als von der Erbsünde infiziert geltende Menschennatur noch als Erbe der Mutter den Sohn erreichen und sein Werk vereiteln. Das ist die große Sorge mittelalterlicher Theologen. Also muß eine besondere Reinigung und Heiligung Marias hinzukommen. Dies wird sehr deutlich bei Anselm von Canterbury. Er legt Wert darauf zu betonen, daß Christus nicht so in Adam war wie – nach Röm 5 – alle übrigen Kinder Adams, die in und mit diesem sündigten. Denn wenn auch bis zur Jungfrau Maria der Fleischeswille gezeugt hat, wie Anselm sich im Anklang an den Johannes-Prolog ausdrückt, so doch nicht in ihr. Es war der göttliche Geisteswille, der auf wunderbare Weise die menschliche Natur des Sohnes in der Jungfrau-Mutter schuf. In seinem Dialog ‚Cur Deus homo' (‚Warum Gott Mensch wurde') läßt Anselm von dem Gesprächspartner Boso die Möglichkeit in Erwägung ziehen, daß Christus trotz jungfräulicher Empfängnis durch seine Menschwerdung aus der auf natürlichem Weg von Adam abstammenden Mutter dennoch mit der Sünde in Berührung kam. Die Frage wird im Gespräch so gelöst, daß Maria denjenigen Gerechten des Alten Bundes zugezählt wird, die vor der Menschwerdung Christi durch den impliziten Glauben an seinen künftigen Erlösertod von der Sünde gereinigt wurden. Durch die augustinische Herzensempfängnis im Glauben wird also Maria nach Anselm so begnadet, daß sie von einer solchen Heiligkeit ist, wie sie größer unter Gott nicht gedacht werden kann. Wann diese Heiligung erfolgt ist, sagt Anselm nicht ausdrücklich, aber jedenfalls denkt er nicht an eine Heiligung Marias im Schoße ihrer Mutter, sondern an sie selbst als Glaubende[21].

Anselms Schüler Eadmer hat dann mit einem Argument aus der Frömmigkeit – ohne eigentlich theologische Reflexion – erstmalig von einer Heiligkeit der Empfängnis Marias gesprochen, und zwar, weil im ersten Augenblick ihrer Existenz das *habitaculum* des Heiligen Geistes geschaffen worden sei, in dem der Sohn Gottes sich inkarnieren sollte. Die Empfängnis Marias bleibt also ganz auf die Empfängnis Christi bezogen und wird von dieser her gedeutet, aber die Probleme, die für die scholastischen Theologen bestanden, sieht Eadmer nicht[22].

Die meisten Theologen der Frühscholastik (12. Jh.) verstehen die Reinigung und Heiligung Marias als zeitgleich mit Engelsbotschaft und Empfängnis Christi. Die Empfängnis Jesu in Maria wird von der allgemein menschlichen Empfängnis dadurch abgesetzt, daß sie frei von sexueller Begierde und daß sie ein Zeichen für die Neuheit des gnadenhaften Lebens ist. Hugo von St. Viktor, der als Augustinist auch die Lehre von der Übertragung der Erbsünde durch den konkupiszentiellen Zeugungsakt der Eltern rezipiert und selbst gelehrt hat, zeichnet sich durch besondere Originalität aus: Da mittelalterliche Mönche sich anscheinend oft darüber wunderten, daß Prostituierte so wenig Kinder gebären, postulierte Hugo, daß außer der sexuellen Begierde wohl noch etwas anderes dazugehöre: nämlich die Liebe zwischen Mann und Frau, die zur Empfängnis von Kindern führe, bei den Prostituierten aber fehle. Er zieht nun eine Parallele zwischen Maria und allen Frauen, wenn er sagt: Was in der Frau die Liebe des Mannes und ihre Liebe zu ihm vermag, das bewirkt ähnlich und doch anders in Maria die Liebe zwischen ihr und dem Geist Gottes. Diese Liebe aber kann nicht anders gedacht werden, als daß sie Maria bei der Empfängnis Christi von jedem Schatten der Erbsünde befreit. Solche Gedanken stehen im Zusammenhang mit der Viktorinermystik. Für die Erlösungslehre Hugos ist es wichtig, daß er die Sündenverhaftung alles menschlichen Fleisches bis zur Inkarnation Christi in Maria betont: Erst bei der Empfängnis Jesu wurde Marias menschliche Natur von der Sündenverhaftung befreit. Marias Heiligung geschieht um Christi willen. Ihre Jungfräulichkeit ist biologisch als Fehlen sexueller Begierde und geistig als Liebesverbindung mit dem Heiligen Geist beschrieben[23].

Durch das einflußreiche Sentenzenwerk des Petrus Lombardus, zu dem alle späteren Scholastiker Kommentare verfassen mußten, wurde die Lehre von der Reinigung und Heiligung Marias bei der Verkündigung durch die Herabkunft des Heiligen Geistes zum theologischen Allgemeingut[24]. Die Hochscholastik (13. Jh.) folgte jedoch im allgemeinen dem Schema einer doppelten Reinigung Marias, einer früheren im Schoße ihrer Mutter und einer späteren bei der Empfängnis ihres Sohnes. Im 12. Jahrhundert hatte Bernhard von Clairvaux in seinem Brief an die Kleriker von Lyon diese Lehre als einziger unter den bedeutenden Frühscholastikern antizipiert.

Das 13. Jahrhundert ist deshalb anthropologisch und mariologisch besonders interessant, weil sich hier große Unterschiede zwischen den Dominikanern mit Thomas von Aquin einerseits und den Franziskanern mit Alexander Halensis, Bonaventura etc. andererseits einstellen. Diese Unterschiede sind in der verschieden starken Rezeption des Aristoteles begründet und erklären, warum den Franziskanern im Mittelalter alles, den Dominikanern jedoch nichts an jener Entwicklung gelegen ist, die zur Lehre von der Unbefleckten Empfängnis Marias führt. In den heute in Umlauf befindlichen Dogmatiken und Handbüchern findet man darüber jedoch nichts.

Nach aristotelischer Biologie ist bei der Zeugung der männliche Same allein das aktive Prinzip, und der weibliche Beitrag besteht nur im passiven Darbieten des Gebärmutterblutes, in dem der männliche Same formend wirkt. Diese biologische Konzeption, von Thomas rezipiert und auf Maria angewandt, besagt auch für sie eine reine Passivität gegenüber dem göttlichen Schöpferprinzip. Als Frau ist sie gar nicht fähig, irgend etwas Negatives ihrer menschlichen Natur auf ihren Sohn zu übertragen. Allein notwendig ist die jungfräuliche Empfängnis, um den männlichen Zeugungsakt auszuschließen. Bei Thomas von Aquin hört sich das so an: *Non poterat autem esse quod in natura iam corrupta ex concubitu caro nasceretur sine infectione originalis peccati*[25] („Es konnte aber nicht sein, daß in einer schon durch Geschlechtsverkehr korrumpierten Natur das Fleisch Christi ohne Infektion durch die Erbsünde geboren würde").

Aus Gründen der Konvenienz wird nach Thomas Maria vor ihrer Geburt im Schoß ihrer Mutter von der Erbsünde befreit, aber noch nicht vom *reatus culpae,* also vom Zustand der Sündenfolgen. Erst die zweite Reinigung Marias bei der Empfängnis Christi versteht Thomas so, daß als begleitende Gabe des Heiligen Geistes der Funken der Sünde *(fomes peccati)* in Maria ausgelöscht und sie von da ab „unsündbar" wird. Thomas ist der Ansicht, daß vor der Empfängnis Christi, der allein von Anfang an ohne Anfechtbarkeit durch die Sünde war, kein Mensch von dieser befreit sein konnte. Die Heiligung Marias strömt also nach diesem Denken vom Sohn auf die Mutter über. Unter allen Menschen ist Maria nach Thomas Christus am ähnlichsten, und von ihr leitet sich die Begnadigung aller ab, weil sie den *auctor gratiae,* Christus, geboren hat. Maria bleibt jedoch, dem thomasischen Menschenbild entsprechend, das stark von Aristoteles und seiner Lehre von der natürlichen Aktivität des Mannes und Passivität der Frau geprägt ist, als Frau seltsam passiv; sie ist gleichsam das Medium, durch das die Gnade Christi hindurchgeht[26].

Ganz anders die Franziskaner. Sie sind weniger starke Aristoteles-Rezipienten. In der Biologie der Geschlechter folgen sie ihm gar nicht, sondern den antiken Ärzten Hippokrates und Galen, die einen Samen beider Geschlechter angenommen hatten und damit auch eine Aktivität der Mutter wie des Vaters bei der Entstehung neuen Lebens. Dazu muß man sich klarmachen, daß – trotz aller Symbolik vom Weltenei seit der Antike und in vielen Mythologien – die weibliche Eizelle erst eine exakte naturwissenschaftliche Entdeckung der zwanziger Jahres des vorigen Jahrhunderts ist. Nach der Galen-Tradition, die bei den Franziskanern fortlebte, ist die Frau aber nicht nur biologisch, sondern auch psychologisch ein aktives Wesen – infolgedessen auch Maria. Da sie zum Entstehen der menschlichen Natur ihres Sohnes wie jede Frau aktiv beiträgt, kann sie nach franziskanischer Auffassung auch deren Beeinträchtigungen durch den erbsündlichen Zustand auf ihr Kind übertragen. Also sind die Franziskaner nicht nur aus Gründen der Konvenienz an der Reinigung und Heiligung Marias interessiert. Für Alexander Halensis besagt die erste Reinigung Marias im Schoße ihrer Mutter nur eine Befreiung von der Erbsünde, sofern diese ihre eigene Person betrifft; erst die zweite Reinigung vor der Empfängnis Christi befreit Maria von der erbsündlichen Verstrickung ihrer menschlichen Natur, damit sie diese unversehrt an ihren Sohn weitergeben kann[27].

Auch Bonaventura deutet die erste Reinigung Marias im Mutterschoß mehr als eine Befreiung ihrer eigenen Seele von der Erbsünde und die zweite bei der Empfängnis Christi als eine Befreiung ihrer leiblichen Natur von Erbsündenfolgen, damit aus ihrem Leib der von Sündenfolgen nicht infizierte Leib Christi durch die Kraft des Heiligen Geistes gebildet werden kann. Er nimmt um der Einzigartigkeit Christi willen eine erbsündliche Empfängnis Marias an, *quia nullus immunis fuit a culpa originalis peccati nisi solum Filius Virginis*[28]. Aus der Tatsache, daß – im Gegensatz zu den anderen Heiligen – die Geburt Marias in der Kirche gefeiert werde, schließt Bonaventura, daß sie zur Zeit ihrer Geburt persönlich nicht mehr der Erbsünde unterlag, also im Mutterschoß geheiligt wurde. Aber weil für Bonaventura die mütterliche Funktion Marias wie die aller Frauen eine aktive ist, bleibt die Heiligung bei der Empfängnis Christi, soteriologisch gesehen, die entscheidende. Mit Augustinus betont er, daß der geistige Akt des Glaubens Maria die Disposition verschaffte für die leibliche Mutterschaft Christi. Maria als Frau ist also nach franziskanischer Tradition in jeder Hinsicht aktiv, geistig und leiblich, während sie nach Thomas – zwar nicht in theologischer Hinsicht als Glaubende, aber doch in philosophisch-anthropologischer Hinsicht – eigentlich passiv bleibt: sie läßt mit sich geschehen, was die schöpferische Kraft Gottes in ihr wirkt[29].

Die Hochblüte der Franziskanertheologie im Spätmittelalter brachte dann den weiteren Schritt: Mit einer Heiligung Marias im Mutterschoß konnte sich der Kreis um Duns Scotus nicht zufrieden geben, denn die christliche Tradition sprach dieses

Privileg auch Johannes dem Täufer und zuweilen noch anderen biblischen Gestalten zu. Also entsprach es nicht der einzigartigen Stellung Marias. Es wurde nun der Ausdruck „Vorauserlösung" geprägt und gelehrt, daß Maria aufgrund der voraus wirkenden Kraft des Leidens Christi vor der Infektion mit der Erbsünde von vornherein bewahrt blieb. Dadurch war das wichtigste Gegenargument aus dem Weg geräumt, bei erbsündenfreier Empfängnis Marias entfalle für sie die Erlösungsbedürftigkeit. Die einzigartige Stellung Christi als des Erlösers bleibt also erhalten, und von Maria, von der nach dem Frauenbild der Franziskaner die menschliche Natur ihres Sohnes abhängig ist, wird ausdrücklich das *coagere cum Spiritu Sancto* („Zusammenwirken mit dem Heiligen Geist") ausgesagt. Wie bei Anselm von Canterbury wird ihr auch von Scotus die größte unter Gott denkbare Reinheit zugeschrieben. Das heißt aber nicht, daß Scotus mit der augustinischen Konkupiszenzlehre vollkommen gebrochen hätte. Er erklärt nämlich ausdrücklich, daß die sonst natürlich eintretende Folge aus dem Zeugungsakt der Eltern, nämlich Infektion des Kindes mit der Erbsünde, durch die vorauswirkende Kreuzesgnade Christi bei Marias Empfängnis unterbunden wurde. Eben in dieser Unterbrechung eines sonst mit Notwendigkeit eintretenden Nexus besteht die Bewahrung Marias vor der Erbsünde[30].

Physisch-geistig aktive Mutterschaft in Wechselwirkung mit totaler Sündelosigkeit Marias kennzeichnen also in der spätscholastischen Franziskanertheologie die Auffassung von der jungfräulichen Geburt und geben Maria bei aller Fundierung ihrer Begnadung im Christusgeheimnis doch eine gewisse Eigenständigkeit als heiles Urbild des Weiblichen. Wer sich jedoch über diese relative Verselbständigung eines heilen weiblichen Menschseins in Maria, das ohne das aktive Frauenbild der Franziskaner nicht möglich gewesen wäre, im feministischen Sinne glaubt freuen zu können, möge die andere Voraussetzung nicht vergessen, die auch dazu geführt hat: eben jene tiefe Verdächtigung menschlicher Sexualität und insbesondere der der Frau. Diesen Hintergrund in der historischen Breite vieler Jahrhunderte können wir keineswegs überspringen, als handele es sich bei der mariologischen Entwicklung um nichts weiter als die Erfüllung eines menschlichen Urbedürfnisses nach einer göttlichen Frau. Unsere mariologische Tradition ist gemischt aus positiven und negativen Elementen. Auch daß Maria bei der Entwicklung zur Immaculata-Lehre immer mehr abrückte von den Frauen, die durch „Verlust der Jungfräulichkeit" Mütter werden, ist eine folgenschwere Mitgift der Mariologie.

Eine lange dem Albertus Magnus zugeschriebene, aber nicht von ihm stammende Schrift, das ‚Mariale', gibt guten Einblick in die Übergangszone zwischen scholastischer Mariologie und Volksfrömmigkeit. Dort heißt es, durch das Ave (*sine vae*, ohne Weh) des Engels sei Maria vom besonderen Weh der Frauen befreit worden, das für die Jungfrauen in leiblicher Unfruchtbarkeit, für die Frauen im Verlust der Jungfräulichkeit und für die Witwen darüber hinaus in Trauer bestehe. Die Veränderung der Frau in der Ehe wird hier wie überall negativ beschrieben, was auch durch das Plus ihrer leiblichen Mutterschaft nicht wesentlich kompensiert werden kann. Die Konsequenz ist allerwärts: Maria ist anders [31]. Dennoch hat gerade die Volksfrömmigkeit zusammen mit der Mystik auch den Trost betont, der aus dem Marienleben für jedes Frauenleben hervorgehen kann. Mit dieser bipolaren – um nicht zu sagen: ambivalenten – mariologischen Tradition müssen wir leben. Das heißt nicht, daß wir uns resignierend mit ihr abfinden müßten, sondern als Aufklärungswerk ist uns aufgegeben, sie kritisch zu sehen, die einzelnen Traditionselemente zu analysieren und auf die positive wie negative Wirkungsgeschichte aufmerksam zu machen.

Fassen wir unsere bisherige Überlegung zusammen! Die Jungfräulichkeit Marias steht in unserer Tradition von Anfang an in einem christologischen Bezug, und zwar steht sie für die Andersartigkeit und die einmalige Bedeutung des von ihr empfangenen Kindes. Was Maria selbst angeht, so deutet sie auf die Hellhörigkeit für den Heilsplan Gottes und auf den aus Freiheit hervorgehenden Entschluß zu ihrer eigenen Funktion in der Heilsgeschichte. Seit der Väterzeit jedoch und vor allem im Mittelalter verband sich damit eine unheilvolle Diskriminierung menschlicher Sexualität. Die Jungfrauengeburt erschien als Notwendigkeit für die Erlöserfunktion Christi, der sich bei ehelicher Abkunft die Erbsünde zugezogen hätte. Die Jungfräulichkeit Marias erhält dadurch den Beigeschmack des Befreitseins von sexuellen Empfindungen als der besonderen Qualität ihrer Heiligkeit. Dies hat negativ durch die Jahrhunderte weitergewirkt und bis heute – oder vielmehr: gerade heute – bei Frauen und Müttern einen Unmut hervorgerufen, als seien sie zur Nicht-Reinheit verdammt und damit zu einer geringeren Form des Christseins am Rande der Sünde. Dagegen wird mit großem Recht Einspruch erhoben.

Wie können wir nun die Rede von der Jungfrau Maria neu verstehen und einer frauenfeindlichen Ausbeutung ihrer Gestalt entgegenwirken? Zunächst müssen wir hellhörig sein für die Sprache der Männer, wenn in Predigten, Verlautbarungen aller Art oder Enzykliken von Maria gesprochen wird. Was an Universitäten – immer noch von Männern – an Mariologie gelehrt wird, sollte uns zur Kritik herausfordern. Sobald eine Sprache einsetzt, die Maria über alle Frauen erhebt, ist der Verdacht gegeben, daß Unsere Liebe Frau gegen die Frauen gewendet und so zu unserer Feindin umfunktioniert wird. Diese Lehre müssen wir aus der jahrhundertelangen Mariologie-Tradition der Schultheologie ziehen. Zwar werden heutige Prediger und Mariologen nicht mehr so deutlich wie die der Gegenreformation, die sich manchmal sogar zu der Aussage hinreißen ließen, Maria sei die einzige Frau im Himmel; aber wenn in einem heutigen Handbuch der Marienkunde[32] frauenfeindliche Theologen der Tradition als große Mariologen gefeiert werden, so ist das ein mehr als bedenkliches Zeichen. Solange derartiges geschieht, sind wir aus der Gefahr eines Umschlagens der Mariologie in antifeministische Anthropologie der Frau nicht heraus.

Für eine heutige Besinnung auf die Mariengestalt können frühere dogmengeschichtliche Stufen inspirierend sein – wie die Meditationen mittelalterlicher Mystikerinnen über das Geheimnis der Verkündigung an Maria. Die Wiederentdeckung der Mariologie der Frauen ist eine wichtige Aufgabe. Soweit ich bis jetzt sehe, ist die kontrastive Eva-Maria-Parallele (d. h.: Maria macht wieder gut, was Eva sündigte) in der Frauentradition zwar aufgegriffen, aber dann aufgelöst im Sinne einer Mutter-Tochter-Reihe von Eva zu Maria: Maria als die glücklichere Tochter der Eva, aber Eva als die zuletzt von Gott Erschaffene und daher Gottes Meisterwerk, als das Urbild der Jungfräulichkeit, der Spiegel der göttlichen Weisheit und der Vorentwurf Marias. Wegen der stärkeren Belastung Evas mit der Verantwortung für die Ursünde in der männlichen Theologie von den Kirchenvätern bis zu den Scholastikern und darüber hinaus ist derartiges dort kaum zu finden.

Die Frauentradition schlägt ganz andere Töne an, wobei die Solidarität aller Evastöchter zum Ausdruck kommt, so daß wir Heutigen bei unsern Vorfahrinnen in eine Schule der Spiritualität gehen können. Die Frauen sehen die Mariengestalt ohne spitzfindige Heraushebung einzelner Züge mehr im Rahmen des gesamten Glaubensfeldes und mehr im Rahmen des Frauenlebens.

Diese Anregungen aus der Frauentradition sind mir persönlich wichtiger zur Überwindung von antifeministischer Mariologie als die Rückbesinnung auf Züge der altorientalischen Göttinnen. Zur Ausgestaltung der Mariologie trug Ephesus nur einen Teil bei, und insbesondere hat dieses Konzil noch gar nichts zu tun mit späteren Überlegungen zur Heiligung Marias, die im Spannungsverhältnis standen zur Lehre von der Erlösungsbedürftigkeit aller Menschen. Der Vorwurf Mary Dalys in ‚Jenseits von Gott-Vater, Sohn & Co.', trotz der uralten Spuren des Bildes der Muttergottheit in der Mariengestalt habe das Christentum Marias gottähnlichen Status geleugnet und den Frauen ein befreiendes Identifikationsmodell vorenthalten, stimmt daher in dieser Form nicht.

Weder eine Vergöttlichung Marias noch Reflexionen über eine biologisch verstandene Jungfräulichkeit, die das Geheimnis verletzen, können uns heute weiterhelfen, denn Mariologie ist keine Gynäkologie. Die Jungfräulichkeit Marias wird in der neueren Theologie[33] aufgefaßt als eine Rede vom Transzendenzbezug des Menschen. Die Messias-Mutterschaft Marias hat mit diesem Transzendenzbezug aller zu tun, ist ein Theologumenon, eine theologische Aussage, in diesem Sinne, was immer sich dahinter verbergen mag. Alois Müller: „Die neue (...) Reflexion über die menschliche Sexualität, Liebe und Ehe läßt den Schluß aussprechen, den wohl viele Ehepaare in vielen Jahrhunderten instinktiv ahnten (aber sie wurden ja nicht nach ihrer Meinung gefragt): Erfüllte menschliche Sexualität ist auch der Gottesmutterschaft würdig. Falls die historische Maria von Nazaret ihr Kind Jesus als Jungfrau empfangen hat, dann kann heutiges Denken den Transzendenzverweis, der darin liegt, nicht in der Abwesenheit einer als entheiligend empfundenen Sexualität finden, wie es ja auch im Neuen Testament für diese Deutung noch keine Anhaltspunkte gibt"[34].

Die dogmengeschichtliche Entwicklung der Lehre von der Assumptio, *der Aufnahme Marias in den Himmel*

Eine theologische Begründung für die Auffassung von der mit Leib und Seele in den eschatologischen Zustand aufgenommenen Maria war erst nach einer gewissen Klarstellung der Lehre von der Reinigung und Heiligung Marias möglich. Denn die Assumpta-Lehre fußt theologisch auf der Lehre von der Reinheit Marias. Kirchenvätertexte, die Maria die Frucht des von ihrem Kind gewirkten Heiles als erster zukommen lassen wollen, gibt es zwar seit dem vierten Jahrhundert, aber noch nicht mit der Konkretisierung späterer Mariologie. Seit altchristlicher Zeit gibt es auch apokryphe Legenden über die Himmelfahrt Marias, vor allem den sogenannten *Transitus Mariae,* wonach sie überhaupt nicht gestorben sein soll. Die Ikonographie jedoch zeigt den Marientod und die von Christus heimgeholte Seele Marias in Gestalt eines kleinen Mädchens, was den Bewußtseinszustand der Christen vor dem Glauben an die leibliche Aufnahme Marias in den Vollendungszustand spiegelt. Aber die Kirchenväter, auch die ausgesprochen mariologisch interessierten wie Epiphanius von Salamis und Hieronymus, machen keine genauen theologischen Aussagen, sondern äußern nur Vermutungen über die Eschatologie Marias. Gregor von Tours spricht zwar von ihrer Himmelfahrt, aber er ist von der apokryphen Literatur abhängig, ebenso wie im siebten Jahrhundert der Patriarch Modestus von Jerusalem.

Aus dem elften Jahrhundert, der Zeit Anselms von Canterbury also, gibt es eine pseudo-augustinische Schrift ‚De assumptione beatae Mariae Virginis'. Daran erkennt man: bevor die Assumpta-Lehre theologisch werden konnte, mußte ein gewisses Stadium der Lehre von der Reinigung und Heiligung Marias erreicht sein, auf dem weitergebaut werden konnte – zumindest das von der Befreiung Marias von der Erbsünde bei der Empfängnis Christi. Denn Tod und Verwesung sind für mittelalterliches Denken Erbsündenfolgen und werden aus der Konkupiszenz hergeleitet, die auch in den ihre Sexualität nicht realisierenden Menschen aufgrund ihrer Herkunft aus der erbsündlich infizierten menschlichen Natur vorhanden ist. Auch die Jungfräulichen müssen sie nach mittelalterlicher Lehre mit Hilfe der Gnade überwinden.

Erbsündenbefreiung oder Erbsündenfreiheit sind also die Voraussetzung für eine theologische Begründung und Entfaltung der Assumpta-Lehre. Das bedeutet aber auch, daß der ambivalente Hintergrund der Immaculata-Lehre ebenfalls für die Assumpta-Lehre von Bedeutung ist. Für die Theologen der verschiedenen Schulen der Hochscholastik wie Thomas und Bonaventura bleiben jedoch große Unsicherheiten bezüglich der Assumpta-Lehre, weil sie Schwierigkeiten mit deren biblischer Begründung haben. Während sie sich mit Lk 1,35 ganz sicher waren als biblischer Begründung für die Lehre von der Reinigung und Heiligung Marias, konnten sie die Assumpta-Lehre nur indirekt aus der Schrift ableiten.

Der spanische Barockscholastiker Suarez war es dann, der das Denken und Fühlen mit der Kirche *(sentire cum Ecclesia)* im mariologischen Sinne für belangvoll erklärte. Viel hat auch hier die Liturgie bewirkt. Denn aufgrund der apokryphen Legenden von der Himmelfahrt Marias gab es seit dem siebten Jahrhundert ein Fest der Assumptio, dessen älteste Liturgie jedoch offen läßt, ob es sich dabei um Aufnahme nur der Seele oder auch des Leibes Marias handelt. Das „Missale Gothicum" aus dem Ende des siebten Jahrhunderts spiegelt in seinem Meßformular für dieses Fest deutlich den theologischen Hintergrund: *Quae nec de corruptione suscepit contagium, nec resolutionem pertulit in sepulcro, pollutione libera, (...) assump-*

tione secura. Jungfräuliche Empfängnis ohne *corruptio* (der Ausdruck, mit dem bis ins 17. Jahrhundert die Frau von der Jungfrau unterschieden wird: sie ist *corrupta*) vermeidet die Auflösung der Glieder im Grab und sichert die Assumptio.

Daß dieses Dogma weniger abgesichert ist als die übrige Marienlehre, wurde auch nach seiner feierlichen Verkündigung theologischerseits nicht verschwiegen. In dem 1955 in erster und 1961 in zweiter Auflage erschienenen Mariologie-Band der Dogmatik von Michael Schmaus heißt es: „Auf Grund des vorliegenden Materials läßt sich folgender Gedankengang aufbauen: Die theologische Wissenschaft kann aus sich heraus weder einen überzeugenden Schriftbeweis, noch einen völlig überzeugenden Traditionsbeweis führen. Gleichwohl herrschte in der Kirche, wie sich aus Aussagen der Theologen seit dem 7. Jahrhundert und aus kirchlichen Gebeten ergibt, seit vielen Jahrhunderten die kaum bestrittene, wenn auch in ihrer Beweiskraft und in ihrer Sicherheit verschieden gewertete Überzeugung, daß Maria auch ihrem Leibe nach in den Himmel aufgenommen wurde." In seiner eigenen Interpretation des Dogmas rückt Schmaus vom geschichtlich vorgegebenen Begründungsweg total ab und gibt eine überraschende Neuinterpretation, wobei allerdings auch der alte Gedanke von der Stellvertretung Marias für die Menschheit, also ein positives Element unserer Marientradition, eine Rolle spielt: „Da rückt Gott in der verklärten Gestalt Marias uns gewissermaßen auf den Leib, so daß in der Begegnung mit ihr der Auferstehungsglaube und die Auferstehungshoffnung konkrete, lebendige Wirklichkeit werden ... Die Auferstehung Marias bringt uns den Realitätscharakter des Auferstehungsglaubens mit großer Intensität nahe, so daß man ... ihn entweder beglückt bejahen oder verärgert und beunruhigt bezweifeln oder verneinen muß. So hat das Dogma für den christusgläubigen Menschen eine kritische Funktion"[35]. Durch diese Neuinterpretation im Sinne von Aufwertung der Materie und Leiblichkeit erst gewinnt die Assumpta ihren positiven theologisch-anthropologischen Sinn.

Was bleibt?

Die mariologische Dogmengeschichte ist nicht leicht zu rezipieren und nicht leicht aufzuarbeiten. Aber es hilft uns nichts, sie zu verdrängen. Hinter allem „Schutt" der Theologenkämpfe, die auch eine Geschichte der Machtkämpfe sind, das Bleibende hervorzuholen, ist nicht leicht. Näher vielleicht noch als die Maria der beiden letzten Dogmen steht uns heute die auch im Mittelalter hochgeschätzte Maria der Heimsuchung, die in keinem Marienzyklus fehlt, deren Gott die Niedrigen aufhebt und die Herrschenden vom Thron stürzt, die Maria des Magnifikat, des Liedes, das Ausdruck der Freude über die Messias-Mutterschaft ist und die erwartete Veränderung im messianisch geprägten Verhältnis der Menschen untereinander ausdrückt.

Es ist also hilfreich, die Mariengestalt in das breitere Glaubensfeld zurückzuführen und den Blick nicht einseitig auf die im Mittelalter bereits vorliegenden oder theologisch ermöglichten Mariendogmen zu fixieren. Denn wenn wir nur die Glaubenssätze herausheben, die Dogma wurden, entgeht uns viel. Wir übersehen dann vor allem auch die pfingstliche Maria, die Maria der jungen Kirche, die ebenfalls in keinem ikonographischen Marienzyklus des Mittelalters fehlt. Hier ist der Ursprung der Parallele von Maria und Kirche: Die Kirche gebiert uns aus dem Heiligen Geist in der Taufe zu neuem Leben, wie die Tradition lehrt.

Maria als Jungfrau-Mutter und Gottesgebärerin *(virgo mater, theotokos)*, unbefleckt *(immaculata)* und in den Himmel aufgenommen *(assumpta)*, darf sich uns nicht archetypisch oder mythologisch verflüchtigen, sie muß uns nahe bleiben als glaubende Frau, Vertreterin der Menschheit am Wendepunkt der Heilsgeschichte, als erlöster Mensch und eschatologisches Modell von uns allen. Sie zeigt uns, daß der Zusammenhang von Schuldverflechtung, den wir Erbsünde und ihre Folgen nennen, die auch in unmenschlichen Strukturen liegen, letztlich nicht in unausweichlicher Tragik enden wird. So ist Maria auch eine Gestalt der Hoffnung auf einen letzten Sinn der Menschheitsgeschichte.

„Maria, Spiegel der Schönheit"

Zum Marienbild bei Hildegard von Bingen und Mechthild von Magdeburg

von Margot Schmidt

Hildegard von Bingen

Für Hildegard war die Gestalt Marias kein unwichtiger Teil ihrer Verkündigung, denn sie versteht ihre Visionsschriften als ein Sprechen im Auftrage Gottes angesichts einer mangelhaften Unterweisung durch den zeitgenössischen schwachen, nachlässigen, nicht genügend gebildeten Klerus, wie sie es zu Beginn ihres 1. Buches *Scivias* ausdrücklich sagt: „... damit diejenigen unterrichtet werden, welche, obgleich sie den inneren Gehalt der Schriften kennen sollten, ihn dennoch nicht aussprechen oder verkünden wollen. Denn sie sind lau und schwerfällig".[1] Ein zentrales Thema ihrer Schriften ist das Wunder der Menschwerdung des Gottessohnes. Die Grundidee dieses Mysteriums ist die Wiederherstellung des gefallenen Menschen, die Vereinigung von Gott und Mensch, wie schon Athanasius sagte: „Gott ist Mensch geworden, damit der Mensch vergöttlicht würde".[2] So erscheint es selbstverständlich, daß Maria als Gottesgebärerin eine wichtige, ja zentrale Stelle im Heilsplan Gottes erhält. Ihre gnadenhafte Ausstattung beleuchtet Hildegard in vielen Bildern und Beiwörtern, die nicht nur traditioneller Herkunft sind, sondern sich zum Teil durch ungewöhnliche, aber genaue und ausdrucksstarke Wendungen auszeichnen. Das reicht bis hin zum höchsten abstrakten Begriff der *rationalitas,* um sozusagen die Sache auch für den Theologen begrifflich auf den Punkt zu bringen. Anders ausgedrückt: Man erkennt daran ein ganz bewußtes Sprechen über Maria. Diesen Sachverhalt habe ich früher beleuchtet,[3] er soll im folgenden weiter ausgeführt werden.

Außer in den drei Visionsschriften, in denen Hildegard auf Maria zu sprechen kommt, hat sie unter ihren 77 Gesängen 16 an Maria gedichtet und vertont. Ihr großes Thema ist: das ganz von Gott erfüllte Sein und Wirken Marias, das exemplarisch ist für alle Menschen. Exemplarisch ist es für das Wirken Gottes im Menschen und das Mitwirken des Menschen mit Gottes Gnade. Hildegards Anliegen ist es, die einmalige neue Vereinigung von Gott und Mensch in Maria durch ihre jungfräuliche Gottesmutterschaft in einer von Bildern gesättigten Sprache nachdrücklicher als bisher zu beleuchten und auf diese Weise darauf hinzuweisen, daß in Maria die Gottebenbildlichkeit vollkommen wiederhergestellt wurde. Diese Darlegungen scheinen auf ihre Zeitgenossen einen so großen Eindruck gemacht zu haben, daß ihr letzter Sekretär, Wibert von Gembloux, Hildegard selbst mit Maria vergleicht, sie in der Sprache des Englischen Grußes anredet und frei fortfahrend ihr schreibt: „und gebenedeit sind deine Worte, weil du das unsichtbare Geheimnis (des Gottmenschen) den Menschen erschließt, welches das Himmlische mit dem Irdischen und das Göttliche mit dem Menschlichen verbindet."[4] Wir fragen daher, unter welchen Aspekten Hildegard das Sein und Mitwirken Marias beleuchtet oder begründet und wie dies geschieht.

Im Mittelpunkt ihres Marienbildes steht die Paradoxie der Virgo-Mater als Bedingung dafür, daß ein Mensch Gottes Sohn gebiert, das Geschöpf den Schöpfer. Dies entfaltet Hildegard hauptsächlich unter den Vorstellungen der Weisheit, der Heiligkeit und der Schönheit als Eigentümlichkeiten des Göttlichen und der Gottseligkeit. Weil Gott der Allmächtige ist, kann er nur von einem Menschen, einer *Virgo tota sancta*, nach dem ewigen, verborgenen Ratschluß der göttlichen Weisheit geboren werden, den der Vater „von Ewigkeit her gefaßt hatte".[5] Hildegard lehrt wie für Christus so auch für Maria eine von Ewigkeit her existierende Vorherbestimmung und Erwählung, einen Gedanken, den sie an verschiedenen Stellen ausspricht, zum Beispiel: Die Menschwerdung hat „Gott am ersten Schöpfungstage vorausgeschaut".[6] Bezieht sich hier die Vorausschau auf die Mutterschaft Marias, so betont Hildegard unter dem Gedanken der Vorherbestimmung andernorts die Jungfräulichkeit: „Strahlend weiße Lilie, die Gott vor jedweder

Schöpfung erblickt hat".[7] Diese Aussage könnte im Sinne der Immaculata verstanden werden, zumal der gesamte Kontext in gesteigerter Form Preisungen der ganz reinen Jungfräulichkeit enthält wie: *pupilla castitatis:* Du klares Auge, *materia sanctitatis:* du heilige Erde/Urstoff; oder der höchste Vater schaute auf die strahlende Reinheit der Jungfrau, denn er wollte, daß sein *Wort* in ihr Fleisch annehmen sollte. „Die Gottheit liebte in Maria überaus ihre Jungfräulichkeit".[8] Damit bahnt sich bei Hildegard bereits die skotische Lehre von der absoluten Prädestination Marias an, wie sie auch im 12. Jahrhundert im frühmittelhochdeutschen ‚St. Trudperter Hohen Lied' vereinzelt deutlich wird.

Was bedeutet nun der Gedanke der erwählten Virginitas, vor allem auch in seiner sprachlichen Ausprägung?

Die exemplarische Jungfräulichkeit ist nur vom Wunder der Menschwerdung Gottes her zu verstehen. Sie offenbart die Souveränität Gottes als des Herrn der Gnade, der seine Unversehrtheit mitteilt, einerseits und die totale Offenheit und Hingabe an das Göttliche andererseits. Diese Totalität eröffnet auch die Totalität des Heils.[9] Bei Hildegard hat die Jungfräulichkeit für das Heilsverständnis, für das Heil-Werden und Heil-Sein einen dreifachen Aspekt: einen seinsmäßig-mystischen, einen moralisch-ethischen und einen kosmischen.

Der ontologisch-mystische Aspekt der Jungfräulichkeit meint bei Hildegard die im Wesen mitgeteilte, unversehrte komplexe Lebenswirklichkeit in Maria. Hildegard kennzeichnet sie mit den ungewöhnlichen Bildern: *materia aurea, materia lucida, materia sanctitatis.* Diese Ausdrücke umschreiben die neue Vereinigung zwischen Gott und Mensch, die Verschmelzung von Göttlichem und Irdischem, die den Menschen in seiner Ganzheit als Leib, Seele und Geist durchdringt. Hildegard nennt die „Erde die Fleischesmaterie des Menschen"[10]; nach ihrer Farbensymbolik ist Gold das Zeichen des Himmlischen, Göttlichen oder der Eingießung des Heiligen Geistes. Maria verkörpert die „himmlische Erde" im Sinne eines ganz heilen Geschöpfes, das sich Gott von Ewigkeit her als „lebensspendendes Werkzeug" in der *virginea materia:* „jungfräulichen Erde", vorbehalten hat. Der auf Maria angewendete Begriff *materia aurea* psychologisiert nichts, umschreibt auch keinen sentimentalen Mutterkult, noch fußt er auf dem archaischen Kult einer Urmutter, sondern versinnbildet Marias Einzigartigkeit seinsmäßig betrachtet im heilen, unversehrten Sein, das in seiner Einmaligkeit die bleibende Erlösung bedeutet. Auf dieser in sich geschlossenen Unversehrtheit, die Hildegard als *integritas suavissima, materia virginalis* und *forma integra:* „unversehrte Gestalt", bezeichnet, beruht die Überwindung der Vergänglichkeit, der Sieg über die Todesherrschaft. Der Sinn der Jungfräulichkeit liegt in einer besonderen Kraft und Fruchtbarkeit, wie es die einmaligen Bezeichnungen für Maria ausdrücken: *integra viriditas:* „du ungebrochene Lebenskraft", *virga viridissima:* „Du Zweig von höchster Grünkraft/Lebenskraft." Hildegard transzendiert die Unversehrtheit der Jungfräulichkeit auf das Heil im Absoluten und verknüpft sie mit der Ewigkeitsperspektive. Sie bildet die Grundlage sowohl für die kosmische Lebenskraft als auch für die Ursache aller Tugenden; die „Grünkraft *(viriditas)* der Jungfräulichkeit" entbindet im Geist wie im Körper den Duft zahlreicher Tugendkräfte, sie umfaßt „alle grünende Lebensfrische der Kräuter und Blumen des Paradieses und der Erde" und ist „voll vom Wohlgeruch allen Grünens, so wie auch der Sommer den allersüßesten Duft der Kräuter und Blumen in sich hat"[11]. Mit solchen Bildern überquellenden, satten Lebens wird das Prinzip der unbegrenzten Fruchtbarkeit der *virginitas* als Unversehrtheit betont, das in der Umschreibung *materia aurea:* „himmlische Gestalt", eingeschlossen ist als Ausdruck des durch die Gnade vollendeten ungekürzten Menschseins. Mit dieser urbildlichen Unversehrtheit, die nichts mit eigener Leistung zu tun hat, verweist Hildegard das Denken an den Glauben, das aus einer Ursehnsucht vom Heilsein des Urstandes weiß, der in Maria exemplarisch von neuem aufscheint. Denn in der *prima materia,* dem „Urstand", war Eva der „Spiegel göttlicher Schönheit". Dieses transzendente Symbol bezwingender Gottesnähe wurde von Eva in Maria auf noch wunderbarere Weise verwirklicht durch die Schönheit der *integritas suavissima:* „der allersüßesten Unversehrtheit". Sie macht Maria zum „strahlenden Schmuck der Sonne Christi", das heißt: zum Zeugnis für das Göttliche im Menschen, das alle Verunstaltung der ersten Sünde aufheben kann. Die Sonne ist das Bild des Göttlichen, hier der Gottheit Christi. Wenn Maria also zum „strahlenden Schmuck" der Gottheit Christi wird, hat sie innigsten Anteil an seiner Gottheit. Hildegard kann daher sagen: Maria hat „der Menschheit mehr Glück und Segen hervorgebracht, als Eva ihr Schaden zugefügt hat". Daher ist Maria im Anschluß an Lk 1,28 *summa benedictio* vor jeder Kreatur, deswegen ist auch jedes Geschöpf von ihr gesegnet, denn sie ist „die Umarmung jeder Kreatur".[12]

Bei aller Hervorhebung, daß und wie in Maria die Macht des göttlichen Geistes aufscheint, vergißt Hildegard nicht, den menschlichen Aspekt beim Wunder der Menschwerdung zu beleuchten. Trotz aller Prädestination und Erwählung sieht Hildegard im Gegensatz zur Tradition stärker den Spielraum des eigenen Willens. Das Fiat Marias ist für Hildegard nicht nur eine passive Haltung, sondern wird von ihr auch als höchst aktives Handeln veranschaulicht mit der Aussage, daß die Gnade ohne bewußtes Mittun nie zum Ziele kommen kann; nur ein entschiedener Wille vermag Unvorstellbares zu verwirklichen. Der fast übermenschliche Einsatz von Willenskraft und Glaube an eine unglaubliche Aufgabe steht hinter den Lk 1,38 paraphrasierenden Worten: „So war im Morgenrot (Maria) ein hoher starker Wille entfacht *(maxima voluntas)*, weil die immerwährende Lebenskraft *(viriditas)* des großen und ewigen Ratschlusses erkannt wurde"[13], ganz im Gegenteil zum ersten Menschen, der mit zu geringer Aufmerksamkeit aller seiner Kräfte Gottes Gebot beachtet hatte, so daß er stürzte. Maria steht als Zeugnis für die Eigenverantwortung im heilsgeschichtlichen Ablauf. Hildegard fordert den Einsatz von Erkenntnis und Willenskraft, also ein Mitwirken mit der Gnade, wie sie es in der urtümlichen Bezeichnung für Maria als *materia bonorum operum:* „du zum Heil mitwirkende Erde" ausdrückt. Sie ist damit ihrer Grundkonzeption von der Ebenbildlichkeit des Menschen treu, der Gott nicht allein im Erkennen und Schauen erfassen, sondern sich auch Gott im unendlichen Wirken seiner Schöpferkraft durch Mitwirken verähnlichen und in ihn eingehen soll. Das bedeutet ein Übersich-Hinausschreiten für ein Mitgestalten in der ganzen Schöpfung. Maria hat dies in ihrer bewußten Zustimmung zur Botschaft des Engels als menschlichen Anteil an Zustandekommen und Durchführung des göttlichen Heilsplanes für eine neue Welt getan. Darum versteht Hildegard Maria in dieser ihrer „unversehrten Menschengestalt" als Vorbild für die ganze Schöpfung, in der sich göttliche Inspiration und antwortendes Handeln gegenseitig durchdringen. Im Lobpreis auf das göttliche Vorauswissen besingt Hildegard diesen dynamischen Prozeß von Anruf und Antwort zwischen Gott und Geschöpf: „Wie wunderbar ist das vorausschauende Wissen im Herzen der Gottheit, das urewig jedes Geschöpf erschaut hat! ... Alle seine Werke sah er in dieser unversehrten Menschengestalt", nämlich in Maria. „Wie wunderbar ist dieser Hauch, der also den Menschen erweckte" [14].

Die Ursache für Marias Geistbegabung ist das Wunder der Menschwerdung, hierdurch empfängt sie die Gabe, „alle Kreaturen zu erleuchten" [15]. Diese traditionelle Aussage präzisiert und konkretisiert Hildegard mit dem Bild: *materia lucida,* „leuchtende Gestalt", im Kontrast zu Eva, die im Urzustand als *prima materia* und „Mutter aller Lebendigen" diesen Urzustand erschüttert hat. Als aber Maria das *Verbum* aufnahm, den göttlichen Logos, wurde sie zur *lucida materia,* aus der heraus das *Verbum* alle göttlichen Kräfte aushauchte *(expiravit),* so daß ihre ganze Gestalt, Körper und Geist, erstrahlte und zum ausstrahlenden Licht wurde, wodurch sie alle Kreaturen wieder in den Urstand, die *prima materia* zurückführte [16]. Die Zustimmung zur Menschwerdung und den Prozeß der Menschwerdung versteht Hildegard also als eine totale Vereinigung von Mensch und Gott, von Himmel und Erde. Marias in Licht getauchte Gestalt als *lucida materia* versinnbildet ihre göttliche Durchdringung bis in den Leib hinein.

Von dieser ganzheitlichen göttlichen Durchdringung in Maria durch die Menschwerdung spricht schon sehr früh Ephräm der Syrer, der an Stelle des Bildes *lucida materia* den gleichen Vorgang in der Augensymbolik ausdrückt. Maria ist das ganz strahlende Auge. Ihre geisterfüllte Schau und gottmenschliche Verschmelzung in der Inkarnation beschreibt er in den Hymnen ‚de Ecclesia': „In Maria nahm wie im Auge das Licht Wohnung"[17]. Daß hier nicht allein das äußere, körperliche Organ und das Sehen gemeint ist, sondern eine im Auge, d. h. in Maria wirkende göttliche Kraft, die alle körperlichen und geistigen Sinne vollendet, erläutern die anschließenden Zeilen: Das Licht „reinigte ihren Geist und läuterte ihr Denken, heiligte ihren Sinn und verklärte ihre Jungfräulichkeit".[18]

Noch deutlicher wird Maria im Anschluß an Mt 6, 22 als das übernatürlich erleuchtete Auge, das alle Sinne des Leibes erstrahlen läßt:

„Aufgrund des Auges (= Maria) wird der Körper mit seinen Gedanken – leuchtend in seinen Verbindungen, schön in seinem Benehmen, – geschmückt in allen seinen Sinnen und strahlend in seinen Gliedern."[19]

Die als Auge dargestellte Gestalt Marias symbolisiert im Sinne der Unversehrtheit die Schönheit und Leuchtkraft des ganzen Menschen in seiner geistigen und körperlichen Gestalt: Wer mit dem ganzen Leibe leuchtet, kann auch mit ihm sehen. Auf diese Weise enthüllt sich die Vollkommenheit Marias ausdrücklich in der absoluten, auch den Leib erfassenden, sich selbst durchdringenden Sehfähigkeit. Diese von der göttlichen Lichtquelle genährte totale Identität betont der antithetische Vergleich mit Moses in den vorhergehenden Strophen der Hymnen:

„Der Glanz, in den Moses sich kleidete, war nur eine äußerliche Hülle ... – der Körper (i. e. Maria), in dem er (i. e. Christus) wohnte, erstrahlte von innen.
Und wie Moses in Herrlichkeit erstrahlte, – weil er (nur) ein wenig den Hauch (Gottes) sah, wie mußte da gestrahlt haben – der Körper, in dem er wohnte".[20]

Die in Maria aufscheinende Manifestation göttlicher Herrlichkeit als ein in jeder Hinsicht vollkommenes Sein schließt die Herrschaft aller Sinne ein, klare Erkenntnis und Schönheit: In der ersten Strophe der Hymnen heißt es:

„Das Auge wird rein, wenn es sich mit der Sonne (i. e. Christus) verbindet, – und siegt durch ihre Waffe und wird klar durch ihre Helle – und strahlend durch ihren Glanz und geschmückt durch ihre Schönheit."[21]

Die Wirkungen des göttlichen Lichtes im Auge sind demnach Ausdruck der seinsmäßigen, erkenntnistheoretischen, ethischen und ästhetischen Vollendung. Die Differenzierungen sind nur nachträgliche Zerlegungen einer ursprünglichen organischen Einheit, die im Auge als dem Ort der geistig-sinnlichen Einheit als Synthese aller Kräfte versinnbildlicht ist.

Die hier auf Maria angewandte tiefsinnige und komplexe Augensymbolik enthält die dogmatische Implikation der Immaculata conceptio und die Vorstellung von Maria als der ganz und gar vom Geist erfüllten Schau, sie ist ein Sinnbild der sich dauernd erneuernden Kraft durch das Geheimnis des unversehrten, nicht gespaltenen Menschen und enthält die Botschaft, daß die lenkende geistige Schau kein Monopol des Mannes ist.

In der Anrufung: „Du Augapfel der Reinheit"[22] verbindet auch Hildegard von Bingen Marias Gabe der Schau, mit der Unversehrtheit und Schönheit durch die Augensymbolik. Die auf einer jenseitigen Voraussetzung beruhende Schaukraft Marias erläutert Hildegard mit den Worten: „Die Pupille weist auf das innere Gesicht der Augen, das leiblicher Erfahrung unbekannt ist". Das Bild „Du Augapfel" läßt die Einengung auf die körperliche Reinheit weit zurück und könnte Marias Privileg der Immaculata conceptio umschreiben. Dies wird durch den kühnen Vergleich erhärtet, daß die Gottheit das Auge auf Maria heftet wie der Adler das Auge auf die Sonne. Die Sonne, sonst ein Symbol des Göttlichen, versinnbildlicht hier Maria ihrer seinsmäßigen Stahlkraft, Hildegard spricht ihr deshalb den heilsbewirkenden Titel „Erleuchterin jeder Kreatur"[23] zu. Diese Erleuchtungs- und Inspirationskraft spezifiziert der zeitgenössische Theologe Honorius Augustodunensis in der Aussage, daß Maria das „Auge der Kirche" sei, das heißt: in Maria erkennt die Kirche Christus.

Maria ist die durch die Menschwerdung ganz und gar von

Gott Erleuchtete und nach außen hin Strahlende: ein Bild für die Wiedergabe und Weitergabe göttlich erfüllten Seins und Wissens. Diese Darstellung konkretisiert und präzisiert Hildegard in ihrer Exegese zu Lk II, 1–14 (Joseph mit Maria auf der Flucht nach Ägypten) mit Hilfe des Begriffs *rationalitas:* Joseph begibt sich auf die Flucht „mit Maria, seiner Verlobten", d. h. jener, der die „*rationalitas* geschenkt wurde" und zwar: „*uxore praegnante*", „als sie schwanger war". Diese *rationalitas* teilt sie Joseph mit, „damit er durch sie unterscheiden könnte, wo auch immer er das Wort Gottes zu hören bekäme" [24].

Der für Hildegard eigentümliche Begriff der *rationalitas* durchzieht alle ihre Schriften einschließlich ihrer Briefe. Da er sich durch seine Bedeutungsfülle auszeichnet, muß er näher erklärt werden. Für das Verständnis dieser Stelle ist hervorzuheben: rein formal bedeutet dieses Wort eine erhöhte Abstraktionsstufe, nicht *ratio,* sondern *rationalitas.* Hildegard verwendet es zur Wiedergabe für das Sein und Wirken des Schöpfergottes, aber auch für den Logos, die zweite göttliche Person und für das Wirken des Hl. Geistes durch Inspiration und Heiligung. Für die Bezeichnung von Gottes Wesen fügt sie Beiwörter hinzu wie: *sancta rationalitas* oder *divina rationalitas.* Auch Gottes Ewigkeit umschreibt sie damit [25]. In diesem Sinne ist Gott „ein klingender oder wirkender Gott", d. h. ein sich mitteilender Gott: und zwar in der bei Hildegard bevorzugten Weise, daß die höchste Aussage des Göttlichen in der Musik geschieht. So ist es nicht selten, daß das Wort *rationalitas* mit akustischen Bezeichnungen verknüpft wird wie: *sonus, vox* oder im Zusammenhang mit dem liturgischen *laudare* steht. Das sind akustische Metaphern, die für das Verständnis von *rationalitas* ausschlaggebend sind, denn sie kennzeichnen die Selbstmitteilung Gottes.

Gott *ist rationalitas,* der Mensch *hat rationalitas;* sie ist für Hildegard die höchste Ausstattung des Menschen. Sie ist verschieden von der *scientia,* dem Wissen, der Erkenntnis, und von der *sapientia,* der Weisheit. Was für ein menschliches Vermögen Hildegard damit festhalten will, ist nicht einfach festzustellen. Einige Belege bezeichnen *rationalitas* eher als „göttliche Inspiration", dann wieder ist sie der Ort, an dem sich das komplexe geistig-religiöse Leben des Menschen vollzieht[26]. Kurz: *rationalitas* steht bei Hildegard als Ausdruck für die unergründliche Fülle göttlichen Seins und Wirkens, an welcher der Mensch kraft seines Vermögens der *rationalitas* im Erkennen und Wirken teilhat. Ja, seine eigentliche Lebenskraft liegt in der *rationalitas,* wie es Hildegard sehr bildkräftig veranschaulicht, „der Mensch ist mit den Flügeln der *rationalitas* lebendig"[27], da er sich kraft dieses Vermögens zum Göttlichen erheben kann.

Zum Verständnis unserer obigen Stelle heißt es im fortlaufenden Text: „Der Mensch besitzt im Vermögen der *rationalitas* das Unterscheidungsvermögen"[28]. Hildegard sagt in der genannten Exegese, Maria habe im Austragen des Gottessohnes die ihr durch Christus geschenkte *rationalitas* an Joseph weitergegeben, d.h. an alle Menschen, die damit gleichsam selbst Gottes teilhaftig geworden sind. Das bedeutet aber, daß Maria durch ihre Mutterschaft die Ursache göttlichen Lebens im Wissen und im Handeln, besonders durch die Gabe der Unterscheidung ist. Sie nimmt damit eine hervorragende Stelle im göttlichen Heilsplan als Mitwirkerin des Heils ein. Diese Erhabenheit Marias enthält schon die Bezeichnung *lucida materia:* „leuchtende Erde / Gestalt", in die das „Verbum alle Gotteskräfte hineinhauchte", so daß Maria auf der Seite der Himmlischen steht, wie es eine Stelle im *Liber Divinorum Operum* erhärtet: Gott schuf im Anfang den Himmel, *id est lucidam materiam.*[29] Dieser bildhaften Umschreibung für Maria entspricht der abstrakte Begriff *rationalitas* in der erleuchtenden und unterscheidenden Kraft der Vernunft.

Mit dieser spezifisch sprachlichen Aussage steht Maria der Sache nach in einer alten Tradition. In seiner althochdeutschen Bibeldichtung bezeichnet Afrid (9. Jh.) in der Verkündigungsszene Maria mit *itis.* Dieses mythische althochdeutsche Wort für „überirdische Frau" ist bekannt aus dem germanischen Zusammenhang im ‚Merseburger Zauberspruch I' als *idisi* (weiblicher Plural), was Wahrsagerinnen/Seherinnen bedeutet, sowie aus den älteren althochdeutschen Glossen des achten/neunten Jahrhunderts als *itis, idis,* i.e. *matrona*". Afrid scheint dieses Wort mit Bedacht gewählt zu haben für Maria als die verheißene Gottesmutter, die an der endzeitlichen Besiegung des Teufels durch Christus mit Anteil hat; er bedachte so den eschatologischen Sinngehalt mit. Im Wort *itis* – „überirdische Frau" ist also ein Vorverweis auf das transzendente Ereignis gegeben, durch das Maria an der Größe und Macht ihres Sohnes Anteil hat.

Dies kann noch früher mit einer Ephräm-Exegese aus *De Nativitate* erhellt werden: „... Lob sei jenem, der deswegen herabstieg (Christus), einer aus uns wurde, damit wir Himmlische (šemāyānē) würden."[30] Noch direkter sprechen folgende Zeilen von der Erhöhung Marias durch ihre Mutterschaft: „Siehe, die Tochter der Erde (i.e. Maria) hat den Himmel erreicht durch den Himmlischen (i. e. Christus). Ein Wunder ist deine Mutter ... denn eintrat der Wortbegabte."[31] Diese Verse sind keine Anspielung auf die Himmelfahrt Mariens, sondern preisen die alle Menschen überragende, überirdische Würde, die ihr durch die Menschwerdung Christi zuteil wurde.

Damit sind wir wieder bei Hildegard, denn ihr Begriff *rationalitas* wird sehr häufig mit dem *Verbum* in Verbindung gebracht, das Ephräm präzisiert als Christus, der „Wortbegabte". Dieser Wortbegabte schenkt sich Maria als *rationalitas*, damit sie die Wortmächtigkeit an alle Menschen weitergibt. Hier liegt auch ein Ansatzpunkt für Hildegards eigenes Prophetieverständnis der Wortmächtigkeit, die aus dem göttlichen Geiste entspringt; desgleichen reiht sie Maria wegen ihrer Geistbegabung in die Reihe der Propheten ein. Maria bildet deren Abschluß und Höhepunkt, so daß diese über ihre Einsicht „vor Staunen in verklärender Glückseligkeit erschauerten"[32]. Die Propheten des Alten Bundes verstummen vor ihrer Geistbegabung. Diese Aussage in *Scivias* über Marias prophetische Würde erklärt ferner die auffallende Anrede: „Du rufst mit klarer lauter Stimme und richtest so den Menschen auf"[33]. Die Meinung der alten Kirche im Anschluß an Lk 1,48 f, daß Maria als „Prophetin" unter den Menschen eine Verkündigungsaufgabe zu erfüllen hat, wird von Hildegard aufs neue ausgesprochen. Ihre Auffassung, daß Maria in der Fülle des Geistes steht, rückt sie sachlich in die Tradition des Ambrosius. Er hat wohl bis dahin „als einziger das ganze Leben Marias als von einem besonderen Lichte des Geistes getragen" gesehen. Hildegard überbietet ihn darin bei weitem, denn bei ihr steht Maria mit der Bezeichnung *lucida materia* und *rationalitas* auf der Seite der Himmlischen und wird zum Prinzip des geistigen und vergöttlichenden Lebens, das sie allen Menschen mitteilt.

Zur weiteren Beleuchtung dieses vergöttlichenden Prinzips dienen die Würdetitel Marias unter dem Gesichtspunkt der Weisheit, die sich steigern bis zur Identität: „allerverständigste Jungfrau, allerweiseste Jungfrau, Schwester der Weisheit, Mutter, vortreffliche Gotteswissenschaft, Mutter Weisheit".

Die Geistbegabung der „allerweisesten Jungfrau" schaut Hildegard als Morgenröte, die als kreisendes Licht im schönsten Feuerglanz erglüht durch den Hauch des Fingers Gottes, des Hl. Geistes[34]. Diese Bildaussage umschreibt die Jungfräuliche Empfängnis als Beginn der Weisheit. Marias Mutterschaft jedoch wird mit der Weisheit schlechthin identifiziert als Sitz der Weisheit. Diese Vorstellung beruht auf der Einführung und Belehrung durch Gott selbst. Hildegard benennt hierfür ausdrücklich die Zeit des Gott-Austragens, die Schwangerschaft, in der Maria die eingegossene Gabe der Weisheit im Gegensatz zur irdischen Weisheit empfing: Sie versteht die Mutterschaft als Quelle der Weisheit. In Anlehnung an 2 Kor 3, 17 erklärt Hildegard: „Wo der Hl. Geist ist, dort ist auch die Weisheit"[35].

Die Weisheit wird Maria nicht erst unter dem Aspekt der Menschwerdung zugeschrieben: sie ist bereits durch ihre Erwählung und in ihrer Heiligungskraft der unversehrten *Virginitas* vorhanden. „Der Schmuck der blendend weißen Jungfräulichkeit" ist eine Manifestation der urewigen Weisheit, „die vor jeglichem Geschöpf im höchsten Vater war". Die innerste Kraft der Weisheit ist nach Hildegard die Heiligkeit, deren Kennzeichen die Reinheit, Festigkeit und Freude des Lebens sind. Daher heißt Maria auch *materia sanctitatis,* die das Wohlgefallen Gottes auf sich zog und der Grund für die Einigung Gottes mit dem Menschen ist. Im Bild *materia sanctitatis* ist das Urbild jeglicher Heiligkeit und der Vorentwurf des paradiesischen Menschen ausgesagt. Dem entspricht die abstrakte Aussage über Maria als *rationalitas,* nämlich einer ganz und gar vom göttlichen Pneuma erfüllten heiligen Gestalt im Sein und Tun. Durch diese exemplarische Heiligkeit wird Maria zur „Mutter der heiligen Heilkraft Christi": *Mater sanctae medicinae*[36]. Die Erhabenheit Marias ist durch ihre Nähe und Angleichung an Christus begründet und theozentrisch wie christozentrisch geprägt. Der gedankliche und sprachliche Ausdruck konzentriert sich einmal auf die Versinnbildlichung der göttlichen Macht und, was das Besondere bei Hildegard ist, zugleich auch auf die Mitwirkung des Menschen mit der Gnade.

Die Schönheit Marias, ihr innerer Wert, beruht auf ihrer *integritas, virginitas* und Weisheit; deswegen ist sie ein „strahlender Schmuck der Sonne Christi", eine Aussage, die Hildegard zu dem kühnen Vergleich hinreißt: „Die Gottheit schaute auf die allerschönste Tochter, wie der Adler sein Auge auf die Sonne richtet"[37]. Die Sonne bezeichnet Maria, die durch ihren Glanz der Schönheit auf alle eine unvergleichliche Anziehungskraft ausübt bis hin zu Gott, der für sie das Objekt der Schau, d. h. der Vereinigung wird. Diese gottmenschliche Vereinigung als höchste Seligkeit versinnbildlicht Hildegard als Musik. Hildegard umschreibt die Inkarnation als Vereinigung von Gott und Mensch mit den Worten: „Der Hl. Geist musiziert im Tabernakel der Jungfräulichkeit"[38], wobei die *Virginitas* in Verbindung mit *tabernaculum* die vergöttlichende Form aufzeigt.[39] Aber auch in ihren Gesängen drückt Hildegard diese Form der Gottseligkeit aus, als sie von der Inkarnation spricht: „Voller Freude war dein Leib, da aus dir alle himmlische Musik ertönte, weil du den Sohn Gottes trugst[40]".

Aufgrund dieser Erfahrung ist Maria die „Mutter aller Freuden", sie erbittet am Schluß der großen Sequenz für alle Menschen die Verherrlichung in der Seligkeit der himmlischen Musik *(ad coelestem harmoniam)*[41].

So sehr bei Hildegard die Idee der Reinheit bestimmend ist – sie steht in Verbindung mit der Gottförmigkeit und Ebenbildlichkeit –, gibt sie neben dieser exemplarischen Bedeutung aber auch für das praktische Leben einen sehr konkreten, bemerkenswerten Hinweis.

Sie knüpft dabei an den Glauben an, daß die Menschwerdung aus dem urewigen göttlichen Ratschluß geschah – und damit auch Marias Erwählung. Und weiter sagt sie, daß in Paulus die Liebe sosehr brannte, daß er die ganze Welt erleuchtete; so erkannte auch er aus Gottes verborgenem Ratschluß, daß die Jungfräulichkeit nur ein Rat und kein Gebot sei. Nach diesem Rückgriff auf den Glauben fährt Hildegard geradezu imperativisch fort: „Kein Mensch darf die Jungfräulichkeit als Gebot aufstellen, weil Gott selbst sie in sich selbst zur Vollendung führt. Daher hat die Keuschheit – ein Leben in geschlechtlicher Enthaltsamkeit – keine Gesetzesvorschrift des Dienstes oder der Furcht. Allein und frei steht sie in Gott ohne jedwede Furcht"[42].

Diese Worte dürften als Kritik gegenüber der zeitgenössischen Sitte zu verstehen sein, aus kinderreichen Familien Söhne und Töchter für den geistlichen Stand vorherzubestimmen. Sosehr Hildegard das Göttliche in Maria auf verschiedenartige Weise beleuchtet, vergißt sie nicht, auf das Menschliche im Göttlichen hinzuweisen. Maria verkörpert es als *suavissima misericordia* in der allerinnigsten Barmherzigkeit, die sich jedem in der Not zuwendet. Not begrenzt sich dabei nicht auf die materielle Armut, denn vor Gott sind alle „arm im Geiste", sondern meint auch die geistige Not. Dies zeigt das Beiwort *suavissima,* das eine innere geistig-seelische Haltung von Trost, Heil und Glück spendender Kraft ausdrückt. Die geistig-seelische Not kann mitunter verheerendere Konsequenzen haben als die nur materielle Not, die zudem leichter auf äußerem Wege durch Organisation zu beheben ist.

Ein anderer Ausdruck des Menschlichen ist die schmerzensreiche Mutter: *Mater in dolore et gemitu*[43]. Gemeint ist die Zuflucht aller Leidenden bei jener, die im Leid ungebrochen aushielt. Die Mater dolorosa ist zudem die Legitimation für das prophetische Sprechen. Die alttestamentliche Stelle: „Ich schwieg und hüllte mich immer in Schweigen; ich war geduldig, nun aber schreie ich wie eine Gebärende" (Is 42, 14), wird bei Hildegard in diesem Sinn gedeutet. Sie verbindet die Inkarnation mit der Passion und weist darauf hin, daß erst bestandene Leiden dem prophetischen Wort Gewicht und Tiefe geben: „Nach jenem Schmerz, den der Sohn Gottes im Fleische am Kreuz erlitt, beginne ich zu reden wie eine Gebärende, von der der Schmerz gewichen ist“[44]. Außerdem betont sie, daß die menschliche Liebe Abglanz der göttlichen ist: „Wenn die Frau in die Augen ihres Mannes schaut, ist es, als wenn sie in den Himmel schaut“.[45] Die Schönheit als innere Schönheit ist für alle Menschen ein Ziel. In diesem Sinn sagt Hildegard: „Die Frau soll sich zur Ehre und zum Ruhme ihres Mannes schmükken, damit sie ihm umso schöner erscheine. Hierdurch soll der Mensch erkennen, wie er seine Seele vor dem höchsten König schmücken soll; denn, wenn er die Liebe haben will, zieht er sich ein goldenes Gewand an“.[46] Das heißt für Hildegard: Wenn der Mensch die Keuschheit liebt, die hier im weitesten Sinne der *integritas* verstanden ist, schmückt er sein Antlitz mit kostbaren Edelsteinen. Übt er Askese und fastet, dann kleidet er sich mit Purpur. Sie will damit sagen: Voraussetzung der Schönheit ist das Maß, die Mäßigkeit, eine Seite der *rationalitas,* jener hohen geistigen Eigenschaft, die alle Kräfte formt.

Hildegard schließt mit solchen Aussagen, die die Jungfrau Maria und Gottesgebärerin trotz ihrer Hocherhabenheit als exemplarisch Erlöste sehen, alle Menschen ein, die so gottähnlich werden: die Verheirateten ebenso wie die Witwen und die im jungfräulichen Stand Lebenden. Denn im „Hause der Weisheit“ (damit sind Maria, die Kirche und alle Frauen gemeint) „kommt vom Wesen her das Irdische und Himmlische zur Verwirklichung“[47].

In der Zusammenschau von Menschwerdung und Christi Leiden sieht Hildegard das Wunder der ganzmenschlichen Geisterfülltheit Marias mit seiner Ausstrahlung im prophetischen Wort in der Heilsverkündigung.

Hildegard kennt die Spannung zwischen den Anforderungen dieser Welt, einen oft mühevollen und von Leiden durchzogenen Alltag und den Anforderungen der Ewigkeit für ein Leben aus dem Glauben. In ihrer nüchternen Art sagt sie: „Der gläubige Mensch pflegte die Erde, ohne jedoch das Himmlische zu vernachlässigen.“[48] Sie wird nicht müde, die geglückte einmalige Verbindung von Irdischem und Himmlischem in Maria urbildlich vor Augen zu stellen, um Maria in ihrer besonders innigen Verbindung zu Gott durch Christus als eine Gestalt unerschöpflicher und sich mitteilender göttlicher Lebenskraft aufzuzeigen. Bei Hildegard ist Maria ein Mysterium der Heilung des Menschen. In ihrer Sprache ausgedrückt heißt das: Maria ist *materia bonorum operum*, „die zum Heil mitwirkende Erde", weil sie als *materia lucida* die ganz und gar von Gott Erleuchtete und die weithin leuchtende Gestalt kraft der „Sonne Christi" ist, und dies sowohl durch ihr Sein als auch durch ihr Tun.

Mechthild von Magdeburg

Mechthilds Buch, ‚Das fließende Licht der Gottheit', hat einen anderen Ausgangspunkt als die Visionsschriften Hildegards. Hildegard geht es um die aktualisierende Neuauslegung der heilsgeschichtlichen Ereignisse unter Hinweis auf den Glaubensverfall, der „sogar die Schriftoffenbarung erfaßt hat"[49]. Um das Glaubensleben lebendiger zu gestalten, schreibt sie in visionärem Stil und spricht mit prophetischer Stimme. Obwohl sie ihre Aussagen in Visionen kleidet, geschehen diese nie in der Ekstase; Hildegard erlebt ihre in Licht und Farbe getauchten Bilder nach eigenem Bericht bei wachem Bewußtsein. Ganz anders Mechthild: Aus wiederholten Ekstasen spricht sie von der besonderen Erfahrung und der sie überwältigenden Gottesliebe. Diese außerordentlichen inneren Erlebnisse drängen sie zur Niederschrift. Ihr inneres Erleben verbindet sie auf ungewöhnliche Weise mit den heilsgeschichtlichen Ereignissen, bei denen sie Antwort sucht über das, was mit ihr persönlich geschieht. Sie versenkt sich dabei vor allem in das Geheimnis der Trinität, um das Phänomen der Liebe zu erklären, das in seiner Unbegreiflichkeit die Ursache der Inkarnation ist. Maria aber „ist die Mutter dieses Wunders"[50], ruft Mechthild staunend aus. Die Gestalt Marias sieht sie als Personifizierung der für sie unerklärlichen Gottesliebe, die sie mehr als dreißig Jahre in Seligkeit und Schmerz erfuhr. Von Maria will sie wissen, wie sie in dieses Wunder kam, denn für Mechthild ist das Geheimnis der Menschwerdung das Urbild jeder

Gottesliebe. Maria erklärt sie gleichsam als Gefäß, mit dem „die ewige Weisheit der allmächtigen Gottheit den Zorn auffing"[51]. Diese Haltung der Selbstpreisgabe ahmt Mechthild später nach im Verlangen, sich, wenn es sein muß, bis unter Luzifers Schwanz in sühnender Liebe zu verdemütigen, um die Sünder zu retten. An den Stellen, wo Mechthild das Thema „Mariä Verkündigung" aufgreift, erscheint Maria daher als das Urbild und Vorbild jeder gottliebenden Seele.[52] Hildegard wurde nicht müde zu betonen, daß die Schönheit der gnadenhaften strahlendweißen Virginitas und Unversehrtheit Marias die unvergleichliche Anziehungskraft für Gott und dessen Empfängnis war. Als ekstatische Mystikerin redet Mechthild ganz anders: „Die Jungfrau zog unseren Herrn mit der süßen Stimme ihrer Seele hernieder", nämlich mit der Stimme der Liebe. Der Gebetshaltung Marias mißt Mechthild große Bedeutung bei[53]. Damit charakterisiert sie Maria als die große Liebende, die Gott vom Himmel zieht. Ebenso vermag die liebende Seele, wie sie an anderer Stelle sagt, in der Glut und Stärke ihres betrachtenden Gebetes selbst die göttliche Übermacht zu bezwingen: Denn „das Gebet" macht nicht allein „eine kalte Seele brennend", sondern „zieht auch den großen Gott hernieder in das kleine Herz und treibt die hungrige Seele hinauf zu dem Gott der Fülle"[54]. Ähnlich beschreibt sie die Bewegung der Liebe als ursächlich für das Geheimnis der Menschwerdung: „Die Minne hat den dreifaltigen Gott vom Himmel getrieben"[55]. Mechthild beleuchtet den heilsgeschichtlichen Vorgang der Menschwerdung viel stärker aus der urtümlichen Liebesbeziehung zwischen Gott und Mensch. Diese Liebesbeziehung versteht sie als Brautverhältnis, aufgrund dessen Gott den Menschen trotz des Sündenfalles nicht aufgeben konnte. Es ist daher nur folgerichtig, wenn sich – nach Mechthild – Maria noch vor der Engelsbotschaft im Gebet in ihrer Keuschheit als Mutter des Herrn anbietet im Wissen um die vom Propheten verheißene Jungfrauengeburt, dabei aber die Gabe der Keuschheit der Gnade Gottes verdankt. Ähnlich spricht Mechthild andernorts über das brennende Liebesverlangen der Seele: diese weiß sehr wohl, daß „die erste Lust in ihr von Gott her kommen muß"[56]. Der

Mensch ist also immer der zuerst von Gott Geliebte und Beschenkte; daher ist Maria das Urbild des von Gott zuerst Erkannt- und Geliebt-Seins.

Den Vorgang dieser machtvollen Liebeseinigung bei der Menschwerdung beschreibt Mechthild als bräutliche *unio* mit der Heiligen Dreifaltigkeit. Die Dreifaltigkeit ist nach einer Bildrede: der „volle Kelch" der Liebe, und die innertrinitarischen Beziehungen umschreibt Mechthild als *spilende minnevluot,* so daß das Eingehen der Dreifaltigkeit in Maria zu einer Manifestation göttlicher Macht wird. Diese paßt sich dem Menschen an und wird von seiten Marias mit Offenheit und Zustimmung beantwortet. Also ist wie bei Hildegard neben dem passiven auch das aktive Moment des menschlichen Mitwirkens mit der Gnade sowie der Willenshingabe betont:

„Da trat die ganze heilige Dreifaltigkeit mit der Gewalt der Gottheit und mit dem hingebenden Willen der Menschheit und mit der edlen Zartheit des Heiligen Geistes durch den unversehrten Leib ihrer Jungfräulichkeit in die entflammte Seele ihres hingebenden Willens und setzte sich in das geöffnete Herz ihres allerreinsten Fleisches und vereinte sich mit dem, was er in ihr fand, so daß ihr Fleisch sein Fleisch wurde ..."[57].

Und dann kommt Mechthild wiederum zur ähnlichen Aussage wie Hildegard: je länger Maria den Gottessohn trug, „umso strahlender, schöner und weiser wurde sie"[58]. Im Aufnehmen und Austragen des Gottessohnes erhält Maria durch Christus ganzmenschlich Glanz, Schönheit und Weisheit. Die jungfräuliche Gottesmutterschaft ist die Ursache der Schönheit und Weisheit.

Das Ergriffenwerden Marias von der ganzen Trinität hat Mechthild an etlichen Stellen in verschiedener bildhafter Weise zur Aussage gebracht. Hier sei eine Stelle zitiert, in welcher die Verkündigung mit dem Verhältnis der liebenden Seele zu Gott in Beziehung gesetzt wird:

„O, o, o, Drei Personen haben einen Namen in einem ungeteilten Gott! Sie fließen wonnevoll zu Marias Antlitz in einem Lichtstreifen ungeschieden in voller Flut in verschwenderischer Gabe mit leuchtendem Schein der himmlischen Ehren. Mit unaussprechlicher Anrede berührt er ihr Herz und läßt sie so erstrahlen und leuchten, daß der erhabene glänzende Widerschein der Heiligen Dreifaltigkeit aus dem Antlitz Unserer Frau erglänzt"[59].

Diese Vereinigung zwischen Gott und Mensch ist in Maria zur vollendeten Wirklichkeit geworden. Es handelt sich hier aber nicht um ein Aufgehen des Geschöpfes in Gott, sondern um eine Vereinigung, bei der das Ich Marias dem Du des dreifaltigen Gottes gegenübersteht, wie es der unvergleichliche Ausdruck: *der hohe gegenblik der heligen drivaltekeit* umschreibt. Maria findet sich bei der Empfängnis Christi im Widerschein Gottes, wurde also gleichsam himmlisch[60]. Den gleichen Vorgang und Zustand umschreibt Hildegard viel abstrakter mit dem Begriff *rationalitas.* Mechthild zieht aus diesem Vorgang den Schluß für alle: Die in Maria in einzigartiger Weise vollzogene Vereinigung Gottes mit dem Menschen in der Menschwerdung kann sich bei jedem demütig und brennend Liebenden immer wiederholen: Denn Gott „fließt noch immer (mit seinen Strahlen) / und füllt alle demütigen Liebesschalen / und gibt ihnen Glanz und Herrlichkeit."[61]

Maria ist als Gottesgebärerin eng mit dem Gottessohn verbunden. Durch Christus strömt sie göttlichen Duft aus, wie sie es in einer Schau sieht: „Da wurde auch dasselbe kostbare Duftgefäß gesehen, in dem Christus neun Monate ... war, ein Duft, der immer bleiben wird"[62]. Die herausgehobene Stellung der Jungfrau Maria, die Mechthild durch zahlreiche Bilder und Anrufungen verdeutlicht, wird in der Aussage „das kostbare Duftgefäß", *here desemvas,* sprachlich und sachlich aufs engste mit Christus, dem ebenfalls „kostbaren Duftgefäß"[63], verknüpft und sozusagen durch ihn begründet. Denn nach einer langen liturgischen Tradition ist Christus der „Urwohlgeruch" und zugleich Quelle und Ursache der Eigenschaft des Wohlgeruchs in allen wohlriechenden Stoffen. Schon bei Paulus wird der Duft christologisch gedeutet (1 Kor 2,14–16). Damit ist Marias Aufgabe als Gottesgebärerin versinnlicht im sich verströmenden göttlichen Duft, „der immer bleiben wird". Dies erscheint viel zarter und zugleich durchdringender als die sachlich ähnliche Aussage in Mechthilds Bildern der Maria lactans, der nährenden und lebenswichtigen Spenderin des göttlichen Wortes [64]. Diese gegenwärtige und zukünftige Heilsaufgabe Marias kommt in der Vorstellung als immerbleibendes „kostbares Duftgefäß" zum Ausdruck. Dadurch wird Maria indirekt als immerwährende Hilfe verstanden.

Zum Wesen Marias gehört der unverbrüchlich reine Glaube, mit dem sie zum Vorbild der Kirche wird. In der großen Kirchenallegorie verschmilzt das Bild der Jungfrau Kirche mit dem der Jungfrau Maria. Der tragende Edelstein der Kirche ist der Jaspis. Von ihm heißt es: „Er verbreitet auch reinen Duft *(smak)* und reizt den heiligen Hunger ... Dieser Edelstein ist der christliche Glaube." [65] Der gedankliche Kern ist: Sowohl die Kirche als auch Maria verströmen in der Unversehrtheit des Glaubens reinen Duft. So wie Maria in ihrem Glauben nicht gewankt hat, ist auch die Kirche, bzw. der einzelne Christ, gehalten, den Glauben unversehrt zu bewahren. Dann geht von ihnen reiner Duft aus, der den heiligen Hunger nach Vertiefung des Glaubenslebens anstachelt. Nach diesem Bild ist Maria Bewahrerin und Schützerin des Glaubens als Vorbild für die Kirche.

Die herausgehobene Stellung Marias in der Gnadenhierarchie wird auch in ihrer Liebesbeziehung zur Trinität, speziell unter dem Bilde der Braut, begründet. Nach dem Tode „der ersten Braut des Vaters" durch den Sündenfall, nämlich der „adligen Seele", erwählte der Vater Maria zu seiner Braut, und sie wurde „ganz allein Braut der Heiligen Dreifaltigkeit" [66]. Diesem in der Tradition selten verwendeten – seit dem fünften Jahrhundert durch Chrysippus aus Kappadokien in seinen ‚Lobreden auf die Gottesgebärerin' bekannten – marianischen Titel „Braut des Vaters" liegt die Idee zugrunde, daß Maria als Helferin und Dienerin, *cooperatrix et ministra,* beim Werk der Schöpfung, der Menschwerdung und der Erlösung mitwirkt [67]. Mechthild spricht diesen ursprünglich marianischen Titel auch der Seele zu. Dies bedeutet, daß sich der Einzelmensch nach dem Vorbild Marias bei der Wiederherstellung der Gottebenbildlichkeit im schöpferischen Wirken dem Vater angleichen soll, ein Gedanke, den auch Hildegard von Bingen breit entfaltet, wenn auch nicht unter dem Bilde der Brautschaft.

Der ebenfalls selten verwendete marianische Titel „Braut der Heiligen Dreifaltigkeit“ drückt die Liebesbindung an die Trinität aus. Maria hat so an der Willensbildung und den verborgenen Taten der Trinität aufgrund der geschaffenen und ungeschaffenen Gnade teil. Dadurch wird die höchste Steigerung der Brautschaft verdeutlicht: Maria „ist die ewige Wonne der Heiligen Dreifaltigkeit“[68]. Auch hierin ist Maria Liebesvorbild der Seele, von der Mechthild behauptet, daß sie die „heilige Dreifaltigkeit verkostet hat“[69], denn die „geringe Seele“ ist eine „überaus herrliche Braut der Heiligsten Dreifaltigkeit“, eine „Tochter des Vaters und Schwester des Sohnes und Geliebte des Heiligen Geistes“[70]. Die Vollendung dieser Beziehung vollzieht sich im „ewigen Freudenfest der Heiligen Dreifaltigkeit“[71].

Um die Heilsgröße Marias in ihrer Unvergleichlichkeit darzustellen, geht Mechthild gelegentlich über das theologisch Vertretbare hinaus. Gemäß einer Himmelsschau steht Maria dem Throne Gottes am nächsten – vielleicht ein Hinweis auf die leibliche Aufnahme Mariens in den Himmel –, da sie mit ihrem Kinde die Wunden aller Menschen geheilt hat. Dann heißt es: „Ihr Sohn ist Gott, und sie ist Göttin, niemand kann ihr gleichkommen“[72]. Die Herausgeber der lateinischen Fassung merken zu dieser Stelle begreiflicherweise an, daß der Ausdruck „Göttin“ nicht wörtlich zu verstehen sei. Ein Nachklang dieser überhöhten Marienverehrung findet sich in der isländischen Mariendichtung im 15. Jahrhundert. In der *Milska* (etwa: Honigtrank) heißt es von Maria, der Himmelskönigin: „strahle göttlich in deiner Herrlichkeit“, und der *Liljukvistur* (Lilienzweig) stellt lapidar fest: „deine Göttlichkeit kann ich froh verkünden“[73]. Mechthild stellt Maria mit Christus auf die gleiche Vollkommenheitsstufe, wenn sie die Vollkommenheit Christi im Augenblick der Empfängnis mit der Wendung *den volgemachten gottes sun*[74] ausdrückt, und in der gleichen Weise den Status der Vollendetheit Marias aussagt: *wan du were ein volgemachet mensche von gotte*[75]. Die gleiche Parallelität zeigt die Bezeichnung für Christus und Maria als „kostbares Duftgefäß“ *here desemvas*[76].

Der trinitarische Vorgang der Menschwerdung in Maria wird wie ein bräutlich mystisches Geschehen seliger Durchdringung der drei Personen in ihr veranschaulicht. So läßt Mechthild den Heiligen Geist zum Vater sprechen: *O almehtiger got, wir wellen ein schoene procession haben und wellen mit grossen eren wandeln unvermischet von diser hoehi hin nider. Ich bin doch Marien kamerer vor gewesen ... Do gieng die schoene processio mit grossen froeden harnider in das templum Salomonis, do wolte der almehtige got nun manode ze herberge wesen*[77]. Die Göttlichkeit ihrer Empfängnis und Mutterschaft wird durch das traditionelle Bild: Maria als „Tempel Salomons“, erhellt. Maria ist Ur- und Vorbild der großen Liebenden und Lehrerin der Liebe, wie Mechthild es in wechselnden Bildern und in Analogie zur gottmenschlichen Liebesbeziehung deutlich macht. Doch endet diese Beredsamkeit im Zusammenbruch einer endgültigen Aussage, da eine solche Liebesbeziehung den natürlichen Erfahrungshorizont und jedes irdische Fassungsvermögen sprengt. Dies bringt Mechthild in einem abschließenden Hilferuf an Maria und nach einem leidenschaftlichen Redefluß über die Sehnsucht und Not ihres gottverlangenden Herzens zum Ausdruck:

„Ja, Maria, Herrin, Gottesmutter, wie erginge es dir, wenn du die Liebe der ewigen Gottheit mit Deinem Sohne zu offenbaren begännest, die eine Gott vereinte Seele ohne Falsch (schon) in diesem Leben in der ewigen Gottheit hat, und die Berührung, mit der er sie herzt. Herrin, du würdest müde, und dein Sohn würde ohnmächtig werden. Denn der göttlichen Liebe feurige Macht geht über alle menschliche Kraft“[78].

Maria wird als Zeugin, quasi als letzte Instanz, für das überwältigende undurchdringliche Wunder der Gottesliebe angerufen.

Die Erhabenheit Marias ist durch ihr sündenfreies Leben aufgrund Gottes ewiger Erwählung hervorgehoben. Damit spricht Mechthild die Lehre der Unbefleckten Empfängnis an. Es bewegt sie die Frage, ob Maria „in all ihrer weiblichen Natur“, als „vollendeter Mensch von Gott erschaffen“ und dabei

„nicht lahm“ in ihrer Natur, sündigen konnte oder nicht. Der Heilige Geist belehrte sie darüber, daß sie „nicht sündigen konnte“, und Mechthild fährt erläuternd fort: „Das hattest du nicht von dir, denn der himmlische Vater beschirmte deine Kindheit durch die Vorherbestimmung seiner ewigen Erwählung, und der Heilige Geist band deine Jugend in der Erfüllung seiner neuen Liebe ... die Kraft der Heiligen Dreifaltigkeit hat deine Natur so überwältigt, daß sie sich vor ihrem Schöpfer in menschlicher Weise nicht zu regen wagte und dies auch nicht konnte. Und die ewige Weisheit der allmächtigen Gottheit hat dir, Herrin, einen Schatten verliehen, in dem du dein menschliches Leben behieltest, so daß du ohne Sünde Schmerzen erleiden konntest und so auch deine blühende Menschheit in der Sonne der heißen Gottheit nicht zugrunde gehen konnte“[79].

Diese Erklärungen verraten, wie Mechthild bei Maria Antwort auf ihre eigenen Probleme sucht: Im Kampf gegen die Sünde, den sie „mit allen Waffen führt“[80], und im Ertragen vieler Leiden: wie soll sie vor allem die verzehrende Glut der Gottesliebe auf ein erträgliches Maß bringen? In der Gestalt Marias erkennt sie das Privileg der Sündenfreiheit, die Kraft und Stärke, an Schmerzen nicht zu zerbrechen, mit der Maria dem Feuer der heißen Gottheit standhält. In dieser Reinheit und Stärke ist Maria der einmalig begnadete Mensch, den Mechthild in seiner Leitfunktion preisend besingt: „Der Morgenstern ist aufgegangen, das ist St. Marien Geburt und ihr Leben“[81].

Sündenfreiheit wie Maria kann der Mensch nur schrittweise über das Mittel der Reue im Stufenweg der Seele erlangen, „wenn der Herr sie tröstet morgens in der Frühe mit Maria, wenn sie von Gott die feste Zuversicht erhält, daß er alle Sünden in der Liebesreue getilgt hat“[82].

In ihrer Heilsmacht wird Maria zur allmächtigen Mutter der Barmherzigkeit. Sie führt ständig die Verlorenen vor Gottes Augen, damit sie nicht versinken[83]. Von Christus wird sie zur „Anwältin“ *(klagerin)* der Sünder bestellt als *advocata nostra.* Sie hat Gewalt über Gott und „alle Teufel“, um diese von den Menschen fernzuhalten[84], so daß sie „der Schrecken aller bösen Geister ist“[85]. In dieser Nachfolge versteht sich Mechthild, wenn Gott sie lobt: „Du bist eine Vögtin der Teufel“ [86]. Unter dem Vorzeichen der barmherzigen Mutter Maria, dem Sinnbild der Zuflucht, findet das Jüngste Gericht statt, denn „das Gericht liegt noch in ihren Händen“ [87]. Daher verbinden sich heilsgeschichtlich in der Person Marias (als dem Zeichen der Freude und des Segens) die Verkündigung und das Jüngste Gericht. Als Miterlöserin wirkt sie am Beginn – am Ende der Zeiten – und an der Vollendung des Heiles mit, so daß bereits die Verkündigung auf das zukünftige Heil verweist: „Dies ist ein Tag der Sehnsucht *(gerunge)* und der seligen Freude in der Verkündigung Christi“ [88].

Durch die leibliche Mutterschaft und als Ernährerin Christi wird Maria zur Mutter und Ernährerin der Kirche und der ganzen Menschheit. So wie Christus „mit offenen Wunden, blutig, unverbunden“ die Gerechtigkeit des Vaters überwindet [89], wirken die immerfließenden Brüste Marias wie Ströme des Heiles, die aus der Kraft des Glaubens fließen: „Christi Wunden gossen, die Brüste flossen, so daß die Seele lebendig und sehr gesund wurde“ [90]. Die Milch ist Symbol der vorzüglichsten Gabe der Natur zur mühelosen Ernährung des Kindes. Mit dieser Milchallegorie und in Fortentwicklung der exegetischen Tradition von 1 Kor 3, 1.2 und 1 Petr 2, 2 zusammen mit den Stellen des Hohenliedes wird Maria zur ständigen Ernährerin im Bilde der Maria lactans, das Hildegard nicht kennt. Sie wird so zur Lehrerin des wahren Glaubens. Sie ist die Quelle göttlicher Mysterien über die Zeiten hinweg, die sie als „unbefleckte Milch“ im Symbol lauterster, übernatürlicher Lebensnahrung in verschwenderischer Barmherzigkeit bereits den Propheten und Sehern des Alten Testaments schenkte. Ihre barmherzige Liebe kann wesensgemäß nie versiegen: „Denn deine Brüste sind so voll, daß du ihnen nicht wehren kannst. Wolltest du nicht mehr nähren, dann schmerzte die Milch gar sehr“ [91]. Dieser naturhafte Zwang zeigt Maria in ihrer unversieglich fruchtbaren Lebens- und Glaubenskraft, die das Ziel ihrer hingebenden Heilssorge erst erreicht hat, wenn die Menschen „voll erwachsen sind zum ewigen Leben“ am Jüngsten Tage. Bis dahin übt sie ihr Seelenamt und nährt mit ihrer „reinen unbefleckten Milch“ die Apostel, „die Märtyrer mit starkem

Glauben, die Bekenner mit heiliger Standfestigkeit, die Jungfrauen mit heiliger Keuschheit, die Witwen mit Beständigkeit, die Eheleute mit Wohltätigkeit, die Sünder mit Geduld"[92].

Einen anderen Zug der menschlichen Hilfe zeigt die Gestalt der Mater dolorosa, die bei Mechthild stärker konkretisiert ist als bei Hildegard. Unter dem Kreuze, wo Maria „schwach und elend wurde, so daß das Schwert der leiblichen Qualen Jesu in geistlicher Weise ihre Seele zerschnitt"[93], empfing sie das Amt, als Wächterin der Kirche bis zum Ende der Tage den lebensspendenden Glauben zu erhalten. Neben dieser aus empfindlichem Leid zugewachsenen Heilsmächtigkeit stellt Mechthild die individualisierte und seelisch stützende Haltung Marias heraus. Sie blieb als „einziger Freund" ihrem Sohn am Kreuze „wahrhaft innerlich verbunden" und harrte „nach außen hin allein bei ihm" aus[94]. So setzte sie ein Zeichen für den Wert menschlicher Freundschaft. Die Kraft im Leid gewann sie aus der häufigen inneren Zwiesprache mit Christi Gottheit, „daher trug sie gefaßt ihr Herzeleid", das bis zur geistigen Armut in der freiwilligen Aufopferung des eigenen Sohnes ging. Auf die Frage, was Maria mit den Gaben der drei Könige gemacht habe, da sie kein Opferlamm gekauft hätte, läßt Mechthild Maria zur Gestalt der Armut werden: „Die heilig fließende Güte und die Barmherzigkeit mit den Notleidenden und die Liebe zur freiwilligen Armut haben mir den Schatz abgenommen. Mein Opferlamm war Jesus Christus, Gottes allmächtiger Sohn, der aus meinem Herzen geboren wurde ... Das ist mein wahres Opferlamm; mir war nichts anderes zugedacht"[95]. Bei dieser leidgeprüften Schmerzensmutter sucht Mechthild Zuflucht, um jene Veruntreuungen ertragen zu können, die, weil sie unter dem Deckmantel des Religiösen und Heiligen geschehen, von besonderer Bitternis sind:

„Maria, liebe Mutter, ich stehe mit dir unter dem Kreuze ... und das Schwert des heiligen Schmerzes schneidet durch meine Seele, weil die, die geistlich scheinen, so unbeständig sind"[96].

Obwohl Maria „sehr still" war, als der Herr „so herrlich vom Tode auferstand, besaß ihr Herz doch vor allen Menschen den tiefsten Grund göttlicher Erkenntnis"[97]. Innere Einsicht und Weisheit werden hier zur Frucht vorangegangener Leiden, so daß Maria auch durch ihre Leiderfahrungen „Mutter der wahren Gottesweisheit" ist[98]. Sie wurde so zur „lehrenden Weisheit der Apostel"[99].

Der Bereich des Menschlichen wird ebenso auch in der Schilderung von Geburt und Kindheit Jesu beleuchtet. In Erweiterung des knappen Berichts bei Lukas 2,40 heißt es bei Mechthild: „Als die Zeit gekommen war, da andere Frauen traurig sind und mit Beschwerden gehen, war Maria behende und froh". Dann aber betont Mechthild die Härte der Geburt: „Nachts auf der Straße in Bethlehem in der Fremde, wo Maria ein unbeherbergter Gast war". Mechthild beschreibt ausführlich die widrigen Umstände der Flucht nach Ägypten und die Armut des täglichen Lebens in Nahrung und Kleidung: „Maria nähte ihrem Kinde Jesus einen Rock mit einer so beschaffenen Naht, daß sie ihn erweitern und verlängern konnte, wenn der Rock zu eng und zu kurz wurde ... Sie nähte und spann, daß sie den dreien Kleider gewann".[100] Solche Ausführungen, die wohl aus Apokryphen stammen, zeigen das Wissen um die Härte des Existenzkampfes. Diese ist der in selbstgewählter Armut und Verlassenheit lebenden Begine Mechthild gewiß nicht fremd gewesen. In der hohen Gestalt Marias und in den gleichzeitig dargestellten irdischen Zwängen wird die Spannung von Natur und Übernatur deutlich, eine Spannung, in der Mechthild ihr ganzes Leben hindurch stand. Sie setzte sich in den jeweiligen Problemen mit Gestalt und Leben Marias auseinander. Gelegentlich identifizierte sie sich sogar mit ihr wie im Bild der liebenden Braut oder der Bezwingerin des Teufels.

In Mechthilds Bildern und Allegorien ist Maria die vollendete Einheit von Zartheit und Stärke. Die zum Teil litaneimäßigen Anrufungen[101] lassen die Vielschichtigkeit ihrer Gestalt aufleuchten. Mechthilds Marienbild dient der Festigkeit des Glaubens, der Stärkung durch Barmherzigkeit, dem Trost im Leiden, der eschatologischen Zuversicht in ihrer Funktion als

Anwältin der Sünder. Und es verkörpert urbildlich das unfaßliche Wunder der Liebesbeziehung zwischen Gott und Mensch. Daher hat die heilsmächtige Preisung Marias, die durch das innertrinitarische Leben Gottes und die Menschwerdung des Gottessohnes und dessen Erlösungswerk gerechtfertigt wird, im Aufzeigen des menschlichen Anteiles der Miterlösung und Mittlerschaft auch einen allgemein anthropologischen und der subjektiven Aspekt.

*Marienwürdetitel und -anrufungen der heiligen Hildegard**

Alta persona, sine macula et ruga	Hocherhabene Frau, ohne Makel und Fehl
Ancilla Dei	Dienerin Gottes
Pulcherrima filia	Du allerschönste Tochter
Maria, decorata candidissima virginitate	Maria, Schmuck der blendendweißen Jungfräulichkeit
Maria charitas	Maria, die Liebe
Maria suavissima misericordia	Maria, allerinnigste Barmherzigkeit
Maria laudabilis	Preiswürdige Maria
Maria tota sancta	Maria, du Allerheiligste
Maria rationalitas	Maria, du göttlich Erleuchtete
Virgo clara	Du herrliche Jungfrau
Virgo illaesa	Du unangefochtene Jungfrau
Virgo integerrima	Du unversehrteste Jungfrau
Virgo purissima	Du allerreinste Jungfrau
Virgo suavis	Du Jungfrau voll Anmut
Virgo beata	Du glückselige Jungfrau
Virgo mirabilis	Du wunderbare Jungfrau
Virgo dulcissima et pulcherrima	Du süßeste und schönste Jungfrau
Virgo laudabilis	Du lobwürdige Jungfrau
Virgo generosa, gloriosa et intacta puella	Du hohe, ruhmvolle und unberührte Jungfrau
Virgo prudentissima	Du verständigste Jungfrau
Virgo sapientissima	Du allerweiseste Jungfrau
Soror sapientiae	Schwester der Weisheit

* Die Titel stammen aus allen Werken Hildegards, vor allem aus ihren Liedern.

Puellula pura et casta	Du reine und keusche Jungfrau
Pupilla castitatis	Du klares Auge
Lilium candidum	Du reine Lilie
Mirabiliter clarus flos	Du wunderbar strahlende Blume
Clausura ventris	Du verschlossener Leib
Clausus pudor	Du verschlossener Schoß
Porta clausa	Du geschlossene Pforte
Porta aurea	Du goldene Pforte
Clausum cubiculum regis	Du verschlossenes Brautgemach des Königs
Aurora	Du Morgenröte
Candor aurorae	Du blendender Glanz der Morgenröte
Tabernaculum virginitatis	Du Tabernakel der Jungfräulichkeit
Tabernaculum generis humani	Tabernakel des Menschengeschlechts
Dormiens terra	Du schlafende Erde
Materia clausa	Du verschlossene Erde
Materia virginalis	Du jungfräuliche Erde
Materia aurea	Du himmlische Erde
Materia lucida	Du leuchtende Erde
Materia sanctitatis	Du Erde der Heiligkeit
Materia bonorum operum	Du zum Heil mitwirkende Erde
Munda caro	Du reiner Leib
Integra caro	Du unversehrter Leib
Integra viriditas	Du ungebrochene Lebenskraft
Integritas suavissima	Du süßeste Unversehrtheit
Serenum decus solis	Du strahlende Zierde der Sonne Christi
Illustrata de divina claritate	Du, durchflossen von göttlicher Herrlichkeit
Illuminatio omnium creaturarum	Du Erleuchtung aller Geschöpfe
Laetum ornamentum	Du freudvoller Schmuck
Gemma splendidissima	Du strahlendster Edelstein
Speculum omnis ornamenti	Du Spiegel aller Schönheit
Stella Maris	Du Meeresstern
Virga Aaron	Du Stab Aarons
Virga Jesse	Du Wurzel Jesse
Frondens virga in tua nobilitate	Du immer blühender Zweig in deinem Adel
Virga ac diadema purpuris Regis	Du Zepter und Krone des königlichen Purpurs (Christi)

Virga nobilissima	Du hochedeler Zweig
Virga suavissima	Du Reis voll des süßen Duftes
Virga viridissima	Du Zweig von höchster Grünkraft
Calor solis in te sudavit	Du, in der die Glut der Sonne entströmte
Verbo Dei infusa	Du, eingegossen mit dem göttlichen Worte
Dei Genitrix	Du Gottesgebärerin
Mater integra	Du unversehrte Mutter
Mater amantissima	Du liebenswerteste Mutter
Mater dulcissima	Du süßeste Mutter
Mater clarissima	Du herrlichste Mutter
Mater bona scientia	Mutter, du vortrefflichste Wissenschaft
Clarissima Mater sanctae medicinae	Lichtvolle Mutter der hl. Heilkraft Christi
Mater sapientia	Mutter, du Weisheit
Mater in dolore et gemitu	Du schmerzhafte Mutter
Mater omnis gaudii	Du Mutter aller Freuden
Auctrix vitae	Du Urheberin des Lebens
Aedificatio vitae	Du Erbauerin des Lebens
Vivificum instrumentum	Du lebensspendendes Werkzeug
Destructio mortis	Du Vernichterin des Todes
Reaedificatio salutis	Du Wiederherstellerin des Heiles
Quae omnia crimina Evae abstersit	Du, welche allen Fehl Evas auslöschte
Quae maiorem benedictionem protulit	Du, die den größeren Segen hervorbrachte
Mediatrix	Du Mittlerin
Salvatrix	Du Erretterin
Summa benedictio	Du höchster Segen
Dulcedo omnium deliciarum	Du Süße aller Wonnen
O quam pretiosa tua virginitas	O, wie kostbar ist deine Unversehrtheit
O quam magna virtus	O, wie groß ist deine Kraft
O quam magnum miraculum	O, welch großes Wunder geschah in dir
O quam magna felicitas	O, welch große Seligkeit ist in dir
Quam valde Deus in te delectabatur	Wie sehr wurde Gott in dir entzückt
Collige membra Filii tui ad coelestem Harmoniam	Führe alle Glieder deines Sohnes zur himmlischen Seligkeit

*Marienanrufungen der seligen Mechthild von Magdeburg**

Du süße Jungfrau.
Du schöne Blume.
Du Tempel Salomons.
Du kostbares Duftgefäß.
Du Morgenstern.
Braut des Vaters.
Braut des Heiligen Geistes.
Braut der Heiligen Dreifaltigkeit.
Gottesmutter, himmlische Kaiserin.
Mutter aller Keuschheit.
Mutter der Waisen.
Mutter der heiligen Kirche.
Mutter der wahren Weisheit Gottes.
Du bist die ewige Wonne der heiligen Dreifaltigkeit.
Du bist der Beginn all unserer Seligkeit.
Du bist die Gefährtin der heiligen Engel.
Du bist die Blume der Patriarchen.
Du bist die Hoffnung der Propheten.
Du bist eine weiße Lilie.
Du bist die lehrende Weisheit der Apostel.
Du bist die Rose der Märtyrer.
Du bist der Schutz der Bekenner.
Du bist die Helferin aller Witwen.
Du bist die Zuflucht der Sünder.
Du bist die mächtige Helferin der Verzweifelten.
Du bist die Trösterin der ganzen heiligen Kirche.
Du bist der Schrecken aller bösen Geister.
Du bist die Anwältin der Sünder.

---

* Diese Anrufungen entstammen vorwiegend aus VII, 19 und anderen Stellen des ‚Fließenden Lichts der Gottheit'.

„Geschenk der Natur und des Himmels"

Zur Mariologie der Renaissance

von Hanna-Barbara Gerl

Eine Vorbemerkung: Im folgenden werden Quellen zur Sprache gebracht, die drei- bis vierhundert Jahre zurückliegen. In der Regel stellt sich bei diesem Abstand entweder jene Langeweile ein oder jenes Interesse am Merkwürdigen, das der Geschichte nicht gerecht wird. Die Schwierigkeit hat wohl darin ihren Kern, daß wir nur noch Antworten lesen, ohne die Fragen genügend rekonstruieren zu können. Warum entstehen ein Dogma, eine religiöse Überzeugung, ein Rationalisierungsversuch? Wir sehen sie als „Deckel", ohne den „kochenden Topf" darunter wahrzunehmen; durch die Überlieferungsgeschichte werden nicht mehr die Spannungen, wird vielmehr der Abschluß der Spannungen weitergegeben. Damit verliert sich aber das Lebendige eines Streites, und es bleibt im nachhinein scheinbar nur „Theologengezänk" (mühelos wäre hier die Theologie auch durch andere Wissenschaften auszutauschen).

Wenn Geschichte mehr als ein Museum sein soll, sind die jeweiligen Fragen zusammen mit den oft lange gesuchten Antworten zu vermitteln – wenn möglich, ohne den Maßstab des Besserwissens. Wirkliches Eindringen in die Geschichte läßt eher den eigenen Systematisierungsversuch fragwürdig werden. Mit dieser empfundenen Fragwürdigkeit sei nun ein Überblick über die Mariologie der Renaissance versucht.

Das Denken der Renaissance

Im Wort „Renaissance", das sich erst seit dem 19. Jahrhundert als Epochenbegriff durchgesetzt hat, klingt eine Wiedergeburt an, die durchaus dem Selbstverständnis der Zeit entsprach.

Der Anspruch galt der Wiedergeburt der Antike: nicht nur ihren Wissenschaften, vielmehr auch ihrer Lebensart und Lebensfreude. Italien, Ursprungsland dieser Wiederentdeckung, nimmt die europäische Entwicklung vorweg: etwa von 1300 bis 1600, von Petrarcas Geburt (1304) bis zu Giordano Brunos Tod (1600), entwickelt Italien Begriff, Methoden, Inhalte eines neuen Denkens, dem übrigens auch ein „neues Auge" in den Künsten entspricht. Deutschland, die Niederlande und Frankreich, noch später Spanien und England, folgen – phasenverschoben und auch thematisch oft anders zentriert – etwa 100 bis 150 Jahre später. Dabei kennt die anhebende Entwicklung eine innere Zäsur, also zwei Phasen der Innovation: den Humanismus von 1300 bis 1470 mit der Neubelebung der *studia humanitatis* aus den antiken Quellen, nämlich besonders sprach- und handlungsbezogener (ethischer) „Künste". Eine zweite Phase, die Hochrenaissance, tritt ein mit dem Wiederaufleben des (Neu-)Platonismus in der Florentiner Akademie um 1470, vorbereitet durch den Cusaner, angeleitet durch Marsilio Ficino. Dadurch verschiebt sich die Fragestellung wieder erheblich auf Metaphysik, Theologie und den Hermetismus (als vorchristlich geltende religiöse Weisheitsschriften der Spätantike).

Faßt man die Renaissance insgesamt ins Auge, so ist wohl von einer Doppel-Entdeckung als Grundlegung der Neuzeit zu sprechen – unbeschadet einer Reihe anderer bedeutender Innovationen der Kunst ebenso wie der Naturwissenschaften und der Philosophie und Theologie. Die zwillingshafte Doppelentdeckung betrifft die Gewinnung des Raumes (als meßbarer Distanz) und die Gewinnung der Ichstärke (Subjektivität, Individualität). Dem Durchbruch zu dem unbegrenzten Raum nach außen (Giordano Bruno) entspricht auch das sich bildende Bewußtsein der Unendlichkeit nach innen; auch das Denken wird „dreidimensionales Messen". *Mens,* der Geist, ist von seiner Anlage her *mensura* (Nikolaus von Kues).

Mittelpunkt des humanistischen Denkens wird zunächst die Anthropologie: hier bildet sich, neu akzentuiert, das Verständnis vom Menschen als „Maß aller Dinge" heraus – in einem noch unerschrockenen Willen zur Bemächtigung der

Welt im Wissen und (technischen) Handeln. Vor den Reden über die „Würde des Menschen" (und über den wichtigen Gegenpol: das „Elend des Menschen") verblaßt zwar zunächst das Interesse an den Naturwissenschaften. Als sie aber am Ende des 15. Jahrhunderts wiedergewonnen werden, stehen sie unter der nachhaltigen Perspektive einer Unterordnung der „Natur" unter die Herrschaft des Menschen.

Auch die Entdeckung der Zeit als Geschichtszeit (die mittelalterlichen Chroniken werden nun von Historien abgelöst) setzt die Selbstbewußtwerdung des Menschen als zeit-räumlich gebundene Größe, eigenverantwortlich für den Gang seiner Geschichte, voraus. Das Ideal des *uomo universale,* des umfassend gebildeten, zu freier Entscheidung fähigen, von Gott selbst in die Mitte der Welt gestellten Menschen mit dem Auftrag einer zweiten Schöpfung (!), wie von Pico della Mirandola 1486 ausgesprochen, bestimmt auch eine Umwertung des bisherigen christlich-asketischen Hintergrundes der Ethik: gesucht wird nun eine all-entfaltete Lebensweise, die den Mittelpunkt des Daseins in der eigenen ausgebildeten *humanitas* trägt – in gewissem Sinne eine divinisierte Menschlichkeit.

Die Schärfung des Ichstandpunktes hat theologisch die Betonung der Gewissensfreiheit und die Ausbildung einer besonderen Laienfrömmigkeit zur Folge. Damit – etwa in der niederländischen *devotio moderna* – tritt der Laie gleichberechtigt neben dem Kleriker auf. Auch Luthers Betonung des allgemeinen Priestertums aller Gläubigen ist eine theologische Variante der Anthropozentrik des Denkens. Ferner findet die nachhaltige Trennung von Theologie und sonstigen Wissenschaften statt: die Theologie ist nicht mehr methodenleitend und Zielpunkt des Denkens, sie wird vielmehr beigeordnet und selbst intensiv durch die anthropologischen Wissenschaften erhellt [1].

Die Sicht Marias in der Renaissance läßt sich in doppelter Weise untersuchen, und diese Hauptlinien der Betrachtung sind nicht scharf zu trennen. Natürlich befaßt sich in erster Linie die Theologie mit Maria – Reformation und Gegenreformation eingeschlossen. Was das Renaissancedenken aber darüber hinaus reizvoll macht, sind die Porträts der Mutter Jesu in den Humanwissenschaften, in Literatur und Kunst, wo in weit höherem Maße eine individuelle Sprache gewonnen wird (übrigens zum größten Teil bis zum heutigen Tage noch nicht zusammengetragen).

Als „Gerüst" der Mariologie ist daher zunächst die theologische Grundlage zu prüfen, wobei sich einige Überraschungen ergeben. Die erste dürfte sein, daß sich in der Mariologie eine relative Nähe von Katholizismus und Protestantismus zeigt, daß sich erst in der Marien-Verehrung, also in der Umsetzung der Lehre ins persönliche Leben, ein Graben zwischen den Konfessionen aufzutun beginnt. Die zweite Überraschung dürfte sein, daß für die frühe Neuzeit die Mariologie ein Thema weniger der Theologie als vielmehr der theologischen Anthropologie darstellt; sie ist eingewoben in damalige Fragen und empirische Antworten über den Menschen. Insbesondere ziehen sich zwei Fragen wie ein roter Faden durch das 15. und 16. Jahrhundert:

Die Fragen nach der Empfängnis und der Himmelfahrt Marias. Anders ausgedrückt: die Suche nach ihrer Gestalt fragt zurück nach ihrem Anfang und nach ihrem Ende (als der Konsequenz des Anfangs). Bereits hier ist deutlich, daß die Neuzeit eine Neigung zum Kennenlernen der Person Marias, ihrer Menschlichkeit, in gewisser Weise ihrer „Handgreiflichkeit" besitzt. Die Kirchengeschichte verzeichnet ja eine Spannung zwischen dem historischen, biblischen Menschen Maria und ihrer Typologie, d.h. der Übertragung ihrer allgemeinen Bedeutung auf Kirche, jeden Christen, Schöpfung, Materie, Frau. Damit ist ihre Symbolebene erreicht, welche besonders für die frühe Kirche von Bedeutung war. Das neuzeitliche Interesse fragt jedoch weniger nach Marias Analogie zur Kirche, vielmehr nach ihrer Individualität. Eine stärkere Verwurzelung in Raum und Zeit, in Biologie und Psychologie sucht ihre Einzel-Kontur klarer und vor allem näher zu zeichnen. Nicht so sehr das Heilige wird betrachtet als vielmehr ein Mensch im Kraftfeld des Heiligen. Die denkerische Anstrengung richtet sich in den zwei sich vorbereitenden Dogmen von der Empfängnis und der Himmelfahrt Marias durchaus nicht nur auf ihre menschliche Seite, sondern muß sie natürlich auch in ihrer Exemplarität denken. Dennoch ist bezeichnend, mit welcher Sehnsucht nach Merkmalen ihres wirklichen und irdischen Lebens Ausschau gehalten wird – und sei es nur nach dem „zurückgelassenen Gürtel" bei der Himmelfahrt, mit dem sie dem ungläubigen Thomas (wie der Renaissance) über die Zweifel hinweghilft [2].

Die streng theologische Entwicklung der Lehre von der „Unbefleckten Empfängnis" oder Erbsündenfreiheit Marias reicht in ihren Wurzeln natürlich tief ins Mittelalter zurück. Hier wie bei der „Aufnahme in den Himmel" hat die Renaissance die Frage weiterentwickelt, aber nicht die Grundlagendiskussion geführt. Dennoch sind die Stationen des Weiterdenkens für die Erinnerung wichtig: das Konzil von Basel hat am 17. September 1439 (in seiner 36. Sitzung) die Lehre von der „Unbefleckten Empfängnis" als „fromm und mit dem kirchlichen Kult, dem katholischen Glauben, dem rechten Verstehen und der Heiligen Schrift übereinstimmend" bezeichnet [3].

Sixtus IV. bestätigte 1476 und 1483 eine Messe zu Ehren der Immaculata, „obwohl sie noch nicht von der römischen Kirche und dem apostolischen Stuhl entschieden ist" [4]. Schließlich begnügte sich das Konzil von Trient 1564 damit zu sagen, daß ein solches Privileg für die Jungfrau nicht auszuschließen wäre [5]. Zwischen diesen Formulierungen liegen die schweren Spannungen der Reformation, aber auch gewaltige innerkatholische Streitigkeiten, insbesondere zwischen den Dominikanern als den „Ablehnern" dieses keimenden Dogmas und den Franziskanern und Karmeliten als den „Befürwortern" [6]. Das Ende des 15. Jahrhunderts ist voll von diesem Streit, der aus den Klöstern auch auf die Humanisten übergriff und nicht nur Maria, sondern auch ihre Mutter Anna mit einbezog (erneut ein Zeichen für den Wunsch, das menschliche, ja familiäre Umfeld Marias auszuleuchten)[7].

Dagegen war die „Aufnahme Marias in den Himmel" ein durchaus üblicher Glaubenssatz, der eigentlich keine Lehrentscheidung, ja nicht einmal einen konfessionellen Streit herausforderte.

Hier ist ein Blick auf die Reformation zu werfen, die – wie erwähnt – in den Aussagen über Maria durchaus den ersten vier Ökumenischen Konzilien verpflichtet blieb, in welchen der biblische Befund auch für die Reformatoren deutlich durchschien. Zu bedenken ist vom heutigen Standpunkt aus, daß die erwähnten Streitigkeiten um die Unbefleckte Empfängnis ja noch nicht einen lehramtlichen Abschluß gefunden hatten; so läßt sich in den Predigten Luthers, Calvins und Zwinglis eigentlich eine ungebrochene Sicht etwa der Gottesmutterschaft und der immerwährenden Jungfräulichkeit Marias erkennen; ja ihre Aufnahme in den Himmel ist z. B. von Zwingli durchaus anerkannt[8].

Vielleicht ist eine ausgewogene Stimme, die in diesem Zusammenhang kaum zitiert wurde, dazu hörenswert. Thomas More (1477/78–1535) schreibt an seine Tochter Margaret und hält dabei die Streitfrage eben in der Schwebe, in der sie damals für alle Seiten war: „Ich erinnere mich auch nicht, ob dies (= die Erbsündenfreiheit Marias) bis jetzt von einem Allgemeinen Konzil entschieden und festgelegt worden ist. Aber daran erinnere ich mich wohl, daß der Hl. Bernhard (...) gegen diesen Teil ihres Ruhmes war, wie aus einem Brief von ihm hervorgeht, in dem er eifrig und mit vielen Gründen dagegen schreibt und auch die Einrichtung jenes Festes nicht billigt. Und er war auch nicht allein mit dieser Meinung, sondern viele gelehrte, ja heilige Männer waren auf seiner Seite. Auf der anderen Seite aber stand der Hl. Bischof Anselm, und auch er nicht allein, sondern noch sehr viele gelehrte und tugendhafte Männer. Und doch sind sie beide zwei selige Heilige im Himmel und viele andere ebenso, die auf beiden Seiten standen. Es war aber keine Seite verpflichtet, ihre Meinung zu ändern um der anderen willen und auch wegen eines provinziellen Konzils nicht. Aber genauso wie nach der Entscheidung eines rechtmäßig zusammengerufenen Allgemeinen Konzils jeder Mensch verpflichtet ist, sich danach zu richten (...), und keiner, der vorher die gegenteilige Ansicht vertreten hätte, deshalb getadelt werden kann – genauso würde ein Mensch, der vor einer solchen Entscheidung geschworen hätte, die andere Meinung gegen sein Gewissen zu unterstützen und zu verteidigen, ganz bestimmt Gott schwer beleidigt haben[9]".

Der Marienverehrung der Reformatoren ist freilich eine weit größere Zurückhaltung anzumerken[10], die in der Tat vor dem Hintergrund vielfacher Übertreibungen, ja Mißstände, gelesen werden muß. Im ganzen ist für die theologische Einstellung jedoch festzuhalten, daß der Unterschied der Konfessionen in bezug auf die Mutter Jesu wenigstens anfänglich weit weniger ausgeprägt war, als es nun, durch die geschichtlichen Erfahrungen angereichert, erscheint. Aus Luthers Marienlob nur eine einzige temperamentvolle Stelle: „Es wäre billig gewesen, daß man ihr einen goldenen Wagen bestellt, sie mit 4000 Pferden geholt, wohlgerüstet und gesungen hätte: Hier fährt die Frau über allen Frauen des menschlichen Geschlechts. Es sollten billig alle Berge gehüpft und getanzt haben"[11].

Maria in humanistischer Literatur und Poesie

Auf dem reizvollen, weil fast unbekannten und recht eigenständigen Feld der Renaissance-Literatur zu Maria begegnet man noch intensiver dem gedanklichen Hintergrund der Zeit. Gerade am Bild Marias versucht sich das Menschliche selbst zu deuten, über sich Klarheit zu gewinnen. Das Bild dieser Frau kann so in zwei Richtungen gezeichnet werden: zum einen in ihrer geschichtlichen Einzigkeit, zum anderen in einen Typos von Fraulichkeit, an dem sich (weibliche) Existenz selber messen kann und messen lassen muß.

Zur Annäherung des Humanismus an Maria sind drei Vorbemerkungen nötig. Im Quattrocento gehört zu den herausragenden Leistungen die Neufassung der philologischen Methode: die Rekonstruktion des Wortsinnes in seinem geschichtlichen Umfeld. Hier steht an erster Stelle der Name von

Lorenzo Valla (1407–1457), der mit Hilfe der Textkritik Fälschungen, ungeschichtliche Zuweisungen, Sprachverderbnis anprangerte, umgekehrt aber eine Erneuerung des Denkens durch das richtige Sprechen anstrebte. Die Kritik an der theologischen Sprachlichkeit und an autorisierten Texten der Kirchengeschichte gehört zur einen Seite humanistischer Philologie; auf der anderen Seite wird die Bibel neu zugänglich gemacht (Erasmus von Rotterdam gibt zunächst den griechischen Text kritisch heraus, Luther übersetzt die Bibel ganz). Mit der gelungenen Sprachreinigung gewinnt auch das Reden über religiöse Zusammenhänge eine neue Frische und Eindringlichkeit; die überladene scholastische Terminologie wird gerade in der Laiensprache überhaupt fallen gelassen – das menschliche Interesse an der Mariengestalt wird nun auch durch die Alltagssprache sagbar.

Ein zweites Moment muß wenigstens gestreift werden: Mit dem Emporkommen des Neu-Platonismus durch Marsilio Ficino ab 1470 ist insbesondere die Bedeutung der Schönheit als eines Kennzeichens des Göttlichen bewußt geworden. In der Schönheit gerade der Frau wird gleichsam eine Epiphanie Gottes sichtbar; die Antwort darauf besteht in einem Hingerissenwerden, einem unmittelbaren Berührtsein, der Liebe im Sinne von Raserei, Furore. In den Preis des Menschlichen gehört nun unabdingbar der Verweis auf Schönheit. Wiederum wird die Beziehung zu Maria durch solche erlebte Schönheit überwältigend; die Töne der Preisung geraten überschwenglich. Daß hier eine Grenzlinie zum Göttlichen selbst leicht überschritten werden kann, zeichnet sich bereits ab. Trotzdem gehört es renaissancehaft zur unbedingten Steigerung des Menschlichen, es in einen solchen Umkreis des unwiderstehlich Göttlichen zu rücken.

Das dritte Moment war unterschwellig schon mitgenannt: das individuelle Porträt wird wichtig, ja unverzichtbar. Privates interessiert, das eigene Gesicht wird gesucht. Hier nimmt sich die eigene Erfahrung heraus, Selbsterlebtes in die Wohnstube von Nazaret zu übertragen, eigene Lebensfreude in Maria zu spiegeln, eigene Hilflosigkeit in ihrer Lebensgeschichte auszumalen. Die Mutter, die Dame, die Aristokratin, die Bürgerin, die Ehefrau Maria wird porträtiert, nicht nur in der bildenden Kunst. Dieser „Voyeurismus" hat durchaus Tadel gefunden, nur ist es ein Tadel unserer Zeit: „Auf der Flucht vor einem trockenen Intellektualismus suchen viele das Leben in der Einbildungskraft und im Gefühl. (...) Die Entwicklung der Kunst läßt uns dieses Abgleiten vom Mysterium zum Naturalismus und vom Naturalismus zur Künstelei deutlich wahrnehmen: Im 13. Jahrhundert ersetzt man die majestätischen romanischen Madonnen, die der den Leidenschaften unzugängliche Thron der menschgewordenen Weisheit sind, durch einen neuen Typ von graziösen Madonnen, die mehr ihr Lächeln als ihren Sohn zeigen, der von seinem Platz auf dem Schoß nach der Seite rückt. Die nüchterne und hieratische Kleidung weicht weiblicherem Putz, wobei der Faltenwurf der Gewandung immer reicher wird. Allmählich verfällt man dem Manierismus und der Theatralik"[12].

Freilich ist gerade hier zu bedenken, daß nicht so sehr das Gefällige, sondern in der Tat das Menschliche der Mutter vor dem Hintergrund des ungeheuren anthropologischen Ausgreifens der Epoche gesucht wird. Vom „Handgreiflichen" dieser Beziehung wurde schon gesprochen. Es steigert sich freilich auch durch eine apokalyptische Angst vor dem nahenden Jahr 1500, in dem wieder einmal der Untergang der Menschheit angesagt war. Dürer zeichnet seine Apokalypse im Jahre 1498; Michelangelo malt in der Sixtina 1508–1512 das Weltgericht in der seltenen Fassung der Verdammnis. Die Furcht wurde so überbordend, daß das Laterankonzil 1517 ein Reden und Predigen darüber verbot. Luther hatte ja Gott als Erschrecken verstanden, womit er eine seit dem 15. Jahrhundert sich verdichtende Vorstellung vom Weltenrichter neu faßte. Ihm in den Arm fallend war nur noch die Mutter zu denken, so daß sich die Sucht nach dem Habhaft-Werden von Marien-Reliquien immer mehr vergrößerte, aber auch vergröberte. Über die allgemeine Mirakel-Freude hinaus, wie sie Johan Huizinga[13] kennzeichnet (erschreckend in ihrer Dichte, wenn die Phänomene alle zusammengetragen werden), sucht man gerade an Maria möglichst nahe heranzukommen. Die berühmteste Reliquie war der schon erwähnte Gürtel, den sie dem ungläubigen

Thomas hinabwarf: Ghirlandaio malte die Szene im Dom zu Prato, wo dieser Gürtel aufbewahrt wurde. Das Haus von Nazaret, das im 13. Jahrhundert von Engeln nach Loreto getragen wurde, gewann im 15. Jahrhundert ausnehmende Bedeutung; unter Leo X. arbeiteten Andrea Sansovino und Baccio Bandinelli an der künstlerischen Ausstattung des Heiligtums. Örtliche Verehrungen breiteten sich aus: Unsere Liebe Frau vom Feuer in Forlì, Unsere Liebe Frau von der Eiche in Viterbo, Unsere Liebe Frau von der Säule in Mondovi [14], Unsere Liebe Frau vom Schnee (für deren Kirche in Aschaffenburg Matthias Grünewald ein Bild malte).

Abschließend zu diesem allgemeinen Überblick läßt sich wohl sagen, daß in Maria die eigentliche Sehnsucht nach Geborgenheit, nach einem Kraftfeld des Heiligen und Heilenden – das nicht bedrohlich, nicht zerstörend, nicht übermächtig wirkt – ihr Ziel fand. Ein Mensch, der nicht in der Übergröße des Göttlichen, das mit fast heidnischer Furcht beantwortet wurde, verschwand, sondern seine nahen, vertrauten, ja bekannten Konturen behalten hatte. Um so mehr wird an diesem Porträt der mütterlichen Frau gearbeitet; die Psychologie des Religiösen hat sich hier eine eigentliche Zuflucht geschaffen.

Einige genauere Konturen sind nun bei den Nichttheologen aufzusuchen, wobei ebenso Frauen wie Männer in ihrer Marienbeziehung beispielhaft vorgestellt seien. Dabei wird ein Zeitraum von rund zweihundert Jahren durchschritten, in dem freilich unterschiedliche, nicht einhellige Aussagen zu Wort kommen. Aus diesem Mosaik mag sich aber dennoch ein Gesamtgemälde der Marienverehrung in der Renaissance-Literatur herausbilden.

Einen Einsatz dichterischer Preisung gibt die berühmte Christine de Pizan (1364–1430). Mittlerweile gerade in der philosophiegeschichtlichen Frauenforschung besonders gewürdigt, kann Christine de Pizan, die in Paris aufgewachsene Venezianerin, als die erste Berufsautorin Frankreichs gelten; mit ihr beginnt der weibliche Beitrag zur berühmten „querelle des femmes". Ihre Studien zur Frauenfrage leisten einen Neueinsatz des Denkens mit der ungewöhnlichen ‚La Cité des Dames', um nur ein einziges ihrer Werke zum Thema Frau zu nennen [15].

Christine hat relativ unbekannte Gebete in altfranzösischer Sprache zu „Nostre Dame" um 1402 verfaßt. Sie stehen am Anfang einer Frauendichtung, die Maria in einer Mischung von offiziellem Gebet und persönlichem Ton anruft, wobei die Abfolge der Bilder in einem litaneiartigen Aufbau, unter deutlicher Anlehnung an den Rosenkranz, vorbeizieht – ein durchaus meditatives Gebet, in dem eine gleichbleibende Struktur die ruhende Mitte vorstellt, während in den wandelnden Inhalten persönliche Not oder Freude spricht. In ‚L'Oroyson Nostre Dame' finden sich 18 Gebete (die Zahl sprengt die herkömmlichen 15 Gebete des Rosenkranzes): zunächst eine Anrufung Marias, darauf ein Väterzeugnis, danach die offizielle Bitte, die hier noch kaum auf persönliche Nöte eingeht, sondern hierarchisch von oben nach unten die Berufsstände des christlichen Abendlandes bedenkt. In diesem strengen Aufbau hat Christine jedoch nicht nur Gelehrsamkeit, höfische Sprache, offizielle Adressaten versammelt, sondern es gelingen ihr in diesem Rahmen Wendungen von hohem poetischen und religiösen Reiz. In bezug auf Maria die schönen, noblen Bilder: „Doulce Dame", „pure et ferme", „Dame des angelz très courtoise", „Tresoriere", „Fontaine, pleine de pitié", „Coulombe simple, sade et blanche".

Als Zeugen ihrer Aussagen zählt sie die Väter auf, mehrfach Bernhard, Hieronymus, Augustinus, aber auch Ambrosius, Anselm und Cassiodor – wohl einerseits um ihre Belesenheit (vor dem Hintergrund der Bildungsfrage, die für Frauen umstritten war) darzulegen, andererseits um ihre Anrufungen gerade in den Rahmen theologischer Sicherheit über alle persönlichen Empfindungen hinaus zu stellen. Dieses „Offizielle" findet sich in der erwähnten Hierarchie der Bitten: sie rufen Hilfe an für die ganze Christenheit, die Heilige Kirche, alle Prälaten, den König von Frankreich, die Königin von Frankreich, den Dauphin, die Kinder des Königs, den Herzog von Orléans etc., bis sie am Ende dann in die Ebene des Alltags und damit in Christines eigenes Umfeld geraten; so wird sie schließlich für „alle Arbeiter dieser Erde" bitten, für „alle Wanderer durch das Fegefeuer", für „das ergebene Geschlecht der Frauen" (die Reihenfolge ist vielsagend) und am Ende für „mich und alle meine Freunde".

Dieser Ton lockert sich, ja gewinnt heimliche Züge einer Selbstdarstellung in ‚Les XV Joyes Nostre Dame'. In fünfzehn Vierzeilern bringt Christine nun ausschließlich persönliche Bitten vor, die den Rahmen schon deswegen sprengen, weil sie ungewöhnliche Freuden Mariens aufzählen, aus dem biblischen Text anders entnommen als sonst üblich, und daran entsprechende Bitten anfügen. Außerdem sind die Freuden auf die Erde beschränkt, irdisch verwirklicht und daher mit dem Merkmal des Menschlichen ausgestattet [16]. Zu den eindringlichen Beobachtungen zählen z. B. die dritte und vierte Strophe: „In deinem Leib bewegte sich dein Sohn", „bei der Wonne, die du beim Stillen empfandest". Hinzu tritt die Freude über die Wandlungswunder bei der Hochzeit von Kana und bei den fünf Broten und elf Fischen, schließlich beim Kommen des Geistes und bei der Aufnahme in den Himmel. Christine bittet, sich an die Freuden hängend, für ihre Seele oder für sich um Bewahrung vor Unheil, um Trost für ihr „verzweifeltes Herz", für ihren Leib (im Zusammenhang mit dem Speisenwunder), für ihren Tod und ihre Erlösung. Alles in allem ergibt sich ein hochformalisiertes, dennoch persönliches Gebet, das in schöner nach-denkender Freiheit mit dem biblischen Stoff umgeht und die weiblichen Züge des Marienbildes kraftvoll hervorhebt.

Um in das Mutterland der Renaissance, nach Italien, zurückzulenken, so verweben sich hier eine Fülle von Einzelzügen der Marienverehrung zu dem angedeuteten Bild reiner, auf Gott hin durchsichtiger Menschlichkeit, zu dem von der Epoche so sehr gesuchten modellhaften *humanum.* Auch Marias Leiblichkeit wird diaphan, als irdische auf das Himmlische geöffnet – ein vielfach großer, überzeugend anrührender Versuch, gegen die Tendenz zur Entleiblichung, ja Prüderie, und zur sinnlosen De-Carnation Jesu wie Marias den durchgeistigten, ganzen und wahren Leib des Menschen in seiner Würde gedanklich und gläubig zu gewinnen.

In große Dimensionen übersetzt ist dieser Versuch mit dem

Bau des Domes von Florenz, Santa Maria del Fiore, geweiht durch Eugen IV. am Fest der Verkündigung (25. März) 1436. Dieser Dom ist in seiner Gestalt anthropometrisch, den Proportionen des Menschen nachgebaut: menschlicher Leib als Haus des Göttlichen, menschlicher Leib als Ort der Epiphanie. Daß das Ganze auf Maria bezogen ist, öffnet die Assoziation weit und theologisch stimmig (und – nicht zu unterschätzen – künstlerisch ergiebig). Kirche, die sichtbar-sinnliche und die unsichtbar-entzogene, auf menschlichen Leib und göttlichen Geist hin gestaltet und in dieser Spannung unter dem Namen Marias in eine lebendige Fassung gebracht – darin begreift sich dieser architektonische Versuch. Giannozzo Manetti (1396–1459), dem der Humanismus die programmatische Arbeit ‚De dignitate et excellentia hominis' verdankt und darin den Preis des menschlichen Leibes als Höhepunkt der Schöpfung, hat die Anthropometrie von S. Maria del Fiore genau konturiert [17].

Ins dichterische Wort gebracht und lebensmäßig verdeutlicht wird die unbedingte Menschlichkeit Marias in dem biographischen Gedicht ‚Partenice' (Bologna 1488) von Baptista Mantovani (oder Spagnoli) (1447/8–1516). Gebürtig aus Mantua, studierte er Philosophie in Padua, wurde 1472 im Karmeliterorden ordiniert, 1513 zum Ordensgeneral gewählt und 1885 von Leo XIII. seliggesprochen. Die dichterische Qualität dieses Vielschreibers (mehr als 55 000 Verse!) ist umstritten; der Literaturkritiker Scaliger nannte ihn „nicht ohne Begabung, aber ohne Kunst" [18], während Erasmus von einem „christlichen Vergil" sprach [19]. In der ‚Partenice' jedenfalls gelingen ihm – inspiriert von apokryphen Quellen – frische Bilder, nicht unsinnlich, von reizvoller Ästhetik. Am Vorabend der Eheschließung erscheint Maria folgendermaßen:

„Nicht allzu kräftig, zarte, doch nicht schwache Glieder, unversehrt, von Krankheit frei, nicht von Körperschwere begraben die Sinne; Haar, Haupt, Gesicht, Busen, Arme, Nacken, Hände, die äußeren Glieder: Gott hatte sie verbunden in kunstreichem Gefüge" [20].

Auch die Begegnung mit der Mutter Anna ist nicht getrübt von Vorwürfen (apokrypher Herkunft), weshalb die Tochter heirate; Maria enthüllt ihr den Vorsatz, dennoch jungfräulich zu bleiben. Anna leidet im Stillen unter der Wahl der Tochter, und, psychologisch fein beobachtend, schildert Mantovani ihr inneres Selbstgespräch bei der Rückkehr nach Hause, ob nicht an Marias Ohr die alten Gerüchte über ihrer Mutter Unfruchtbarkeit dringen könnten. Gott selbst überzeugt Maria inzwischen von der Aufgabe der Ehe; hier malt Mantovani freilich die Alterskälte Josefs aus[21]. Im Vergleich zu weit prüderen Versuchen[22] hält sich die Biographie Marias im Rahmen erfahrbarer Menschlichkeit und nachvollziehbarer Dramatik – freilich mit dem Wunsch nach allseitiger Vollendung, unübertrefflicher Größe. So fällt auch Mantovani in die ungeschichtliche Idealisierung der Jungfrau als der all-gebildeten Literatin, Studentin, Intellektuellen:

„Was immer die göttlichen Bände des heiligen Gesetzes enthalten, was immer in der Araber Bücher steht: sie prüft es, auch
alle Annalen der Griechen, Triumphe der Römer,
und wieviel Latinisches Blut vergossen die Waffen
der Punier, von wieviel Seekriegen sich rötete das Meer;
welche Feldherrn Troja nahmen (...)
Was immer daran überzogen, was grausam und voreilig war
und was, keine frommen Sitten beweisend,
sie verletzte, verurteilte sie, die Bienen nachahmend beim Lesen“[23].

Zu dieser Übertreibung (wohl auch: Aktualisierung gemäß dem Zeitgeist) gehören die nicht seltenen hagiographischen Anmerkungen, Maria selbst habe bestimmte Heilige das Lesen gelehrt[24]. Diese Anmerkungen zielen in die Richtung einer unüberbietbaren Einzigkeit, sprachlos machenden Totalität des Übermenschen Maria (und auch dieses Übermaß hat noch einmal Renaissance-Antrieb): „Sie allein vermag bei Gott mehr als alle anderen Heiligen gleichzeitig und alle anderen Geschöpfe“ – so ein Predigttitel[25].

Hier liegt auch die Überzeichnung der einzelnen Glieder der Jungfrau in eine symbolische Bedeutung nahe – eine heute kaum noch ansprechende Balance zwischen fast peinlich Handgreiflichem und frommer Meinung. So geht es dem anonymen Autor einer ‚Loda singulare de la verzene Maria' des Quattrocento um die Brüste der Jungfrau [26]. Schwülstige Überhöhungen dieser Art lenken nicht nur bereits auf die reformatorische Kritik hin, sondern setzen auch andere, gelungenere Versuche des Marienlobes in ein helles Licht.

Zu einer solchen sprachlich und bildlich gelungenen Aussage zählt das Hauptwerk des großen humanistischen Dichters Jacopo Sannazaro (1456–1530) aus Neapel, sein christliches Epos ‚De partu virginis', das nach mehr als zwanzigjähriger Bearbeitung 1526 in Neapel erschien. Als Nachfolger des Gioiano Pontano in der Leitung der Accademia Pontaniana seiner Heimatstadt erwarb Sannazaro intellektuellen und politischen Ruhm; sein Epos erfuhr im 16. Jahrhundert mindestens 17 Drucke und wurde noch bis zur Aufklärung mehrfach neu aufgelegt [27]. Marias Leben in bezug auf den Gottessohn wird weder bläßlich-unirdisch noch mit den erwähnten Peinlichkeiten geschildert; Sannazaro leistet in gewisser Weise eine Verleiblichung der Geheimnisse Marias, so auch bei der Verkündigung:

„Jedoch der Leib (...),
ohne Gewalt, ohne Verletzung der Scham,
Schwoll an vom geheimen Wort: strahlende Kraft, gewirkt aus der Höhe,
steigt herab, Gott selbst, Gott, durch alle Gliedmaßen
gibt er sich hin und mischt sich dem Schoß: von ihm berührt,
erschauerten plötzlich die Eingeweide" [28].

Oder vor der Geburt:

„Die selige Mutter hatte keine Bewegungen im Schoß
oder anhebende Stöße der sich senkenden Last
empfunden; noch hingen die Eingeweide unbewegt verschlossen" [29].

Die ausdrücklich menschliche Madonna, in schöner Unbefangenheit in ihren leiblichen Veränderungen dargestellt und ein ausdrücklich menschliches Kind gebärend, ist durchaus nicht unreligiös oder „entgöttlicht" gedacht. Wenn Leonardo da Vinci (1452–1519) überhaupt den Heiligenschein um Maria, Anna und Christus verschwinden läßt, so drückt dies künstlerisch aus, was die Epoche auch theoretisch wünscht: die Unterscheidung von heilig und nichtheilig an keinen sichtbaren „zusätzlichen" Merkmalen mehr festzumachen, sondern an der gelebten, vollkommenen Menschlichkeit abzulesen.

Neben diesen Annäherungen scheint es im italienischen Quattrocento nicht viele profanwissenschaftliche, nämlich philosophische Versuche von Humanisten gegeben zu haben, Maria auch denkerisch zu beleuchten und die Herausforderung der Glaubensaussagen über sie rational anzugehen. Eine der seltenen Ausnahmen liegt vor mit dem gebürtigen Kreter Giorgio Trapezunzio/Trebisonda (1395–1485), der als Emigrant in Italien lateinische Werke verfaßte und in dem unvollendeten Essay ‚De sanctificatione matris domini nostri ab utero' argumentativ das Thema der immerwährenden Jungfräulichkeit auch bei der Geburt behandelte. Denn wenn Maria bis zur Geburt als *immaculata* geglaubt werden müsse, könne der Geburtsvorgang ihr diese Auszeichnung doch nicht zerstört haben. A fortiori: der Sohn, der durch sein Erscheinen alles bereichert habe, könne doch nicht gerade seine Mutter durch eben dieses Erscheinen berauben[30]. Eine Theo-Logik also mit einem neuen gedanklichen Ausblick.

Zu verzeichnen sind natürlich auch Gegenbewegungen gegen eine übertriebene, zum Aberglauben neigende Anrufung der Mutter Gottes. Aeneas Silvius Piccolomini, nachmalig Pius II. (1405–1464), nennt in einem reizvollen Gedicht ‚De beata virgine' Maria mit einer schönen Doppelformel: „Mater honesta Dei, mater honesta hominis"[31]. Zugleich klingt der Widerspruch an gegen ihre „Bestechung", das aufklärerische Motiv gegen den Opferhandel bricht durch:

„Keine Gaben wird sie erbitten, suche nicht Böcklein zu opfern: der gute Sinn allein gefällt, der gute Sinn allein genügt"[32].

Daß die Reformation auch im humanistisch-freigeistigen Umfeld vorbereitet wurde, zeigt das Beispiel des eigenartigen Luigi Pulci (1432–1484), der die Bibel mehrfach ins Menschlich-Lächerliche zog, den Rosenkranz und die gemurmelten Gebete verspottete und meinte, daß man bei einer Pilgerfahrt „nur Läuse auflesen könne“[33].

Ein außerordentlich eigenartig berührendes Zeugnis der Annäherung an Maria, fast ein Porträt des Zeitgeistes in nuce, liefert der spanische Humanist und *converso* Juan Luis Vives (1492–1540) aus Valencia. Als Philologe, Pädagoge, Philosoph humanistischer und antischolastischer Prägung im Umkreis von Erasmus und Thomas More lebend, schrieb er in den Niederlanden, seiner Wahlheimat, 1514 eine bisher nicht interpretierte ‚Virginis Dei Parentis Ovatio‘[34]. Hier wird die pagane Einordnung der Mutter Jesu in die Götterwelt der Antike, in die Bildlichkeit eines römischen Triumphzuges, in die mythischen Urbilder von Weiblichkeit vollzogen – mit einer so ungebrochenen Selbstverständlichkeit, die kaum mehr auf neutestamentliche Bilder zurückgreift, daß gerade in diesem zeitgenössischen Theater die „Anverwandlung“ des Marienbildes am vollendetsten durchgeführt ist. (Erneut wird verständlich, warum die Reformation gegen die heidnischen Deutungen der Bibel zu Felde zog.) Vives hat zweifellos als Kind seiner Zeit die merkwürdigste Renaissance-Transformation jüdisch-christlicher Bilder in griechisch-römische Vorstellungswelt geliefert.

Die ‚Ovatio‘ setzt ein mit der Beschreibung eines Triumphzuges, mit dem die Mutter zum *Deus Optimus Maximus* gefahren wird. Ihre Ruhmestitel wechseln: zum einen ist sie die „Jungfrau, noch wahrhafter als Penthesilea, die Anführerin der Amazonen, d.h. der Frauen ohne Brüste“, wie Maria gemäß dem Hohenlied „unsere kleine Schwester ist, die noch keine Brüste hat“[35]. Eine andere Folge von Anrufungen lautet eigenartigerweise: „O Mädchen, o Braut, o Witwe, o Mutter“[36] wobei der Ausdruck *vidua* sich möglicherweise auf ihr Verhältnis zu Josef bezieht. Die Extravaganz von Vives gipfelt schließlich mit dem Bild des Pegasus, des Flügelpferdes, auf welches sich die *Imperatrix Puella* setzt, mit der Myrten-Krone, dem „Zweig der Siegerin Venus“, bekrönt, der Venus damit zugleich ähnlich geworden wie über sie triumphierend[37].

Mit diesem Flügelpferd trifft sie auf dem Triumphweg den Sohn, zum *Praetor* designiert, der sie mit ungeheurem Auflauf des himmlischen Volkes zum Vater geleitet[38]. Seine Rede hebt an mit den Worten: „Wohlan, tapferste Herrscherin", und endet mit der Einsetzung auf die Cathedra des Ruhmes[39].

Die Rede schließt mit einer merkwürdigen Ambivalenz: ein Gesprächsteilnehmer nennt die Ausführungen des Vives „Fabeln". Vives verteidigt sich (und damit seine humanistisch-heidnische Szenerie) mit dem Hinweis, daß in der Überlieferung der Alten sehr wohl Fabeln, aber auch sinnvolle Ausschmückungen enthalten seien. Gleichwohl kennt er die Versuchung und benennt sie mit folgender Frage: „Wer sieht nicht, daß eine Zeit begehrt wird, wo man die Ohren von der Wahrheit ab und den Fabeln zuwendet?"[40] Um so deutlicher sei aber die heidnische Welt durch die Konzentration auf den christlichen Stoff – nach wie vor wohl in der heidnischen Form? – zu überwinden.

Von hier aus ergibt sich ein wohltuend anderer Weg zu der nüchternen, vorsichtigen, abwägenden Haltung des Erasmus von Rotterdam (1469–1536). Erasmus hatte in seinen ‚Colloquia', lebendigen Gesprächen über die Zeitverhältnisse, im ‚Naufragium' (‚Schiffbruch') bereits moniert, die Seeleute würden die Jungfrau-Mutter anrufen, „die an die Stelle der Venus getreten ist, welche nicht genau eine Jungfrau war". Erasmus wird eine Reinigung der Marienverehrung verlangen, die durchaus dem biblischen Geist entspringt und den Unterschied zwischen Gott und Maria als wesentliches Element der Frömmigkeit hervorkehrt. Die lebhaften Gespräche sind im übrigen ein hervorragender Zeitspiegel der Probleme, von denen die Reformation befruchtet wurde (bekanntlich ohne daß Erasmus sich Luther anschließen konnte). Seine Marienfrömmigkeit ist durchgängig stark, frei von Übertreibungen, um Wahrheit bemüht. 1489 verfaßte er die ersten Mariengedichte. 1512 besuchte er den berühmten Marienwallfahrtsort Walsingham; als literarische Frucht entstand ein ‚Carmen Votivum' (1515 gedruckt in den ‚Lucubrationes').

Die satirische Frucht derselben Wallfahrt wird freilich in dem gleichnamigen Colloquium reifen: Erasmus zitiert einen Brief der Jungfrau Maria (mit dem Beinamen „vom Stein" in Basel), der auf dem Stuhl des Predigers in der genannten Kirche von einem Engel niedergelegt worden sei. In diesem Brief zeigt Erasmus nicht nur allen Mißbrauch von Gelöbnissen, Versprechen, Opferhandlungen, sondern stellt auch die Gestalt Marias in ihrer Unbestechlichkeit, ihrer biblischen Schlichtheit, ihrer unbedingten Nähe zum Sohn (gegen die Reformation) meisterhaft heraus. Seiner Unbekanntheit, aber auch seiner literarischen Dichte wegen sei dieser Brief im ganzen zitiert[41]:

„Maria, die Mutter Jesu, grüßt den Glaukoplutus. Wenn Du als Gefolgsmann Luthers mit Nachdruck die Anrufung der Heiligen als unsinnig bezeichnest, sollst Du wissen, daß Du darum bei mir in großer Gunst stehst. Denn früher brach ich fast unter der Last aufdringlicher Menschenbitten zusammen. Von mir allein wurde alles erfleht, als ob mein Sohn immer nur ein unmündiges Kind wäre. Man stellt ihn ja in Bildwerken und Gemälden immer so an meinem Busen dar, daß er bis jetzt vom Wink der Mutter abhängt und meinem Bitten nichts abzuschlagen wagt, gleichsam in Furcht, ich möchte auf eine solche Ablehnung hin ihm selbst die Brust versagen, wenn er durstig ist. Manchmal bittet die Menge mich als Jungfrau um Dinge, die ein schüchterner Jüngling kaum bei einer Kupplerin anbringen würde und die ich nicht gern einem Brief anvertraue. Irgendein profitgieriger Händler, der zur See nach Spanien reist, gibt die Keuschheit seiner Beischläferin in meine Obhut, und eine entlaufene Nonne befiehlt mir den Ruf ihrer Reinheit an, den sie selbst aufs Spiel setzt. Ein gottloser und zum Metzeln gedungener Landsknecht ruft mir zu: ‚Heilige Jungfrau, gewähre mir eine reiche Beute!' Der Würfelspieler fleht: ‚Heilige, gib mir Glück; ein Teil des Gewinnes soll Dir gehören!' Wenn der Wurf mißlingt, überhäufen sie mich mit Schmähungen und verfluchen mich, weil ich ihr finsteres Treiben nicht förderte. Der schäbige Gschaftlhuber fleht: ‚Gib reichen Ertrag!' Schlage ich ihm etwas ab, keift er sofort: ‚Du kannst keine Mutter der Barmherzigkeit sein.' Die Bitten anderer sind wieder weniger unverschämt als läppisch. Die Unverheiratete fleht: ‚Maria, gib mir einen wohlgestalteten und reichen Bräutigam!' Die Verheiratete: ‚Gib mir hübsche Kinder!' Die Schwangere: ‚Gib mir eine leichte Geburt!' Alte

Frauen möchten von mir ein langes Leben ohne Husten und Fieber haben, schwachsinnige Greise wollen mit meiner Hilfe wieder jung werden, Philosophen soll ich helfen, unlösbare Knoten zu knüpfen. Der Geistliche bittet um eine fette Pfründe, der Bischof um Obhut für seine Kirche. Der Seemann ruft: ‚Gib mir günstigen Wind!' Der Präfekt: ‚Zeige mir Deinen Sohn, bevor ich sterbe!' Der Höfling: ‚Gib mir ein reumütiges Geständnis in der Sterbestunde!' Der Bauer: ‚Gib zeitig Regen!' Und die Bäuerin: ‚Bewahre Schaf- und Rinderherde unversehrt!' Verweigere ich etwas, bin ich gleich grausam, und wenn ich auf den Sohn verweise, höre ich: ‚Jener will alles, was Du willst.' Bin ich auf diese Weise nicht allein als Weib und Jungfrau die Schutzherrin der Schiffer, Kriegsleute, Kaufleute, Spieler, Brautleute, Kindbetterinnen, Staatsmänner und Bauern? Was ich aufgezählt habe, ist noch wenig im Vergleich zu dem, was ich wirklich ertragen muß. Diese Mühen fallen mir nun sehr viel weniger zur Last. Ich würde Dir dafür sehr dankbar sein, wenn dieser Vorteil nicht einen noch größeren Nachteil mit sich brächte. Ich habe zwar mehr Ruhe, aber auch weniger Ehre und weniger Einkünfte. Früher grüßte man mich mit ‚Königin des Himmels, Herrin der Welt!', jetzt höre ich kaum noch von wenigen ein ‚Ave Maria!' Einst war ich in Edelsteine und Gold gekleidet, konnte nach Belieben mein Gewand wechseln und bekam Gaben aus Gold und edlem Gestein, jetzt besitze ich kaum einen spärlichen Kapuzenmantel, den die Mäuse obendrein zerfressen haben. Die Einkünfte eines Jahres aber sind kaum so hoch, daß ich eine elende Kirche unterhalte, in der nur ein Laternchen oder ein Talglicht flackert. Das alles könnte man noch hinnehmen, wenn Du nicht angeblich noch Schlimmeres ins Werk setzen würdest. Wie man sagt, willst Du den gesamten Heiligenkult aus den Kirchen verbannen. Sieh nur zu, was Du treibst! Die anderen Heiligen haben schon ein Mittel, jedes Unrecht zu rächen. Wenn Du den Petrus aus dem Tempel wirfst, kann er Dir den Zugang zum Himmelreich versperren, Paulus hat ein Schwert, und Bartholomäus ist mit einem Messer bewaffnet. Unter der Mönchskutte ist Wilhelm ganz in Waffen und trägt eine schwere Lanze. Was willst Du aber gegen den waffenstarrenden Ritter Georg ausrichten, der mit Lanze und Schwert gleich furchtbar ist? Auch Antonius ist nicht wehrlos; er hat das heilige Feuer. So haben auch die übrigen ihre Waffen oder doch Übel, die sie jedwedem schicken können. So wehrlos ich nun dagegen bin, wirst Du mich nur zusammen mit dem Sohn hinauswerfen können, den ich auf meinen Armen trage. Von diesem lasse ich mich nicht trennen. Entweder wirst Du diesen zusammen mit mir austreiben oder uns beide drinnen lassen, wenn Du nicht lieber eine Kirche ohne Christus hast. Das wollte ich Dir mitteilen. Überlege Dir nun Deine Antwort; denn mir liegt die Sache sehr am Herzen. Gegeben in unserm Hause am Stein am 1. August des 1524. Leidensjahres meines Sohnes. Ich, Jungfrau vom Stein, habe eigenhändig unterschrieben."

Für Erasmus besteht Marienfrömmigkeit zweifellos nicht in äußerlichen Gaben, die er als heidnisch verwirft, sondern in der ethischen Haltung. „Wir zählen der Jungfrau Rosenkränze und Grüße auf. Warum zählen wir ihr nicht lieber den ihr zuliebe bezwungenen Stolz des Herzens, die unterdrückte Begierde und das vergebene Unrecht auf?"[42] Die ästhetische Revolte, von dem Humanisten gegen alle mittelalterlichen „Handgreiflichkeiten" vorgeschlagen, spielt ebenso eine bedeutende Rolle: „Warum setzen sie denn die Kröte zur Heiligen Jungfrau? – Weil sie allen Unflat und Schmutz, alle Sprödigkeit, Habsucht, ja alle irdischen Begierden besiegt, zertreten und ausgelöscht hat. – Weh uns, daß wir eine solche Kröte in unserem Inneren hegen!"[43] Letztlich kommt eine soziale Vision zum Vorschein: die kostbare Ausstattung der Marienkirchen wie aller anderen Kirchen verstößt geradewegs gegen die Mütterlichkeit Marias. „Gewiß (...) soll der Bau eine erhabene Wirkung erzeugen, aber wozu dient die Unzahl der Taufkapellen, Kandelaber und goldenen Statuen, wozu die ungeheuren Kosten für Orgeln? (...) was soll denn dieser musikalische Ohrenschmaus, für den man erhebliche Aufwendungen macht, während unsere Brüder und Schwestern, die lebendigen Kirchen Christi, vor Ungepflegtheit und Hunger dahinsiechen?"[44]

Erasmus geriet ferner in eine theologische Streitfrage von größerer Bedeutung, da sie auf einer veränderten anthropologischen Sicht Marias beruhte. In seiner Übersetzung des Engelsgrußes formulierte er *gratia plena* als „Du Begnadete" mit der Bemerkung, dieser Gruß verrate gleichsam einen Liebhaber und seine Liebesbezeugung. Den Theologen schien damit die Tiefe der theologischen Tragweite, an der ja auch die Erbsündenfreiheit Marias festgemacht wurde, nicht hinreichend erfaßt, während Erasmus eigentlich die Liebesbeziehung Gottes zu Maria unter gleichsam menschlichen Gesichtspunkten anschaulich machen wollte. Er nahm diese Übersetzung nach einer längeren Diskussion zurück, wie er überhaupt den klassischen Lehren der Kirche grundsätzlich verbunden bleiben wollte. Zeichen dafür ist seine Votivmesse zu Ehren Unserer Lieben Frau von Loreto (1523), in deren Mittelpunkt der Bezug Marias auf ihren Sohn hervorgehoben wird. In der zweiten Auflage (1525) schloß Erasmus eine Predigt an, in welcher er Lob, Ehre, Anrufung und in besonderer Weise Nachahmung Marias als Kennzeichen echter Marienfrömmigkeit hervorhob. Es wäre wohl zutreffend, Erasmus' Beziehung zu Maria in der klassischen Nüchternheit des Satzes zusammenzufassen: „So wehrlos ich nun dagegen (d. h. gegen Angriffe) bin, wirst Du mich nur zusammen mit dem Sohn hinauswerfen können, den ich auf meinen Armen trage. Von diesem lasse ich mich nicht trennen. Entweder wirst Du ihn zusammen mit mir austreiben oder uns beide drinnen lassen, wenn Du nicht lieber eine Kirche ohne Christus hast"[45].

In eine vergleichsweise noch strenger biblisch orientierte Welt, die sich die Forderungen der Reformation tief zu eigen gemacht hat, tritt man mit der Gestalt des Jacques Lefèvre d'Étaples (1455–1536). Der Philosophiegeschichte als Philologe, vor allem als Herausgeber des Aristoteles, bekannt, vertritt er die besten Prinzipien des Humanismus: Textgenauigkeit, Sprachreinigung, Überprüfung des Denkens an der Tragfähigkeit des Wortes. An Lefèvre fällt eine Integrität der Bibellektüre auf, die sich nicht nur in einer gewohnten Interpretation, sondern im Ernstnehmen des geschriebenen Wortes ausdrückt und zugleich die Historizität des Bibeltextes bereits in Rechnung stellt, und zwar durchaus ehrfürchtig.

Lefèvre hinterließ Auslegungen von Episteln und Evangelien für die Sonntage im Jahr[46], in denen verschiedene besonders gewichtige Deutungen der Gestalt Marias sichtbar werden. In gewisser Weise ist ein reformatorischer Schub erkennbar, der nicht zuletzt durch Anmerkungen der Zensur verschiedentlich herausgehoben wird, so im Vorwurf, er würde vorgeben, „allein der Glaube an Christus genüge zum Heil"[47]. Vor diesem Hintergrund zeichnet sich eine eingehende Bibellektüre ab, die gerade in bezug auf Maria dem geschriebenen Wort folgt und daher auch einen gewissen historischen Zug aufweist. Gerade in Anbetracht der legendären Ausschmückungen Marias ist die Nüchternheit Lefèvres auffällig.

Ungebrochen geht er von dem dogmatischen Grundbestand der bisherigen Regelungen aus; die Jungfräulichkeit Marias ist ihm unbestrittene Voraussetzung. Zugleich betont er, ähnlich wie Luther, Gott habe die Jungfrau gerade ihrer Demut wegen erwählt: „Er betrachtete die Demut, den Glauben, die Einfachheit seiner Magd"[48]. Wesentlich wird der Blick von Maria auf Gott selbst, indem er sie urbildlich als Grundgestalt des allen abverlangten Glaubens sieht, so daß ihre Transparenz auf Gott einerseits und auf das Christsein andererseits den Vorrang erhält vor aller voyeurhaften Ausschmückung ihrer Gestalt. So fallen Sätze wie: „Alles Gute, alle Ehre, alle Gnade, Tugend und Heiligkeit Marias muß ihrem Sohn, ihrem Schöpfer und ihrem Vater gänzlich zugeschrieben, gegeben und auf ihn zurückbezogen werden. Wer anders handelt, ist blasphemisch und mißfällt, wie ein schlecht sehender und undankbarer Mensch, der Mutter und dem Kind, da er einen bösen Raub begeht, indem er die Ehre des Schöpfers dem Geschöpf zuweist. Dies, ach, erlaubt man an zu vielen Orten, ausgehend von einer kindischen, weibischen und abergläubischen Devotion oder besser: von einer satanischen Illusion"[49]. Gerade die Demütigung unter der mächtigen Hand Gottes läßt aber den „Spiegel und das Beispiel der Demut"[50] den Blick von sich weg auf die einzig entscheidende Frage richten: wie Gott durch den Glauben empfangen werden könne. Hier gelingt Lefèvre eine bedeutende (augustinische) Gegenüberstellung: selbst Maria, die

Gott körperlich empfing, war weit glücklicher darin, ihn in ihrem Herzen durch den Glauben zu empfangen. Die Betonung ihrer ethnischen Abstammung von Abraham, Isaak, Jakob und David dem Fleische nach wird gegenübergestellt dem „unsichtbaren und geistlichen, nicht zeitlichen" Erbe, das in Glaube und Geist und eben nicht im Blut besteht. Erstaunlich genug, daß Lefèvre diesen jüdischen Stammbaum Marias so deutlich hervorhebt, zugleich auch Glauben und Geist als ein wirkliches Erbe Israels bestimmt, dem sich jeder Christ anzuschließen habe: „Die wahre Abstammung, Nähe und sichere Blutsverwandtschaft mit Abraham und David" besteht in der „unsichtbaren und heilsamen Mutterschaft, die Gott in jedem vorfinden will"[51]. So ist die leibliche Abstammung Marias „ein Geheimnis im Herzen"[52]; daher verbietet sich ein übermäßiges (apokryph gespeistes) Interesse am zeitlichen Leben der Jungfrau. „Denn die Heilige Schrift erwähnt ja nie die zeitliche Geburt dieser Jungfrau, von wem oder wann, wie oder an welchem Ort sie geboren wurde"[53]. Für den Gläubigen ist allein die Teilhabe an dieser glaubensmäßigen Mutterschaft entscheidend: „Vom Fleisch zum Geist, vom Tod zum Leben, vom Menschen zu Gott weitergehen"[54]. „Denn die Heiligkeit der Jungfrau Maria ebenso wie die aller Engel und Heiligen des Paradieses wird uns nichts nutzen, außer durch das Wort Gottes, das von uns gebührend geehrt, bewahrt und beobachtet ist"[55]. Marias Heiligkeit kann also nicht ein Ersatz sein; andererseits gilt, daß in ihr exemplarisch alle Frauen (im weiteren Sinne alle Menschen) geheiligt wurden. Im Unterschied vielfach zum Zeitgeist lehnt Lefèvre es ab, im Stammbaum Jesu von „Sünderinnen" zu sprechen: „Im Gegenteil, diese Frauen waren groß durch Frömmigkeit und Glauben; Thamar, Raab, Ruth und sogar Bethsabee, denn ihr Fehler fällt mehr auf David als auf sie"[56]. Diese Aufwertung der Frauen entspricht offensichtlich dem strikten Festhalten am biblischen Wort, in dem Lefèvre weit mehr Erlösung als Verdammung niedergelegt sieht. In der Alternative zwischen Fleisch und Glaube ist ihm unbestritten der Glaube die eigentliche Beziehung zum Göttlichen, und hier gibt es weder Auszeichnungen noch Verwerfungen durch fleischliche Abstammung, Geschlechtszugehörigkeit, Verfehlungen, sofern sie durch den alles überwindenden Glauben für zweitrangig erklärt werden.

Die verhaltene und biblisch grundgelegte Marienfrömmigkeit Lefèvres läßt sich in dem schönen Wort sammeln: „Man muß bis zur Jungfrau Maria weitergehen und nicht dort bleiben, sondern bis zu Jesus Christus gelangen und sich in ihm beruhigen, an ihm festhalten, in ihm gründen"[57]. Daß diese Nüchternheit zugleich sprachlich und gedanklich schön sein kann, ja eine spirituelle Tiefe aufweist, mag die kurze Bemerkung zur „Reinigung Marias im Tempel" aufweisen: „Weder das Gesetz der Reinigung noch der Heiligung der Erstgeborenen waren für die Jungfrau und den Messias notwendig (...) Maria hat also für die Heiligung aller Frauen gehandelt (...) Die Jungfrau, fern von ihrer Wohnung und vielleicht gleichermaßen aus Not, opfert nur Turteltauben, wovon die eine für die Sünde steht – sie, die ohne Sünde ist. Aber war nicht Christus das erforderliche Lamm?"[58]

Von dieser gediegenen Orientierung am Biblischen zurück zu den mehr empfundenen, menschlich zugänglichen Zügen der Mutter, also zu dem, was Lefèvre ein „Ahnen"[59] nannte, das ihm persönlich nicht lag.

In den folgenden Mariendeutungen, die alle von Frauen stammen, ist erneut dem psychischen Einfühlen in eine menschliche Geschichte Raum gegeben. Hieran zeigt sich, daß sich die Gestalt Marias auch in der Hochrenaissance zwischen den beiden Polen der biblischen Kargheit einer auf Gott transparent gesehenen Frau und des reichen Ausschmückens geahnter Freuden wie geahnter Schmerzen bewegte. Wohl nicht ganz zufällig nehmen Frauen, denen das Studium der Theologie und damit historisch-philologische Nüchternheit nicht zur Verfügung standen, das Ausbilden dieses fraulichen Schicksals wahr. Über alle mystische Innerlichkeit hinaus, werden Dichterinnen und Schriftstellerinnen der Hochrenaissance vielfach sogar eine Art Selbstporträt kraft der Identifikation mit Maria zeichnen.

Noch verhalten, aber doch deutlich mit dem menschlichen Schmerz des Mutterdaseins befaßt, schreibt Vittoria Colonna (1490–1547), die wohl berühmteste Dichterin des 16. Jahrhunderts, die bis zum heutigen Tag Weltrang beansprucht, ein Sonett mit dem Titel ‚Pietà'. In dieser strengsten Gedichtform vermittelt sie etwas Rührendes, ja gerade der Gegensatz zwischen der vorgeschriebenen Festigkeit des Verses und den anbrandenden Gefühlen zeigt die Meisterschaft der Colonna. Inhaltlich lebt das Gedicht von dem Unterschied zwischen Glauben und menschlicher Erfahrung – im genauen Gegenzug zu Lefèvre. Denn in Marias Seele beginnt sich glaubensmäßig bereits abzuzeichnen, der tote Sohn auf ihrem Schoß werde ihr noch „Auferweckungskunde", ja „Triumph" zusprechen; und über das Psychische hinausgehend kommt ihr eine ähnliche Zusage aus „Gottes Munde" zu. Und dennoch: gegenüber diesem göttlichen Ausblick ist der Schmerz des Menschlichen heftiger, fordert zutiefst sein Recht.

„Doch die als echte Mutter Ihn gebar –
Ob sie Ihn auch erkannt in seinem Ruhm –
Sie war doch ohne Trost ganz bis zur letzten Stunde"[60].

Von dieser hohen Form sei zu einer zugänglicheren und weniger formal gebändigten Aussage übergegangen, die bis zum heutigen Tag keine Beachtung mehr gefunden hat. Das 16. Jahrhundert ist in seiner Marienfrömmigkeit in den Hauptlinien, d.h. in den theologischen Darstellungen, auch im Zeichen der Gegenreformation, grunsätzlich bekannt[61]. Gerade aber die außerhalb der Theologie verfaßten Betrachtungen, die über das Selbstverständnis, die Sozialgeschichte, die individuell entwickelte Glaubenshaltung etwas aussagen, sind wenig zur Kenntnis genommen. Daher hier abschließend ein knapper, blitzlichtartiger und ein breit ausgearbeiteter Beitrag, die sich Frauen von zeitgenössischem schriftstellerischen Ruhm verdanken. Außerdem müssen diese Beiträge durchaus im Sinne einer Argumentation über die damals europäisch bereits heftig entbrannte „querelle des femmes" gesehen werden. Bekanntlich ist in der herkömmlichen Eva-Maria-Konfrontation Maria in ihrer betonten Einzigkeit von den anderen Evastöchtern oft abgetrennt, ja gegen sie verwendet worden. Noch Baldassare Castiglione (1478–1529) führt in seinem berühmten ‚Cortegiano' von 1523 (veröffentlicht 1529) im III. Buch die Eva-Maria-Parallele in abschätziger Weise für die Frauen durch. So ist es eine hervorragende Aufgabe von Autorinnen, Maria, den Urtypus des guten Weiblichen, gerade als eine der Ihren zu porträtieren. Konkret ist nun von zwei bekannten Venezianerinnen um 1600 die Rede, jenen Patrizierinnen, die zum „feministischen Dreigestirn" Venedigs gehören[62].

Moderata Fonte (1555–1592), deren erstaunlicher Dialog ‚Il merito delle donne' (veröffentlicht 1600) mittlerweile wenigstens der Forschung wieder zur Verfügung steht[63], gibt ein schönes Beispiel solcher Identifikation: „Und dann, was sagt Ihr von der Frau, die unter allen anderen erwählt ist zu unsrer Rechtfertigung? Gott hat ja keinen Mann als bloßen Mann mit soviel Verdienst geschaffen, wie er diese Frau als bloße Frau schuf. Findet mir in den Annalen und alten Chroniken einen einzigen Mann, und sei er noch so weise und heilig, der den tausendsten Teil der erlesenen Vorzüge, der göttlichen Eigenschaften unserer Herrin und Himmelskönigin hätte! Ihr werdet gewiß nicht einen finden"[64].

Lucretia Marinella (1571–1653) verdanken wir zunächst ein ähnliches Werk über ‚Adel und Vorzüglichkeit der Frauen und Fehler und Mängel der Männer'[65], dem sie im Jahre 1617 zwei anders geartete, weit ausgreifende Schriften über Maria folgen läßt. Ist sie im ersten Werk argumentativ, akademisch, zuweilen satirisch, so gewinnt sie in den beiden Marienbüchern einen romanhaften Zug, der nicht auf wissenschaftliches Überzeugen hinausläuft, vielmehr eine preisende, absichtlich dichterische Sprache verwendet. Das Ziel ist weniger Erkenntnis als Identifikation, vielleicht ließe sich sogar sagen: Überwältigung.

Im ersten Werk, ‚La vita di Maria vergine imperatrice dell' universo' (Venedig 1617), beruft sie sich nur zum Teil auf die Bibel, vereinigt vielmehr alle möglichen Legenden, auch aus apokryphen Überlieferungen, und Väterstellen, reichert sie aber zusätzlich phantastisch und lebensvoll an. (Ähnlich wird sie im selben Jahr ein ‚Leben der zwölf Apostel' vorlegen.) Im zweiten Werk, ebenfalls von 1617 – die breite Produktion weist schon auf ein Ausschreiben des Stoffes und eine einfachhin phantastische Erzählgabe hin – bringt sie fast denselben Stoff statt in Prosa nunmehr in Gedichtform: ‚La imperatrice dell' universo. Poema heroico'.

Weit entfernt von biblischer Kargheit und reformatorischer Zurückhaltung läßt Lucretia Marinella ein schon barockes Empfinden für ihren Stoff durchbrechen. Weder die historische noch die rein glaubensmäßige Sicht Marias ist ihr entscheidend, vielmehr zielt sie auf das Ausschmücken eben der menschlichen Qualitäten dieser Frau. Als menschlich gilt nun das Hin- und Hergeworfenwerden zwischen Gegensätzen des Lebens, das Spannende, Große, zuweilen Übertriebene des Schicksals. Im Untertitel verspricht sie, zu erzählen von „dem Göttlichen der Schönheiten, dem Bewundernswerten der Tugenden, der Schärfe der Schmerzen, dem Gipfel der Freuden und dem Großartigen der Ehren der Mutter Gottes". Oder in der Schilderung von Magdalena heißt ein Abschnitt lakonisch: „Die höllische Furie Megäre scheidet aus dem schönen Busen von Magdalena"[66]. Besonders farbige Schilderungen gelten überhaupt Magdalena, in der durchaus nicht die Sünderin, vielmehr die befreite Schönheit gesehen wird – auch hier zweifellos das Porträt einer venezianischen Dame.

Überhaupt ist die Neuplatonikerin Marinella dem Schönen verpflichtet. Gerade Schönheit gilt – wie gesagt – als Epiphanie des Göttlichen, als sicheres Zeichen der Anwesenheit des Heiligen im Irdischen. Insbesondere ist Frauenschönheit keineswegs Lockung zur Sünde, vielmehr Ausdruck besonderer Nähe der Frau zu Gott; noch genauer: in der fraulichen Schönheit erweist sich Gott unmittelbar als Urbild des weiblichen Geschlechts, wie Marinella schon in dem erwähnten Werk über den „Adel der Frauen" geschickt ausführt[67]. Daher sei in der folgenden Beschreibung der Schönheit Marias und Magdalenas jene Überwältigung durch das Göttliche gesehen, die sich in besonderem Maße an Frauen verdichtet (zusätzlich fällt die Ungeschichtlichkeit der Schilderung ins Auge): „Die Schönheit von Annas Töchterchen. Man kann im Denken nicht abmalen, mit dem Intellekt sich nicht einbilden, mit der Feder nicht beschreiben auch nur den geringsten Teil der hohen

Schönheit, mit der sie geschmückt war. (...) und sie besiegte nicht nur die Schönheit aller menschlichen Geschöpfe, sondern auch aller höheren Engel; ihre Haare, wie man glauben kann, allerfeinst und lockig, verhüllten ihre Schönheit unter feinem Schleier und besiegten das lebendige Gold so sehr, wie die Sonne es besiegt. Die Bögen ihrer Wimpern schossen Pfeile der göttlichen Liebe auf die Brust der Engel und übertrafen das Dunkle und Lichtvolle, das man am Ebenholz bewundert. Die bescheidenen und anmutigen Augen streuten umher Strahlen von Anmut und Heil. Die Süßigkeit ihrer Blicke schuf in der Brust anderer keusche Lüste und heilige Sehnsüchte"[68].

In bezug auf Magdalena nimmt sich die rhetorische Leistung folgendermaßen aus: „Sie gürtete das schöne Gewand mit goldenem Gürtel, geziert mit verschiedenen Edelsteinen, und schmückte sich mit Geschmeide: von ihren Ohren hingen zwei Perlen, und nichts Leuchtenderes, nichts Runderes, nichts Schöneres hat je die Morgenröte der Orientalen erblickt" etc.[69]

Fragt man nach dem Sinn solcher Bilder, so können sie sich in der Tat nur aus dem Geist der Zeit erklären, außerdem aus der deutlichen Sehnsucht der Autorinnen, ihre Erzählgabe im selben rhetorischen Glanz zu entfalten wie üblich. Marinellas Vorrede zu der Prosaschrift gibt unerschrocken jenen Wettbewerb in rhetorischem Geschick mit den Männern zu, will außerdem ihre Belesenheit in den Vätern und sonstigen Schriften über Maria vorweisen – ein Rechtfertigungsgrund für das Schreiben, das mit dem gewählten Gegenstand frei – oder anders ausgedrückt: in eigenen Projektionen – umgeht. Gerade in der Identifikation aber gewinnt der Überschwang die Kennzeichen eines Selbstporträts, zumindest eines heimlichen Idealbildes von Frau, das dem gewohnten Ausspielen Marias gegen ihre Geschlechtsgenossinnen zuwiderläuft. Denn daß dieses Urbild des Menschlichen sich hier in einer Frau darstellt, gibt dem nicht unsentimentalen, zuweilen komisch berührenden Versuch Marinellas offenbar auch eine zeitkritische Bedeutung[70].

So mag der Überschwang verziehen werden, sofern man in

ihm die übersteigerte Menschlichkeit erkennen kann, mit deren Wunschbild das Zeitalter der Renaissance angetreten war. Und nicht zuletzt verdankt sich Marinella die schöne, unabgegriffene, zeitnahe Wendung: „Marias göttliche Schönheit war ein Geschenk der Natur und des Himmels“[71].

Maria – Schwester oder Mutter im Glauben?

Chancen und Schwierigkeiten in Verkündigung und Katechese

von Herlinde Pissarek-Hudelist

Die Frage nach Maria sei zunächst in verschiedene Kontexte hineingestellt:

1. Zunächst in die „Praxis der Theorie" (Magdalene Bußmann)[1]: Die frauenfeindlichen theologischen Aussagen, auf die wir mit Blick auf die Geschichte des Christentums und auch auf die mariologische Tradition immer wieder stoßen, blieben nicht folgenlos. Die Position zwischen Eva „unten" und Maria „oben" hat sich allzuoft für die Einschätzung der konkreten Frauen als verhängnisvoll erwiesen.

Die furchtbarste „Praxis der Theorie" waren die Hexenprozesse. 1486 wagte der mutige Brixener Fürstbischof, Georg Golser, den Dominikaner Sprenger des Landes zu verweisen, der in Innsbruck bereits 13 Frauen zum Tode verurteilen wollte[2]. 1487 erschien der ‚Hexenhammer'[3], jenes fürchterliche Lehrbuch der Sexualneurosen und der Sexualpathologie seiner Verfasser Sprenger und Institoris, das 300 Jahre lang so viele Menschen – überwiegend Frauen und Mädchen, aber auch Kinder beiderlei Geschlechts und Männer – das Leben kostete[4]. Beide Autoren waren Marienverehrer.

2. Die Kirche hat sich mit Mühe im II. Vatikanischen Konzil zu einer Verurteilung des Antijudaismus durchgerungen[5]. Ein Schuldbekenntnis bezüglich ihres Antifeminismus – wenigstens hinsichtlich der Hexenprozesse – steht noch aus. Weder das Marienkapitel in ‚Lumen gentium' noch die jüngsten Rundschreiben von Johannes Paul II., ‚Redemptoris Mater' und ‚Mulieris Dignitatem', lassen darüber hinwegsehen[6]. Gerade im letztgenannten Apostolischen Schreiben ist auffallend, daß jeder Hinweis auf die Schuld der Kirche an der Unterdrükkung der Frau fehlt.

3. Bereits bei Cyrill von Alexandrien[7] – also genau im Um-

kreis der Dogmatisierung der Theotokos, der Gottesgebärerin, durch das Konzil von Ephesus (431) – gibt es eine unheilvolle Trias von Antijudaismus, Antipaganismus und Antifeminismus. Hier heißt es, aus der Vergangenheit zu lernen und in der Gegenwart wachsam zu sein. Überlegungen, „ob die Weiber Menschen seyn"[8], ob die Juden Untermenschen[9] oder die Lateinamerikaner Nicht-Menschen[10] sind – all diese Menschenverachtung ist lebensgefährlich, und ihre theologischen Wurzeln müssen ausgerissen werden. Marienverehrung wird sonst in diesem Zusammenhang zum Alibi umfunktioniert.

4. Marienverehrung stellt eine kritische Rückfrage an die Theologie dar: Hat sie über Gott so geredet und gedacht, daß sie den Menschen half, mit ihm zu leben und zu sterben? – Hat sie beim Bedenken der Glaubenswahrheiten Kopf, Herz und Spiritualität beisammengehalten? – Hat sie die Menschen mit all ihren Fähigkeiten angesprochen oder nur die Köpfe? – Hat sie nicht allzuoft das Bild eines herrscherlichen, strafenden, richtenden Gottes gezeichnet? – Hat sie nicht auch Jesus Christus zu einem strengen, fernen Richter gemacht, seine Gottheit überbetont und seine Menschheit nicht genügend ernst genommen? – Hat sie nicht den Heiligen Geist vergessen?

5. Es ist anmaßend, sich hochmütig über die Marienfrömmigkeit von Jahrhunderten zu erheben, für die Gott, für die Jesus Christus unendlich weit weg waren und die überdies in einer streng hierarchisch gegliederten patriarchalen Gesellschaft abliefen. Die Einfachen, die stumm Leidenden, die „gekrümmten" Frauen[11] zumal haben sich an Maria gewandt. Die Mutter mit ihrem Kind – das war für sie verständlich und nahe. Es gibt offensichtlich eine unausrottbare Sehnsucht nach dem Weiblichen und Mütterlichen in den Religionen.

Und wieviel Wärme, Lebendigkeit, Anschaulichkeit, Sinnlichkeit würde unseren Kirchen fehlen, wenn es die Darstellung der Mutter mit ihrem Kind nicht gäbe!

Maria war für Frauen wohl oft eine, die einzige Hoffnung, wenigstens sie würde sie in ihrer oft unaussprechlichen Not verstehen, die es im Umkreis ihrer Leiblichkeit und Sexualität gab.

Herabgesetzt in ihren doch vom Schöpfer gegebenen leiblichen Funktionen [12], zurückgewiesen vom Altarraum sogar als Ordensfrauen – und auch von der Kommunion, wenn sie menstruierten, schwanger oder in der Zeit des Wochenbetts waren: Es gab kein Mitleid für Frauen in dieser Männerkirche. Ich habe bis jetzt in der ganzen Predigtliteratur durch die Jahrhunderte hindurch kein Beispiel gefunden für Mitleid mit Frauen, nur Erinnern an die eheliche Pflicht. Auch Luther sagte: *Denn eyn weibs bild ist nicht geschaffen jungfrau tzu syn, sondern kinder zu tragen ... Ob sie sich aber auch müde und zuletzt* (daran) *todt tragen, das schadt nicht, laß todt tragen, sie sind darum da* [13].Und warum fällt es keinem Papst ein, ein Mann könne sich vielleicht auch aus Rücksicht und Liebe zu seiner Frau für eine andere Empfängnisregelung als die Zeitwahl entschließen?

6. Warum ist die Theologie so wenig empfindlich, wo es um vermännlichte Vergötzung des Gottesbildes geht, und warum äußert sich so viel Abwehr, wenn – gestützt sogar auf die Bibel – nach weiblichen Gottesbildern gefragt wird? Daß Gottvater in unzähligen Barockkirchen als alter Mann mit weißem Bart vorgestellt wird, stört anscheinend niemanden. Aber wer wagt es, sich Gott als eine alte Frau vorzustellen?

7. Wir sollten Maria nicht verwenden, um uns gegenseitig zu bekämpfen. Maria sollte auch nicht dazu herangezogen werden, um die Diskussion über Ämter und Dienste von Frauen abzuschmettern. Vor allem Männer der Kirche sollten Maria nicht benutzen, um Frauen an ihrem Platz und klein zu halten.

Bemerkungen zur Entwicklung der Mariologie

„Die Gestalt der Mutter Jesu als des Christus liegt im natürlichen Interessenbereich der Theologie. Dessen ist sie sich im Lauf ihrer eigenen Geschichte so sehr bewußt geworden, daß es zur Ausbildung einer eigenen Disziplin kam" [14].

Der bekannte Mariologe Wolfgang Beinert unterscheidet zwei große Perioden in diesem Prozeß. Im ersten Jahrtausend band die Theologie die Rede von Maria in die christologischen und ekklesiologischen Überlegungen ein.

Zwischen neutestamentlicher Zeit und dem Konzil von Ephesus 431 wird die Bedeutung Marias als Mutter Jesu (genaugenommen enger: als Gottesgebärerin!) erkannt: „Wo immer man Jesu wahre Menschlichkeit, wo immer man aber auch den Glauben an seine Gottheit artikulieren wollte, war zu beachten, daß er der Sohn Marias ist" [15].

Vom dritten Ökumenischen Konzil bis zur Jahrtausendwende im Osten und bis zur Zeit Bernhards von Clairvaux im Westen steht die ekklesiologische Funktion Marias im Mittelpunkt: „Maria ist ... der ‚Typos' der Kirche, Vorbild, Inbegriff, gleichsam Kurzabriß alles dessen, was sich dann in der Kirche, ihrem Wesen und Geschick, entfalten sollte" [16].

Die zweite Periode beginnt mit der Scholastik und betrachtet vor allem die individuelle Gestalt der Mutter Jesu, wobei die mittelalterliche Vorliebe für Systematik den Traktat über Maria innerhalb der Christologie stark förderte. So kam es zu mariologischen *Sermones* (Predigten), *Quaestiones* (Fragen) und Summen. Der erste Versuch einer Synthese ist Johannes Geometer zu verdanken († 990). Der Begriff Mariologie scheint nach heutigem Wissensstand erstmals in dem Werk ‚Summa Mariologiae' des Placidus Nigidius auf (1602) [17].

Die Reformation und Gegenreformation brachten neue Impulse. Das Marienbild Luthers und anderer Reformatoren ist weitaus positiver und differenzierter zu sehen, als dies oft angenommen wird [18]. Auf dem Trienter Konzil (1545–1563) blieb das Thema Maria im Grunde offen: „Von ihr ist kurz im Zusammenhang mit der Bilderverehrung die Rede und dann in einem Nebensatz im Rechtfertigungsdekret: sie hat nicht einmal läßliche Sünden begangen. Die ausführlichste Stelle ist ein Satz des Dekrets über die Erbsünde, in dem die Synode bemerkt, sie wolle in die diesbezügliche Lehre Maria nicht einschließen ... Die Folge: Die Marienlehre und erst recht die Marienverehrung wird zur Unterscheidungslehre erster Ordnung, was sie von den Intentionen der Reformation her gar nicht war. Sie bleibt es bis in die Gegenwart" [19].

Seit Petrus Canisius und Suarez machte sich auch der Jesuitenorden immer wieder um die Mariologie verdient. Neben überschwenglichen Theologen, die heiliggesprochen (Ludwig Grignion de Montfort, † 1716), ja sogar in den Rang von Kirchenlehrern erhoben wurden (Laurentius von Brindisi, † 1619), sind dann im 19. Jahrhundert besonders Kardinal Newman und der Dogmatiker Matthias Scheeben mit qualitätsvollen Beiträgen hervorgetreten [20].

Die päpstlichen Dogmatisierungen der Unbefleckten Empfängnis (1854) und der leiblichen Aufnahme Marias in den Himmel (1950) gehen bereits auf vorreformatorische Überlegungen zurück, wobei theologische Bedenken bis um 1830 besonders nachdrücklich von Rom her geltend gemacht wurden. Erst Pius IX., der seine gelungene Flucht vor der Revolution aus Rom nach Gaëta der Hilfe Marias zuschrieb, betrieb entschieden die Dogmatisierung der *Immaculata Conceptio* und vollzog sie 1854. Hinsichtlich einer Dogmatisierung der *Assumptio,* gefordert im ersten Vatikanischen Konzil von 187 Bischöfen, winkte er ab. 1880 stoppte das Heilige Offizium alle Initiativen in dieser Richtung. Mehr quantitative als qualitative Urgenzen folgten, die sich während des Pontifikats von Pius XII. häuften. Er definierte die Assumptio am 1. 11. 1950 [21].

Beinert hebt hervor, daß diese beiden Mariendogmen im Gegensatz zu allen bisherigen Glaubensdefinitionen nicht Reaktionen auf häretische Infragestellungen sind, nicht durch ein allgemeines Konzil, sondern unter persönlicher Verantwortung des Papstes erlassen sind, sich nicht auf klare Schriftaussagen stützen, nicht auf eine eindeutige und ununterbrochene Tradition gründen und schließlich nicht mehr von anderen Kirchen als Dogmen mitgetragen werden [22].

Als eigentliches Fundament gilt das *factum Ecclesiae,* das heißt: die These, „daß der Glaube der gesamten heutigen Kirche dogmenbegründend ist; schließlich kann der Heilige Geist nicht die gesamte Kirche in schweren Irrtum fallen lassen ... Der Glaubenssinn der Gläubigen, bisher nur als dogmenbezeugend anerkannt, wird nun dogmenbegründend" [23]. Zugleich ist die Mariologie das einzige theologische Teilgebiet, auf dem spekulativ frei gearbeitet wird und echte Fortschritte erzielt werden.

Für die Mariologie galt also bis unmittelbar vor dem II. Vatikanischen Konzil das Motto: *de Maria numquam satis* („über Maria kann nie genug gesprochen werden"). Es gab zahlreiche Veröffentlichungen und nicht wenige mariologische Theologenkongresse, die ihrerseits wieder ganze Reihen von Kongreßakten hervorbrachten. Die Mariologen waren angesehene Mitglieder der Dogmatikerzunft und erfreuten sich der Unterstützung der Päpste, besonders Pius' XII. Über die Theologumena *Maria Mediatrix* (Mittlerin der Gnaden) und *Corredemptrix* (Miterlöserin) wurde eifrig diskutiert. Vor allem die Lehre von der Mittlerschaft Marias galt bei einigen Mariologen als durchaus „definibel", das heißt: aufgrund ihrer Verankerung in der Tradition geeignet, als Glaubenssatz definiert zu werden.

Unter den Texten des II. Vatikanischen Konzils gibt es kein eigenes Dokument über Maria, wohl aber das Kapitel VIII in 18 Artikeln über Maria innerhalb der Dogmatischen Konstitution über die Kirche ‚Lumen gentium'[24]. Warum das so war, darüber gibt Karl Rahner im ‚Kleinen Konzilskompendium' knappe[25] und Otto Semmelroth in den kommentierten Konzilsdekreten im ‚Lexikon für Theologie und Kirche' erschöpfende[26] Auskunft. Es sei die kurze Zusammenfassung Rahners zitiert:

„Dieses Kapitel war Gegenstand heftiger Konzilsdiskussionen; eine Abstimmung Ende Oktober 1963 beschloß mit kleiner Mehrheit, das Kapitel, wie ursprünglich vorgesehen, in die Kirchenkonstitution einzugliedern und aus ihm nicht ein selbständiges Dokument zu machen. Dafür waren maßgeblich die Gefahr der Isolierung Marias aus dem Heilswerk und ökumenische Rücksicht ... Zu einer Würdigung des Kapitels ist nicht nur die Sache in sich zu betrachten, sondern auch die manchmal maßlose Ausweitung der Mariologie (von Umfang und Gestalt der Marienverehrung in manchen Ländern ganz zu schweigen) zur Zeit Pius' XII. Demgegenüber bedeutet das Kapitel trotz seiner unproportionellen Länge einen erheblichen Fortschritt"[27].

Die Hinwendung zu „Freude und Hoffnung, Trauer und Angst"[28] der Menschen auf diesem Konzil brachte es mit sich, daß alle großen Themen der Theologie – wie die Frage nach Gott, Christus, Kirche, Sakramenten – neu bedacht werden mußten, wobei die Mariologie zunächst „ratlos verstummte" (J. A. Jungmann)[29]. Paul VI. setzte mit ‚Marialis cultus' 1974 einen Neubeginn. Zur gleichen Zeit bzw. Ende der siebziger und anfangs der achtziger Jahre versuchten der Regensburger Dogmatiker Wolfgang Beinert[30] und der Schweizer systematische und praktische Theologe Alois Müller[31], redlich und nüchtern auch hinsichtlich der Lehre von Maria jenen Weg nachzuvollziehen, den die Theologie seit dem II. Vatikanischen Konzil beschritten hatte.

Inzwischen erwachte die Volksfrömmigkeit zu neuem Leben, die in manchen Gegenden (z. B. in einigen Wallfahrtsorten in Österreich oder Bayern) nie ganz erloschen war. Dazu kamen Anstöße von zwei neuen theologischen Strömungen her: von der Befreiungstheologie und der Feministischen Theologie. Die Befreiungstheologie sieht in Maria „die arme prophetische Frau des Volkes", die das Magnifikat singt. Die Feministische Theologie wehrt Kleinhalten von Frauen unter Berufung auf Maria ab, entdeckt die Symbolkraft der Jungfrau und Mutter neu und sieht Maria als „Schwester im Glauben".

Nebenbei bemerkt, war es auch Karl Rahner in seinen letzten Lebensjahren ein Anliegen, das ihn immer wieder beschäftigte, Aussagen der Mariologie mit den Anfragen der Feministischen Theologie, so wie er sie verstand, in Verbindung zu setzen[32]. Papst Johannes Paul II. schließlich wirkte mit seiner persönlichen Marienfrömmigkeit wie ein Katalysator; die letzte Frucht dieser Entwicklung ist das stark am Marienkapitel der Dogmatischen Konstitution über die Kirche orientierte Rundschreiben ‚Redemptoris Mater'[33]. Anlaß ist das zweitausendjährige Jubiläum der Geburt Christi, das „unsere Augen zugleich auf seine Mutter lenkt". Es ist ja Tatsache, „daß Maria vor Christus am Horizont der Heilsgeschichte erschienen ist"[34].

Anhand der Marienenzyklika Johannes Pauls II. ‚Redemptoris Mater' von 1987 seien nun einige Chancen und Schwierigkeiten heutigen Denkens und Redens über Maria[35] aufgezeigt.

Ich lese die neue Marienenzyklika Johannes Pauls II. mit einem lachenden und einem weinenden Auge. Mit einem lachenden Auge, weil diese Art des Theologietreibens mir so vertraut ist, daß ich beim Lesen schlagartig dreißig Jahre jünger werde. Da ist der sichere Umgang mit der Bibel, souverän auf die Bedürfnisse der spekulativen – also die einzelnen Texte gedanklich verknüpfenden – Dogmatik ausgerichtet. Die Dogmatik hat den Vorrang vor der Exegese, und sie übt ihn auch aus. Da ist die bilderreiche Sprache der Kirchenväter. Da ist der lebendige Sinn für die Gedankenfülle und Symbolkraft der orientalischen und orthodoxen Überlieferung. Da ist auch das Herz des Papstes durchzuspüren – in der Erinnerung an den berühmten Marienwallfahrtsort seiner eigenen Heimat. Da wird das Muttersein Marias ganz stark als personaler Vorgang gesehen. Da decken die vielen Bezüge zum Marienkapitel des II. Vatikanischen Konzils auf, wie sehr auch dieses in einem lebendigen Traditionsstrom stand.

Und doch: Ich habe inzwischen als Theologin und Frau in dieser Kirche Einsichten gewonnen, die sich nicht mehr verdrängen lassen und meine Freude trüben.

Als Theologin kann ich die Art des Umgangs mit der Bibel nicht übersehen; die Texte werden ohne Rücksicht auf ihre literarische Gattung herangezogen, als ob die Bibel ein einheitliches Gebilde wäre und nicht eine Fülle verschiedener Literaturgattungen enthielte. Auch ist die Sicht der Ökumene stark auf den Orient und die Orthodoxie ausgerichtet. Die marianische Tradition im evangelischen Bereich, die es ja auch gibt (Luther!), wird nicht angesprochen. Auch fehlt ein Hinweis auf die Bandbreite der heutigen Einstellung zu Maria bei unseren evangelischen Schwestern und Brüdern, die vom Reden über „die Maria" bis zur Feststellung reicht: „Seid froh, daß ihr Maria habt!" Für Menschen, die gewohnt sind, ihre Theologie so unmittelbar aus der Bibel zu schöpfen wie sie, sind überdies viele Schlußfolgerungen aus den vergleichsweise wenigen Äußerungen der Bibel schwer oder gar nicht zugänglich.

Maria überdeckt auch alle anderen Frauen der Bibel, die sonst noch genannt werden: Aus dem Alten Testament wird nur Eva erwähnt[36]; aus dem Neuen Testament erscheinen Elisabet[37], die Frauen unter dem Kreuz[38] und die Frauen im Gebet vor Pfingsten[39]. Diese anderen Frauen erscheinen aber nicht in ihrem Eigenwert, sondern Maria zu- und untergeordnet. Maria wirkt daher abgehoben von den übrigen Frauen, aber auch abgehoben von ihrem eigenen wirklichen Leben. Zwar ist vom „Halbdunkel des Glaubens"[40] und von ihren Leiden die Rede[41], aber das lange Verweilen bei der die Bibel ausfaltenden Überlieferung übersieht zu leicht die Härte des realen Lebens dieser jungen jüdischen Frau, überspielt die für sie bedrohlichen Umstände der Empfängnis dieses Kindes und das Dunkel ihres Glaubens und Mutterseins mit diesem Außenseitersohn. Die manchmal harten Worte Jesu – z.B.: „Weib, was ist zwischen dir und mir?" (Joh 2,3–4)[42] und zur die leibliche Mutter preisenden Frau (Lk 11,27)[43]: „Ja selig sind, die das Wort Gottes glauben und es befolgen!" (Lk 11,28)[44] – werden zu rasch durch ein geistig-geistliches Verständnis geglättet. Die Provokation dieser Worte Jesu wird ja noch größer, wenn man bedenkt, wie sehr die religiös-kulturelle Umwelt Jesu Sippen und Sippenbeziehungen hochschätzte.

Das ganze Rundschreiben wirkt in sich stimmig, von einem einheitlichen Grundgedanken durchzogen, sicher geformt bis ins Detail, von Herzenswärme und tiefer Frömmigkeit erfüllt – aber sprachlich und gedanklich wie ein geschlossenes und daher für viele heutige Menschen, auch für gläubige Menschen, verschlossenes System. Und dies auch dort, wo ein unmittelbarer Bezug zur Gegenwart hergestellt werden soll. Bei der Anspielung auf die Befreiungstheologie zum Beispiel bleiben die „Armen und Niedrigen" abstrakt und formal. Sogar die grundlegende Unterscheidung fehlt, daß Armut und Niedrigkeit für Männer und Frauen ein verschiedenes Antlitz tragen[45]. Daher überrascht es nicht, daß auch in der Sprache manchmal (nicht immer!) die Frauen vergessen werden. Gelegentlich gibt es nur den Christen und Jünger, die Brüder (z. B. bei den orientalischen Kirchen[46]) und Söhne, wo auch die weiblichen Entsprechungen hingehören. Das ist allerdings teilweise, aber nicht ganz, durch die Auswahl der Bibelstellen und den Bezug auf den Konzilstext mitverursacht.

Mutterschaft und Mütterlichkeit Marias werden stark betont. Dies hat dort seinen Preis, wo der Bezug zu den konkreten Frauen hergestellt wird: Frauen werden nur von der (zwar leiblichen und geistlichen) Mütterlichkeit her gesehen; Frauen als Frauen treten nicht in den Blick, ganze Gruppen von Frauen bleiben so ausgeblendet (Unverheiratete, Berufstätige, kinderlose Ehefrauen), woran auch die Rede von der geistig-geistlichen Mutterschaft nichts ändert. Das konkrete soziale Umfeld, in dem Frauen leben, bleibt ebenso draußen wie das Vatersein.

Die Schlüsselstelle für den direkten Bezug zwischen Maria und der Frau steht im Abschnitt 46:

„In der Tat enthält das Wesen der Frau ein besonderes Band zur Mutter des Erlösers ... Man kann daher sagen, daß die Frau durch den Blick auf Maria dort das Geheimnis entdeckt, wie sie ihr Frausein würdig leben und ihre wahre Entfaltung bewirken kann. Im Licht Marias erblickt die Kirche auf dem Antlitz der Frau den Glanz einer Schönheit, die die *höchsten* Gefühle widerspiegelt, deren das menschliche Herz fähig ist: die *vorbehaltlose* Hingabe der Liebe; eine Kraft, die größte Schmerzen zu ertragen vermag; *grenzenlose* Treue und *unermüdlichen* Einsatz; die Fähigkeit, tiefe Einsichten mit Worten des Trostes und der Ermutigung zu verbinden."[47]

Solche Sätze tragen in sich eine Gefahr: die Frauen in abstracto – in jenen Höhen, wo das reale Leben nicht mehr hinreicht – um so mehr hochzuloben, je weniger in concreto die bescheidensten Bitten erfüllt werden.

Der Papst hat eine Frau – Maria – in den Mittelpunkt seines Rundschreibens gestellt. Trotzdem wurden in der Bundesrepublik Deutschland seinetwegen Mädchen vom Ministrieren zurückgewiesen.

Die Formulierungen (vorbehaltlos, größte, grenzenlos, unermüdlich) enthalten einen hohen Anspruch. Bei mir regt sich dann der sogenannte „Muttertagseffekt“: in den Lobpreisungen erkenne ich mein konkretes Muttersein nicht wieder. Eine liebe Fachkollegin fühlt sich an „Hochleistungssport“ erinnert. Mir scheint, daß mit solchen Formulierungen das Bedürfnis von Frauen nach einem anderen Selbstverständnis von vornherein ausgegrenzt wird. Auch klingt eine indirekte Sanktionierung durch: wer sich diesen Standards nicht beugt, versäumt es, die Berufung als Frau würdig zu leben, und verfehlt die wahre Entfaltung des eigenen Frauseins.

Mir scheint, in dieser Enzyklika spricht sich auch eine Ur-Sehnsucht nach dem Mütterlichen aus. Söhne der Kirche, die früh ihre leibliche Mutter verloren und ehelos leben, haben sich vielleicht gerade aus dieser Erfahrung heraus gern Maria und der Mariologie zugewendet. Ich habe auch oft beobachtet, daß die eigene Mutter das Frauenbild eines Priesters sehr stark, oft sogar ausschließlich prägt, da er ja keine Korrektur durch eine Ehegattin oder Töchter erlebt. Ich frage mich auch, ob das menschliche Vor-Bild der Vermittlung durch Maria nicht von der patriarchalischen Familie herstammt, wo die Mutter oft tatsächlich zwischen Vater und Kindern vermittelt.

Für mich als Religionspädagogin stellen sich folgende Überlegungen und Fragen, die auch auf Chancen und Schwierigkeiten der Rede von Maria hinweisen:

Es gibt junge und ältere Menschen, die zur barocken Fülle katholischer marianischer Tradition keine Beziehung (mehr) haben. Es gibt nicht wenige ältere Menschen, für die gerade eine sehr stark betonte Marienfrömmigkeit eines Tages in sich zusammengebrochen ist und eine ungeheure Leere hinterlassen hat, die – in einem ersten Schritt – gerade wieder als Mangel empfunden wird. Es gibt Menschen einer „kargen, winterlichen“ Frömmigkeit (Karl Rahner); es gibt Menschen, die das selbstverständliche Aufwachsen in marianischem Brauchtum nie gekannt haben. Es gibt Männer, denen Maria als unerreichbares Vorbild der Reinheit vorgehalten wurde. Es gibt Frauen und Mädchen, denen Maria gepredigt wurde und wird, um sie an ihrem Platz als „dienende Frauen“ festzuhalten. Es gibt Menschen, die weit weg von jeder christlichen Erziehung und Sozialisation sich mit der Frage nach dem letzten

Sinn ihres Lebens herumschlagen. Auf sie wird dieses Rundschreiben wie ein fremdartiges Kunstwerk wirken, das nichts mit ihrem Leben, ihrem Denken und Sprechen zu tun hat.

Anderen Menschen wird diese Enzyklika wie eine reich gedeckte Tafel erscheinen, an der sie endlich wieder Reichtum und Fülle, Vertrautheit, Sicherheit und Geborgenheit erfahren, die sie so lange vermißt haben. Sie haben sich hungrig, ausgestoßen und fremd gefühlt am Tisch derer, die unterscheiden, abwägen und verschiedene Meinungen vertreten.

Wie kann der innere Zusammenhang dieses Reichtums mit dieser schlichten Frau aus Nazaret, die uns die Bibel schildert, und mit unserer gegenwärtigen Situation aufgezeigt werden?

Wie können wir uns selbst und Mitmenschen helfen, im einen oder anderen Satz diese Mutter Maria, diesen Sohn Jesus wiederzufinden?

Was können wir beitragen, einander auch in den Ausdrucksformen unseres Glaubens besser zu verstehen?

Was können wir tun, damit dieses Dokument nicht dazu mißbraucht wird, konkrete Anfragen von Frauen mit Berufung auf Maria abzuschmettern?

Wie können wir Verständnis dafür wecken, warum und daß der Papst gerade eine solche Marienenzyklika schreibt?

Wie können wir Verständnis dafür wecken, daß für viele Menschen dieser Weg schwer oder gar nicht gangbar ist?

Mir scheint, es gibt nur eine Möglichkeit: behutsame Annäherung an Maria als Schwester im Glauben für uns alle.

Chancen und Schwierigkeiten der Katechese über Maria

Die angesprochene Möglichkeit gilt es dort um so mehr zu beachten, wo es um Katechese, um Weitergabe, um Vermittlung des Glaubens an Kinder und Jugendliche geht, und zwar sowohl in der Erziehung wie im Religionsunterricht.

Hier ist besondere Behutsamkeit und Einfühlungsvermögen nötig, auch kritisches Hinterfragen der eigenen Position, die nicht unreflektiert auf Kinder und Jugendliche umgelegt werden darf.

Ich bekenne, daß ich christliche Erziehung nach wie vor für möglich, nötig und richtig halte, weil ich in aller Schwäche, Müdigkeit, Anfechtung und Freude überzeugt bin von der befreienden Kraft des christlichen Glaubens – auch für Frauen. Christliche Erziehung heißt dann, ein Kind, einen jungen Menschen vom Mitsein zum Selbstsein und zur Gemeinschaftsfähigkeit im Glauben liebevoll, verständnisvoll und gesprächsbereit zu begleiten.

Ich bekenne ferner, daß ich an die Möglichkeit solcher Erziehung auch im Religionsunterricht glaube. Ich bin davon überzeugt:

Unterrichten heißt immer und in allen Fächern zugleich erziehen. Der Lehrer/die Lehrerin kann sich als Mensch nicht vom Unterricht heraushalten.

Religion unterrichten heißt dann auch immer wieder christlich erziehen.

Der Religionslehrer/die Religionslehrerin kann sich nämlich als Christ/in nicht heraushalten.

Maria im Religionsunterricht

Nun hat aber dieses „ratlose Verstummen" von Marienverehrung und Mariologie auch Religionslehrer/innen betroffen. Auch an ihnen – gerade an ihnen – gehen innerkirchliche Entwicklungen nicht spurlos vorüber.

Lehrpläne und Lehrbücher boten mehr Schwierigkeiten als Hilfe für den Unterricht, weil beide naturgemäß der Entwicklung nachhinken.

1955 erschien zum Beispiel – nach Jahrzehnten der Vorarbeit – endlich der sogenannte „Grüne Katechismus"[48]. Er bemühte sich um eine stark an Inhalten orientierte und zugleich verkündende Art.

Die Glaubensinhalte waren hier hinsichtlich Marias umfassend und liebevoll dargeboten, setzten aber eindeutig Schüler/innen voraus, die noch mit dem Kirchenjahr und religiöser Praxis vertraut waren[49].

Adolf Exeler vergleicht nun in einem Artikel[50], der sich auf die Diplomarbeit seines Schülers Eduardo Cano stützt, den „Grünen Katechismus" von 1955 mit dessen Revision von 1969, dem „Arbeitsbuch zur Glaubensunterweisung" unter dem Titel ‚glauben – leben – handeln'. Sowohl im christologischen wie im ekklesiologischen Teil beider Bücher ortet er eine Akzentverlagerung „weg von dogmatischen Aussagen über die königliche Mutter hin zu mehr erzählenden Aussagen über die glaubende Schwester. Die biblische Begründung und der ökumenische Aspekt treten 1969 deutlich hervor"[51]. Im Katechismus von 1955 entwickelt ein eigenes Lehrstück „eine Welt ungebrochener, fragloser Frömmigkeit"[52] in bezug auf Marienverehrung, Mariengebete, Marienfeste, Rosenkranzmonat, Maiandachten, Samstag als Marientag, marianische Wallfahrtsorte. 1969 gibt es nur kurze Hinweise auf Marienfeste und -gebete. „Die Aufgaben, die den Kindern gestellt werden, bestehen nicht mehr in religiösen Übungen, sondern wollen zum eigenständigen Suchen nach marianischen Elementen anregen, die für sie wichtig werden könnten"[53].

Exeler untersucht, Cano folgend, ferner die beiden neuen Katechismen ‚Botschaft des Glaubens' von 1978 und ‚Grundriß des Glaubens' von 1980. Der erste Unterschied: ‚Botschaft des Glaubens' behandelt die mariologischen Aussagen in zwei Blöcken, und zwar im christologischen und im ekklesiologischen Teil. ‚Grundriß des Glaubens' hingegen verteilt die mariologischen Aussagen bewußt über das ganze Buch[54].

Nicht nur der Darstellungsort, sondern – zweitens – auch die Darstellungsweise ist verschieden. ‚Botschaft des Glaubens' spricht weit ausführlicher als ‚Grundriß des Glaubens'. Dieser formuliert zurückhaltender, anderseits intensiver auf den theologischen Sinn – z. B. der Jungfräulichkeit Marias – bedacht[55].

Ein kurzer Abschnitt über einen Teil der Lehrpläne bis zum Stand von 1982 folgt (Rahmenplan von 1967, Zielfelderplan für Grundschule und Sekundarstufe I); es fehlen der Bayrische Curriculare Lehrplan Religionsunterricht (= CuLpRU) und andere Lehrpläne von nur regionaler Bedeutung[56] und – natürlich – spätere Revisionen wie der Grundlagenplan.

Für die anschließend untersuchten Arbeitsbücher heben Cano/Exeler folgenden Gesamttrend hervor:

„1. Was über Maria gesagt wird, bewegt sich ganz auf der Linie des II. Vatikanischen Konzils.

2. Im Vergleich zur Grundschule wird in der Sekundarstufe I wesentlich seltener von Maria gesprochen; je höher die Klasse, desto weniger ist von ihr die Rede. ‚Je größer die intellektuellen Anforderungen sind, desto weniger wird Maria erwähnt' (Cano 85).

3. Maria wird häufig in Bildern dargestellt, aber wenig im Text. (Diese Tatsache ist für die Grundschule ohne weiteres verständlich.)

4. Bei der Darstellung der Unterschiede zwischen den christlichen Kirchen kommt Maria immer wieder zur Sprache; aber man stellt meistens nur die Tatsache des Unterschiedes dar; durchwegs fehlt eine Erklärung.

5. Außerdem stellt Cano fest, daß in den neueren Büchern über Kirchengeschichte – im deutlichen Unterschied zu älteren Werken – marianische Themen im positiven Sinn nur im Zusammenhang mit der Kunst der Gotik angesprochen werden; die marianischen Themen im Zusammenhang mit den großen Konzilien des Altertums fallen ebenso aus wie die mariologische Thematik des 19. Jahrhunderts und vieles andere"[57].

Exeler rechnete damals mit einer „vielleicht nicht sehr starke(n), aber deutliche(n) Hinwendung zu mariologischen Themen", wobei er eine anthropologische (Stellung der Frau), pneumatologische (Wiederentdeckung des Heiligen Geistes) und soziale Akzentuierung (Maria als die Mutter der Armen) vermutete[58].

Da Exeler/Cano die österreichischen Lehrpläne und Lehrbücher nicht berücksichtigen, sei ergänzend auf zwei besonders gelungene Beispiele österreichischer Religionsbücher hinsichtlich Marias hingewiesen: ‚Gelebter Glaube'[59] für die siebte Klasse (= 11. Schulstufe) der Allgemeinbildenden Höheren Schulen (= AHS) und ‚Im Garten des Lebens'[60] für die fünfte Klasse (= 13. Schulstufe) der Berufsbildenden Höheren Schulen (= BHS). Das erstgenannte Buch skizziert das Bild Marias aus der Bibel heraus so, daß sich das Anliegen „Maria als Urbild der Gemeinde" gut verständlich ergibt. Daran schließt sich der dogmengeschichtliche Teil an, um aus einer anderen Perspektive dem Anliegen „Maria als Bild der Kirche – Bild des Menschen" im Glaubensschatz der Kirche nachzuspüren. Gleichsam als Frucht des ganzen Werdegangs erscheint die Marienverehrung am Schluß.

Das Religionsbuch ‚Im Garten des Lebens' bearbeitet sehr inhaltsreich die vom Lehrplan[61] vorgegebenen Themenfelder „Frauen und Männer in der Kirche" und „Maria – Urbild und Vorbild christlichen Glaubens". Hier kommen sowohl der innere Zusammenhang beider Bereiche als auch die jeweils verschiedenen möglichen Zugänge zu beiden Themen gut zur Geltung.

Maria in der christlichen Erziehung

Inzwischen ist die Situation insofern neu, als es heute nicht wenige junge Menschen gibt, bei deren religiöser Erziehung und Sozialisation Maria überhaupt keine Rolle mehr gespielt hat[62]. „Sie ist einfach nicht mehr da", urteilt Catharina Halkes für ihren Erfahrungsbereich in den Niederlanden und macht sich gerade deswegen neu auf die Suche nach der Bedeutung von Maria (die für sie übrigens mit einem ganzheitlicheren Gottes- und Kirchenbild verbunden ist)[63]. Maria Kassel zieht aus der derzeitigen Situation den Schluß: „Möglicherweise gibt es in Deutschland eine katholische Generation ohne Bindung an Maria"[64]. Nun gab es schon zur Zeit meines eigenen Studiums Studierende etwa nördlich der Mainlinie, die zu marianischer Volksfrömmigkeit keinen Bezug hatten. Wohl aber waren beide Geschlechter Maria irgendwie in ihrer religiösen Erziehung begegnet: die Jungen oft als Vorbild für Reinheit in ihren pubertären Nöten, die Mädchen als Vorbild des Dienens, der Mütterlichkeit und ihrer Einstellung zur eigenen Sexualität. Gerade dieser letzte Punkt hat bei nicht wenigen verheirateten katholischen Frauen zu einer verkrampften Einstellung zur Sexualität auch in der Ehe geführt[65].

Zunächst folgen einige Beispiele zur verschiedenen Art, wie Maria den Jungen oder Mädchen dargestellt wurde. 1920 empfiehlt M. Stepperger[66] in einer „Katechese über Marienverehrung für Knaben-Fortbildungsschulen" den Knaben Glauben, Starkmut und Reinheit Marias zur Nachahmung. Im von Ludwig Esch SJ herausgegebenen Buch ‚Maria und die Jugend'[67] erscheint Maria in der Kindheit junger Männer als *mater amabilis,* als die königliche Frau und als die leidende Maria. Für die Zeit der Pubertät schildert Esch Maria als verständnisvolle Mutter, als Fürbitterin, als *virgo immaculata,* als „ritterliche Dame" und als „innere Führerin". Ottilie Mosshamer, seinerzeit die bekannte Verantwortliche für die Mädchen- und Jugendarbeit der Diözese Eichstätt, geht in ihrem ‚Werkbuch der religiösen Mädchenführung' von einer Deutung des Marienbildes aus, das – biblisch und metaphysisch legitimiert – der Frau in Kirche, Gesellschaft und Familie einen (stark eingegrenzten) untergeordneten Platz zuweist. Auf Frauen wurde ein ungeheurer Druck ausgeübt, indem jede Dienstverweigerung der Frau mit dem Versagen Evas und dem Zusammenbruch der Welt in Verbindung gebracht wurde[68]. Die Folgerungen Mosshamers sehen dann so aus:

„Mädchen werden nie in dem Sinne leitend in einer Gemeinschaft stehen wie Jungmänner. Ihre Leitung besteht darin, daß sie für sich die meiste und schwerste Arbeit suchen, das Opfer für die Gemeinschaft als Selbstverständlichkeit auf sich nehmen, allzeit den Glauben an das Gute im Menschen bewahren, (...) und daß sie im Führen anderer selbst noch nach Führung für sich, nach Richtung und Orientierung durch eine höhere Autorität ausschauen"[69]. Und noch ein schlimmer Ausritt in die vermeintliche Dogmatik: „Die Frau hat Christus mehr zu verdanken als der Mann; sie hat er zweimal erlöst, einmal von der Sünde und Schuld und dann aber auch vom erbsündlichen Weibsein"[70].

Dieser kurze Rückblick in die Geschichte, die manchmal noch Gegenwart[71] ist, zeigt auf, daß ein Vakuum marianischer Erziehung durchaus auch eine Chance bedeuten kann. Die „heilsame Stille" in der Mariologie bewirkte folgendes: Übertreibungen fielen weg, allzu kühne Gedankenkonstruktionen verloren an Resonanz, und es gab Raum für einen neuen, besonnenen Ansatz, den man nicht zu erzwingen braucht, sondern gelassen abwarten kann – auch bei sich selbst. Heute gibt es biblische Begründung und Vertiefung im Gespräch mit Protestanten und Juden[72]. Maria wird deutlicher in einer Linie mit den Frauen des Alten Bundes gesehen, als einfache Frau aus dem Volke im Dunkel des Glaubens, als radikale Prophetin, ihre Jungfräulichkeit als Sinnbild weiblicher Autonomie. Die Chance liegt auch darin, nicht festgelegt und eingeengt zu werden wie meine Generation, die ich die Generation der geduldig-ungeduldigen Frauen nenne[73]. Auch nimmt das Interesse der Studierenden an Maria zu – gerade dann, wenn sie „ohne Maria" aufgewachsen sind.

Welche Wege zu einer „neuen Liebe zu Maria" können wir gehen?

Wir können aus dem Reichtum der Tradition schöpfen, wenn wir unsere heutige Situation mit Maria in Beziehung setzen: „Theologische Bewußtseinsveränderungen lassen sich nur ermöglichen, wenn nicht einfach ein neues anderes Bewußtsein als selbstverständlich dekretiert wird, sondern wenn sie vom amtlich oder schulmäßig wirklich bestehenden Bewußtsein ausgehen und die darin immanent gegebenen Ansätze zu einer solchen Veränderung zu aktualisieren suchen"[74].

Der Strom der Bilder der Jungfrau und Mutter durch die Jahrhunderte – in den Ausformulierungen des Glaubens, im Bereich von Gebet, Lied und Gottesdienst und in der Kunst – kann uns auch heute noch reich beschenken. Überdies konnten Frausein und Kindsein auf diese Weise nie ganz vergessen werden – wenn auch meist in männlicher Sicht gespiegelt.

Was uns eingeschränkt hat, nicht aufgreifen! Es gibt Fortschritte in der Kirche. Aussprüche von Autorinnen wie Gertrud von le Fort, Oda Schneider, Ida Friederike Görres, Ottilie Mosshamer, die mich und meine Generation noch eingeengt haben, wirken auf heutige Studentinnen nur mehr absurd.

Wir sollten auf die wenigen Daten der Bibel über Maria zurückgehen und sie getrost im eigenen Herzen erwägen, uns selbst trauend, der Bibel trauend, dem Heiligen Geist trauend, mit einem kritischen Blick auf die Bibelausleger. Die Geschichte der Bibelauslegung ist nämlich weithin eine Geschichte der Bibelausleger – und das waren weit überwiegend Männer.

Ich glaube nicht, daß Gott die Bibel so gemeint hat, daß man immer eines Rudels an Bibelwissenschaftlern bedürfe, um sie mit Gewinn zu lesen. Ich bin anderseits davon überzeugt, daß wissenschaftliche Exegese helfen kann, einem Text gerecht zu werden. Dabei hat man sich – dies ein wissenschaftlicher Ratschlag – vor jedem Methodenmonismus zu hüten; man sollte also vermeiden, eine einzige Methode absolut zu setzen.

Ich fürchte mich auch nicht vor dem Vorwurf, etwas in die Bibel hineinzulesen – das tun wir alle, auch die Exegeten –; wichtig ist nur, dies nüchtern einzukalkulieren, zuzugeben und gegenzusteuern.

Abschließend möchte ich daher den Versuch wagen, die wenigen Worte der Bibel über Maria sprechen zu lassen und dann zu fragen, was die Maria der reichen theologischen Tradition uns bedeuten könnte – uns als einzelnen und als Kirche.

Spiritueller Zugang

Die Worte der Heiligen Schrift über Maria

Eine junge Frau erwartet ein Kind unter für sie gefährlichen und diskriminierenden Umständen (Mt 1,18–25).

Sie bringt es unter armseligen Bedingungen zur Welt (Lk 2,4–7).

Sie muß mit dem Kind fliehen, denn das Kind ist gefährdet durch Mächtige (Mt 2,13–18).

Der Heranwachsende setzt sich von ihr ab. Er läuft seiner Berufung nach. Kann er ja. Aber warum sagt er vorher nichts? Versteht er nicht, daß Eltern Angst haben (Lk 2,41–52)?

Der Erwachsene verläßt sie. Welche Schande – einen solchen Außenseitersohn zu haben in einer Umwelt, die die Sippe so hochschätzt.

Er meint, als religiöser Laie die Gesetzeskundigen belehren zu müssen. Weder sie noch die Verwandten können ihn umstimmen. Wie Bettler stehen sie vor der Tür, um überhaupt zu ihm vorzudringen (Mk 3,31–35, am schärfsten: Mt 12,46–50; gemildert bei Lk 8,19–21).

Er weist sie wiederholt und öffentlich zurück, sie, die ihn unter Lebensgefahr und Schmerzen ausgetragen, geboren und großgezogen hat (Mk 3,31–35; Mt 12,46–50; Lk 8,19–21; Lk 11,27f.; Joh 2,4).

Er nennt sie nie Mutter.

Andere Frauen sind ihm offenbar viel wichtiger.

Er sagt nie, daß er sie liebt. Wohl heißt es aber in der Schrift, daß er die Seinen, die in der Welt waren, liebte (Joh 17,11). Wohl heißt es aber, daß Johhannes der Jünger sei, den er liebe (Joh 13,23; 21,7); daß er Marta und ihre Schwester Maria und Lazarus liebe (Joh 11,5). Es heißt auch: Er sah den reichen Jüngling an und gewann ihn lieb (Mk 10,21).

Freundschaft mit vielen anderen Menschen gilt ihm mehr als Mutterschaft. Noch mehr: sie gehen mit ihm, eine ganze Gruppe von Männern und Frauen! Die Frauen laufen ihren Männern davon, die Männer laufen ihren Frauen davon, sie lassen sich von Frauen unterstützen (Lk 8,1–3).

Und dies erlebt sie mit Sicherheit: daß er stirbt. Er stirbt, ob nun der Evangelist Johannes die Szene unter dem Kreuz historisch oder typisch meint: er ist gestorben, er ist ihr gestorben (Joh 19,25–30).

Kann es nun sein, daß uns die Worte der Schrift noch mehr sagen können?

Daß es das Innewerden einer Berufung in dramatischer Einsamkeit gibt, die dann leibhaftig greifbar wird durch die Begegnung mit einem Du, das dies erkennt – Maria und Elisabet (Lk 1,39–45).

Daß das schale und bittere Wasser der Zurückweisung sich manchmal in den Wein einer unerwartbaren Chance verwandelt, die auch den Durst anderer Menschen zu löschen vermag – die Hochzeit zu Kana (Joh 2,1–12).

Daß auch aus etwas Verfügtem Segen wachsen kann – das Leben mit Johannes (Joh 19,26).

Daß es die Hoffnung gibt, daß der Tod nicht das letzte Wort ist, sondern das Leben;

daß es die Erfahrung gibt, daß sich (fast) tödliche Verwundungen hinterher als lebenspendend erweisen können – die Auferstehung.

Die Aussagen der glaubenden Überlieferung

Können wir die Aussagen der glaubenden Überlieferung über Maria nicht als Freude an Maria und als Freude an unserem Christsein deuten?

Können die Aussagen: Maria als Jungfrau, als Mutter, als Unbefleckt Empfangene, als in den Himmel Aufgenommene, nicht Hoffnungsbilder[75] sein für uns?

Maria als Jungfrau, das kann bedeuten:

Unseren Selbststand auf Gott hin wagen. Letztlich Gott vorbehalten sein. Die ganze Existenz an die Hoffnung wagen, daß Gott ist und daß er sich in seinem Sohn uns gnädig erwiesen hat.

Maria als Mutter, das kann bedeuten:

Die zerreißende Spannung aushalten, neues Leben in sich wachsen zu lassen auf Kosten eigener Kräfte; dann herzugeben, das heißt zur schmerzlichen, aber überlebensnotwendigen Freiheit zu gebären; mit Einsatz aller Kräfte und Einschränkung der eigenen Möglichkeiten zum Selbststand zu begleiten und dann ziehen zu lassen – mit dem Risiko, ein Kind für den frühen Tod und nicht für das lange Leben geboren zu haben. Einen uns Anvertrauten, eine uns Anvertraute mütterlich begleiten und in die Mündigkeit entlassen.

Maria als Unbefleckt Empfangene, das kann bedeuten:

Endlich wagen, an das eigene Gutseinkönnen, an das Beschenktsein durch Gnade, an das Wirken des Heiligen Geistes in uns zu glauben und nicht nur auf Sünde zu starren.

Maria als in den Himmel Aufgenommene, das kann bedeuten:

Maria lebt, und auch wir werden leben, auch diesem verachteten Leibe nach werden wir leben.

Und dies alles als Freude, als Bilder der Hoffnung nicht nur für uns als einzelne, sondern für das ganze pilgernde, sündige, stolpernde Volk Gottes auf seinem Zug durch die Jahrhunderte – wissend, daß das Reich Gottes schon begonnen hat und beginnen muß und daß Reich Gottes dann konkret heißt: die Stimmen der Stummgemachten, der Nichtwahrgenommenen, der Nichternstgenommenen, der Ausgegrenzten dort zu hören, wo wir selbst betroffen sind, aber auch dort, wo wir die Reichen sind.

Ich meine: Es heißt nicht mehr „Maria *für* alle Menschen, Frauen und Männer" oder „*über* allen Menschen, Frauen und Männern", sondern: Maria *mit* allen Menschen, Frauen und Männern, und dies, weil auch Christus lebt – für uns alle und mit uns allen.

Mariologische Thesen in der Feministischen Theologie

Darstellung und Kritik

von Elisabeth Gössmann

Wenn Übereinkunft besteht, daß nur durch eine solide vertikale Achse von theologiegeschichtlicher Frauenforschung eine sich als feministisch verstehende Theologie auf Dauer Bestand haben und ihre Ziele erreichen kann, dann ist zunächst einmal in Sachen Mariologie ein Mangel festzustellen: Wir kennen zwar von einzelnen Mystikerinnen das Marienbild recht gut, aber es fehlt noch an einer Untersuchung der weiblichen Marientradition, d. h. der Mariologie der Frauen, wie sie durch die Jahrhunderte in Werken theologisch-philosophisch-literarischer Schriftstellerinnen vorliegt. Sie ist noch nicht in ihrer Eigenschaft als Frauentradition, die sich sehr oft replikhaft zur männlichen Schultradition verhält, kontinuierlich untersucht worden. Dieser Mangel macht sich in der gegenwärtigen feministisch-theologischen Mariologie sehr negativ bemerkbar. Kritisiert wird, soweit gekannt, die mariologische Lehre männlicher Theologen, aber von Frauen selbst wird fast nicht auf die Marientradition der Frauen zurückgegriffen, womit sie zum viel beklagten Unsichtbarmachen von Frauenwerken beitragen.

Dies gilt auch für Mary Daly, die 1973 mit dem Erscheinen ihres Buches ‚Beyond God the Father: toward a Philosophy of Women's Liberation'[1] die große Welle der vom Feminismus inspirierten Mariologie-Kritik in Gang setzte. Sie erhob bekanntlich den Vorwurf gegen das Christentum, dieses habe – trotz der Spuren des uralten Bildes der Muttergottheit in der Mariengestalt – Marias gottähnlichen Status abgeleugnet und so den Frauen ein befreiendes Identifikationsmodell vorenthalten. Damit sei auch der Symbolgehalt der Jungfräulichkeit verscherzt worden, nämlich die weibliche Unabhängigkeit, die Tatsache, als Frau nicht durch einen Mann definiert zu werden. Eine Mariengestalt als Befreiungssymbol ohne Hinordnung auf die Christologie, eine Frau also, die nicht durch den Mann erlöst werden muß, war wohl die größte Herausforderung, die kirchliche Dogmatikkonzeptionen in diesem Jahrhundert in der Mariologie erfahren haben.

Eine viel gelesene Darstellung heutiger vom Feminismus inspirierter Mariologie faßt zusammen: „Für den Feminismus ist die traditionelle Mariologie auch in ihrer ekklesiologischen Interpretation erledigt. Er sieht in ihr typische, vom Männlichen her entworfene (‚androzentrische') Konstruktionen, die auf einem Bild des Weiblichen basieren, das soziologisch durch Unterordnung, Einwilligung, Entsagung und tiefenpsychologisch durch Verdrängung und Projektionen gekennzeichnet ist. (...) Die Stellung zur überlieferten Mariologie ist allerdings nicht einfach auf einen Nenner zu bringen; sie ist durch die unterschiedlichen hermeneutischen Ansätze innerhalb des Feminismus bedingt. Konzeptionen, die stärker der Archetypik C. G. Jungs verpflichtet sind, können der traditionellen Marienverehrung psychologisch positive Funktionen zugestehen – ‚Maria' hat das Weibliche und das Unbewußte in der Kirche präsent gehalten – und beziehen sich in ihrer eigenen Deutung enger auf das überlieferte Dogma: im Bild der Jungfrau-Mutter mit dem sterbenden und neugeborenen Sohn sehen sie den Weg der Selbstwerdung des Menschen abgebildet (Maria Kassel). Catharina J. M. Halkes (...) sucht dagegen die stellvertretenden historischen Leidenserfahrungen von Frauen als hermeneutischen Schlüssel zu benutzen. Dies ergibt eine sozialkritisch-befreiende Mariologie, die stärker an der entmythologisierten, biblisch-messianischen Maria und der Dialektik von vertrauensvollem Fiat und revolutionärem Magnificat interessiert ist. Von hier aus läßt sich die überkommene Marianik – um es mit einer Marxschen Formel zu sagen – als Ausdruck des historischen Elends der Frau wie als gleichzeitiger Protest gegen dasselbe kritisch rezipieren"[2].

Es kann hier nicht auf die gesamte Breite dieser feministisch-mariologischen Ansatzpunkte eingegangen werden. Ein zu eiliges Verscherzen der Früchte von historisch-kritischer Exegese und Entmythologisierungstheologie gerade in ihren frauenbefreienden Ansätzen kennzeichnet zum Teil diese Mariologie und gehört in den breiteren Diskussionsrahmen der Theologiekritik von Eugen Drewermann [3], wie sie heute mit zahlreichen Gegenstimmen geführt wird. Ich möchte mich vor allem auf zwei Veröffentlichungen konzentrieren, die im gegenwärtigen Allgemeinverständnis die Mariologie der Feministischen Theologie vorwiegend repräsentieren und als solche rezipiert werden: Rosemary Radford Ruether, ‚Mary. The Feminine Face of the Church' [4], das in gekürzter Fassung in deutsch unter dem Titel ‚Maria. Kirche in weiblicher Gestalt' [5] erschienen ist, und Christa Mulack mit ihrem Buch „Maria. Die geheime Göttin im Christentum" [6].

Beide Veröffentlichungen rechnen mit dem erneuten Interesse auch protestantischer Frauen an Maria und wollen eine Mariologie konzipieren, die zur Befreiung der Frau dient und nicht mißbrauchbar ist als ein Instrument männlicher Herrschaft über Frauen. Was die Autorinnen voraussetzen und wovon sie sich absetzen, ist eine Mariologie passiver Empfänglichkeit gegenüber transzendenter männlich-göttlicher Aktivität. Daß Theologinnen in unserer Tradition seit dem Mittelalter, aber auch Frühscholastiker und Franziskaner das passive Frauen- und Marienbild modifizieren, widerlegen und eine andere Sprache sprechen, wird dabei unbeachtet gelassen.

Was an dieser Kritik zutrifft, ist, daß in der traditionellen Mariologie der Männer die Gestalt Marias von jedem Bezug zur sexuellen Weiblichkeit gereinigt ist; jedoch gilt dies viel weniger für die Mariologie der Frauen, die den jungfräulichen Stand längst nicht so stark von dem der verheirateten Frauen und Mütter absetzen wie die männlichen Ordensleute und Priester. Auch daß die traditionelle Mariologie alle wirklichen fleischlichen Frauen fürchtet, ist eine Behauptung, die für den größten Teil der mariologischen Aussagen in der männlichen Tradition gilt, aber gleichzeitig denjenigen Autoren Unrecht tut, die das Marienlob als – nicht-misogynes – Frauenlob verstehen (und umgekehrt). Das in der Jungfräulichkeit ausgedrückte Symbol einer eschatologischen Menschheit, die von der Fortpflanzungsaufgabe befreit ist, wurde keineswegs, wie die beiden genannten Autorinnen meinen, von der Männertradition immer abgelehnt; solche Gedanken sind – abgesehen von unserem Jahrhundert (Michael Schmaus)[7] – sogar bei Augustinus zu finden und geraten nur allzu leicht ins manichäische Fahrwasser[8].

Der Ausgangspunkt dieser Mariologie ist nicht etwa die das Mariendogma stark beeinflussende mittelalterlich-scholastisch-mystische Mariologie-Tradition der zahlreichen Lukas-Kommentare, Auslegungen des Hohenliedes, Marienpredigten und Mariendichtungen, sondern die Theotokos von Ephesus, die jene Lücke in der menschlichen Psyche geschlossen haben mag, die der Verlust von Göttinnengestalten wie der Artemis hinterlassen hatte. Aber hier sei wirklich einmal die Frage gestellt: Was besagte die Göttinnenmythologie des Mittelmeerraumes noch für jene theologisch und mystisch engagierten Frauen des europäischen Mittelalters und danach, die sich – bei allem Bewußtsein von Symbolik und Analogie – weniger um eine Apotheose Marias (obwohl dies gelegentlich auch vorkam) als um ein ausgeglichenes Gottesbild bemühten? Es ist ja keineswegs nur eine Juliana von Norwich, sondern ebenso eine Hildegard von Bingen, es sind die Nonnen von Helfta, es ist auch eine Marguerite Porete, die sich bemühen, die mütterlichen Züge der Gottheit zu erkennen und bewußt zu machen. Je mehr dies aber der Fall ist, „darf" Maria Mensch bleiben. Bei Mechthild von Magdeburg ist es nicht etwa Maria als mythologische Gestalt, sondern als Prototyp der menschlichen Seele, die – wie sie – in der mystischen Gotteserfahrung als „Göttin" bezeichnet wird. Die für die Entwicklung der Mariologie im positiven wie im negativen Sinne so wichtige Zeit zwischen dem 12. und 15. Jahrhundert ist bei beiden Autorinnen mit wenigen Bemerkungen bzw. Seiten abgetan zugunsten der Überbewertung des Ereignisses von Ephesus mit seinem mythologiegeschichtlichen Hintergrund.

Vor allem aber wird bei dem Versuch, die patriarchalische Mariologie zu überwinden, religionsgeschichtlich nicht kritisch genug verfahren: Einmal wird der Eindruck erweckt, als sei die Last des Patriarchalismus nur ein verhängnisvolles Erbe der jüdisch-christlichen Tradition. Sie ist aber vielmehr ein Erbe aller Religionen, die heute Hochreligionen genannt werden, d. h. solcher, die etwa seit dem sechsten Jahrhundert vor Christus entstanden sind oder wesentliche Umwandlungen erfuhren, wie Buddhismus, Konfuzianismus, der spätere Hinduismus und der Islam. Zum andern besteht vielfach ein idealisierendes Verständnis von matriarchaler Religion. Sicher können wir heute schon erkennen, daß es etwa im alten Ägypten eine weibliche Vorstellung der heilenden und das Verlorene heimholenden Gottheit gegeben hat, und sicher läßt sich anhand solcher Phänomene eine stimmige Welt matriarchaler Werte re(?)-konstruieren; aber die Frage liegt nicht fern, ob diese feministisch inspirierte Mariologie nicht etwas Ähnliches unternimmt wie seinerzeit Novalis mit seinem Aufsatz ‚Die Christenheit oder Europa', der eine in der Vergangenheit angesiedelte Zukunftsutopie enthält. Zeigen doch neuere Forschungen über Göttinnenkulte, daß folgende Grenzziehung Christa Mulacks sich nicht halten läßt: Bei den Kulten weiblicher Gottheiten wurden Brote gebacken, während bei denen männlicher Gottheit gräßliche Tierschlachtereien angestellt wurden[9]. Gerade auch die Ausgrabungen am Artemision in Ephesus haben eine riesige Schlachtbank zutage gefördert[10]. Matriarchale Kulturen, die aggressiv und nach dem Prinzip der Versklavung der unteren Schichten aufgebaut waren, sind uns heute bekannt[11]. Die Theologin Marie-Theres Wacker hat daher zu einer beherzigenswerten Kritik an der Göttin-Suche und den damit verbundenen Konstruktionen aufgerufen[12]. Eine Apotheose Marias, die diese in der Himmelskönigin des Mittelmeerraumes aufgehen läßt, verscherzt das Plus, das christliche Theologie über Psychologie und Religionsgeschichte hinaus zu bieten hat und überspringt die Geschichtlichkeit der christlichen Botschaft.

Das Faktum der geschichtlich greifbaren Geburt Jesu aus seiner menschlichen Mutter Maria bleibt jedoch grundlegend für alle christliche Mariologie und auch für die Formulierung des Konzils von Ephesus, die auf die Persongleichheit des Sohnes der menschlichen Mutter mit dem göttlichen Logos zielt, was den Marientitel „Gottesgebärerin" ermöglichte. Die Freiheit Marias in der Annahme einer ihr bewußt gemachten heilsgeschichtlichen Aufgabe (Verkündigung) gehört ebenso zum Bestand christlicher Marientradition wie ihre im vielfach ausgelegten Magnifikat ausgedrückte Spiritualität, die allerdings in früheren Zeiten in ihrer geschichtswirksamen Bedeutung weniger scharf gesehen wurde.

Die religionsgeschichtlich-psychologisch ansetzende Mariologie jedoch geht andere Wege: Der Kontrast zwischen historischer Gestalt und Apotheose des Mariensymbols ist bewußt eingeplant. Rosemary Radford Ruether: „Jesu Mutter und Brüder scheinen während seines Lebens zu den Ungläubigen gehört zu haben. Allerdings belegen die Apostelgeschichte und die Paulusbriefe, daß die Familie zur Zeit seines Todes oder kurz danach zu den Jüngern dazukam"[13]. Auch nach Christa Mulack wird „von der allgemeinen Frauenfreundlichkeit Jesu (...) nichts auf die Jesus durch das Leben begleitende Mutter übertragen."[14]

Allerdings kann sie sich auch vorstellen, daß „bestimmte Kreise ein ganz bestimmtes Interesse hatten, dieses Verhältnis ausschließlich unter dem Aspekt des Konflikts und der Distanz darzustellen, um so aus dem Sohn der Maria den Sohn des Vaters im Himmel werden zu lassen"[15].

Wer die christliche Biographie Marias allerdings erst mit dem Oster- oder Pfingstereignis beginnen läßt, übersieht den Weg des Glaubens, den die mit dem alttestamentlichen Messiasglauben vertraute Messias-Mutter zu ihrem Sohn zu gehen hatte, der hart für sie war, aber in der pfingstlichen Kirche mündet – ein Glaube, auf dessen Weg das Skandalon des Kreuzes liegt. Der Zwiespalt von biblischer Mariologie und Apotheose des Mariensymbols erscheint mir als ein unzumutbares *Credo quia absurdum,* dem mich zu unterziehen, ich mir ersparen möchte. Ein nahezu von der geschichtlichen Gestalt abgelöstes Mariensymbol, das die weibliche Seite Gottes vertritt, ein Mariensymbol von autonomer göttlicher Weiblichkeit, Maria ohne Kind, bedeutet mir keinen erstrebenswerten Neugewinn gegenüber Maria als der starken menschlichen Person und Vertreterin der Menschheit, wie die auch heute positiv zu wertende Tradition sie immer gesehen hat. Die Erfahrung und Darstellung von Gottes Mutterliebe muß nicht Aufgabe der

Mariologie sein, was sich insbesondere durch die Frauentradition im Christentum belegen läßt.

In dem in der deutschen Übersetzung fehlenden Vorwort zum 2. Teil des Buches von Rosemary Radford Ruether heißt es: „Gentile converts to Christianity transferred to Mary the devotion they had once given to the pagan Mother of the Gods and the Queen of Heaven." Hier wird von einer einfachen Übertragung der Verehrung der heidnischen „Mutter der Götter" auf die Himmelskönigin gesprochen: An die judenchristliche Urgemeinde und die frühchristliche Auslegung alttestamentlicher Prophetenstellen auf Maria und ihren Sohn wird dabei nicht gedacht.

Die Verehrung Marias als Ersatz-Muttergöttin ist zu sehr ausgemachte Sache, als daß die Pluralität der Motive, die zur Marienverehrung geführt haben, im Blick gehalten werden könnte. Gerade an einer ganz menschlichen Maria, die sich frei äußert und in ihren Worten wie Entscheidungen quer steht zur damaligen Stellung der Frau in der Gesellschaft, hätte besser gezeigt werden können, was angestrebt wird: ein Symbolbereich, der das Verhältnis Gott–Schöpfung nicht einseitig als Herrschaft zu Knecht-/Magdschaft beschreibt, sondern als Beziehung der Gegenseitigkeit. Besser als die göttliche Himmelskönigin würde sich die Frau auf dem Glaubensweg, wie sie in den neutestamentlichen Schriften selbst schon typologische Bedeutung annimmt, in die Zielvorstellung der Mariologie von Rosemary Radford Ruether fügen: „Wenn Christus die Selbstentäußerung der göttlichen Macht ist, die sich in den Dienst an anderen stellt, dann vertritt Maria oder die Kirche die befreite Menschheit"[16].

Daß alle Mariendogmen „auch den ältesten Religionen seit Jahrtausenden vor Entstehen des Christentums bekannt gewesen" seien, ist eine These von Christa Mulack, die weit über die ihrer Vorgängerin hinausgeht[17]. Diese Selbstoffenbarung des Göttlichen als Jungfrau-Mutter sei jedoch vom Christentum verscherzt worden, da Gott nach jüdisch-christlicher Tradition rein männlich bleibe und Maria nicht in die Trinität aufgenommen werde, auch nicht durch das Assumpta-Dogma. Es wird der Kurzsichtigkeit männlicher Theologen angelastet, das Göttliche nach wie vor auf das Männliche beschränkt wissen zu wollen. Die Auseinandersetzung mit dem alttestamentlichen Jahwe, der des öfteren (neben Pharao und Herodes) als Kindsmörder bezeichnet wird, sowie mit dem Propheten Jeremia, der verhindern wollte, daß die Israeliten, vor dem Zorn Jahwes fliehend, nach Ägypten in die Arme der Göttin strebten und deren Kult mitfeierten, wird methodisch total unzureichend geführt, so daß hier nur auf die entsprechende Fachliteratur verwiesen werden kann [18]. Christa Mulack hat offensichtlich die in diesem Buch von ihr verwendeten Quellen nicht im Original gelesen und zitiert sie nur nach oft recht zweifelhafter Sekundärliteratur.

Die älteste Deutung des Verkündigungsberichtes bei Lukas als Herabkunft der heiligen Ruach oder Sophia auf Maria ist Christa Mulack nicht unbekannt, aber es gibt sie nach ihr nur in der Gnosis und nicht in der Großkirche. Daß Mose mit der Bundeslade matriarchale Kulte aus Ägypten übernommen hat, ist für sie nicht etwa Zeichen eines „androgynen" Gottesverständnisses im Alten Testament, sondern ihr ist daran nur wichtig, daß es auch im alten Israel ein Hierodulentum gegeben habe, also eine Art ekstatischer Tänze, bei denen sich das ereignete, was mit einem unzutreffenden Begriff als Tempelprostitution bezeichnet wird. Daß die aus solchen Vereinigungen geborenen Kinder als „göttliche" galten, ist für Christa Mulack der Zusammenhang, in den Jesus und Maria gehören. Mir scheint, als würden ältere, in der Theologie seit dem frühen 20. Jahrhundert ausgetragene Kämpfe [19] hier noch einmal – jedoch ohne Kenntnis derselben – aus feministischem Antrieb wiederholt, statt auf das bereits Vorhandene zurückzugreifen und wirklich Weiterführendes dazu zu erarbeiten, das sowohl dem theologischen als auch dem feministischen Ansatzpunkt gerecht werden könnte. Im Zusammenhang mit den sexuellen Praktiken der Göttinnen-Kulte sollte wenigstens einmal die Kritik von Augustinus an zahlreichen Stellen von ‚De civitate Dei' in Betracht gezogen werden, auch wenn er sich dabei auf spätantike und meist schon dekadente Phänomene bezieht.

Wenn versucht wird, die vergöttlichte Maria als Himmelskönigin, die weiblich-autonome Gestalt ohne Kind, von dem sich ihre Würde ableitet, dennoch mit der sozialkritischen Maria des Magnificat zu verbinden, deren Gott die Niedrigen aufhebt und die Herrschenden vom Thron stürzt, so wird dabei vergessen, daß das Lied Ausdruck der Messias-Mutterschaft ist und die erwarteten Veränderungen im messianisch geprägten Verhältnis der Menschen untereinander bestehen, also gerade nicht gelöst werden können von diesem Zusammenhang, in dem Maria steht und der nicht mißbrauchbar ist als Festlegung der Frau auf ihre Gebärfunktion. Christa Mulack ist jedoch fest eingelesen in die letzte Ausprägung der Mariologie von Mary Daly in ‚Reine Lust', wo – meinen Verständnishorizont überschreitend – die Verkündigung an Maria als eine Art übernatürliche Vergewaltigungsszene gedeutet wird. Dies generalisiert sie und behauptet nun dagegen: Maria sei „schon heute für einige Frauen *nicht mehr* das Vergewaltigungsopfer"[20].

Noch viele Beispiele für das Zusammentragen von Unvereinbarem gibt es bei Christa Mulack. So zitiert sie etwa zustimmend und fast schon begeistert ein Mariengedicht der Gertrud von le Fort und löst es aus dem Zusammenhang ihres sonstigen Frauenbildes, das Christa Mulack nun wirklich nicht teilt; ebensowenig wie Gertrud von le Fort das Marienbild von Christa Mulack teilen würde. Das Dogma von der Unbefleckten Empfängnis Marias wird als das einzige bezeichnet, das der biblischen Begründung entbehrt, obwohl – wie noch heute die orthodoxe Kirche – die westliche Tradition in Lk 1,35, der Heiligung Marias durch die Herabkunft des heiligen Pneuma, eine solche gesehen hat[21]. Statt dessen wird die traditionelle Eva-Maria-Parallele (Eva als Unheils-, Maria als Heilsbringerin) und die apokryphe Legendenbildung, die Maria von klein auf dem Bereich des Heiligen zuordnet, als Ursprung des Dogmas angegeben, das als Ergebnis der Sehnsüchte des Volkes bejaht, aber als von der Kirche ungerecht verwaltet (Mittel päpstlicher Machtsteigerung) gesehen wird. Auf der Jung-Schule mit Erich Neumann und auf Heide Göttner-Abendroth fußend, wird für Christa Mulack nun nicht nur die Dogmatisierung von Ephesus, sondern auch die Immaculata zum Anlaß für die Apotheose Marias als Göttin, die die drei Phasen des weiblichen

Lebens darstellt: Jungfrau mit dem Rosenkreuz, Mutter mit dem Kind und Pietà mit dem toten Sohn. „Was die Christusgestalt nicht fertigbrachte, gelang der Madonna: die Vereinigung des hellen mit dem dunklen Aspekt und die Verehrung beider. Damit aber beweist sie in der Tat ihre Göttlichkeit, wenn sie ihr von der Kirche auch vorenthalten wird: denn ist das Göttliche nicht das All-Umfassende und damit das Vereinigende aller Polaritäten?"[22]

Der Autorin entgeht nicht, daß es gerade die konservativsten Kräfte im katholischen Christentum waren, die zur Dogmatisierung der Immaculata trieben, was sie als ein Kompensationsbedürfnis erklärt, das umso größer ist, je mehr an einer besonderen Sündenverhaftung des weiblichen Geschlechts festgehalten wird. Als Überwindung des gespaltenen Frauenbildes schlägt sie sehr richtig die Verschmelzung Evas (bzw. aller Frauen) mit Maria vor, ohne jedoch zu wissen, daß dies der in der Frauentradition zumindest seit dem 12. Jahrhundert eingeschlagene Weg ist[23]. Das gleiche gilt für die von ihr problematisierte Sündenfallerzählung als „Verweigerung der Erkenntnis von Gut und Böse" – von jeher ein Problem, mit dem Frauen sich auseinandersetzten und das sie neu zu deuten versuchten[24]. Ein Blick in die alttestamentliche Fachwissenschaft und die Mythenforschung hätte jedoch davor bewahren können, den alttestamentlichen Text als ein Bildungsverbot mißzuverstehen, „das jeder christlichen Erziehung ins Gesicht schlägt"[25].

Als biblische Begründung des Assumpta-Dogmas beruft sich Christa Mulack schlicht auf die Liturgie des entsprechenden Festes mit der Lesung aus Offb 12, der Vision von der mit der Sonne umkleideten schwangeren Frau, die von einem Drachen verfolgt wird. Sie liefert hier eine psychologisch-poetische Interpretation der einzelnen Symbole dieser Vision, die sehr schön ist: Vereinigung von Himmel und Erde in der kosmischen Frau, Andeutung einer Androgynität der Gottheit. Soweit kann ich Christa Mulack gut folgen. Auch mag sich diese Gottheit in Maria in besonderer Weise als Archetyp von unser aller Vergöttlichung spiegeln, von der Schrift und Tradition wissen. Aber die weiterhin geforderte Aufnahme Marias in die

Trinität würde das Christentum zu einer mythologischen Religion machen und Maria ihrer Menschlichkeit berauben, abgesehen davon, daß derartiges mit der Geschichtlichkeit des Christentums unvereinbar ist.

Summa summarum: Ich bleibe lieber katholisch – und das im Bewußtsein der Schwäche, die bisher ein immer vorhandenes väterlich-mütterliches Gottesbild in seiner Auswirkung auf die soziale Wirklichkeit gezeigt hat, der Nicht-Rezeption aller diesbezüglichen Bemühungen in der Frauentradition und der Herabminderung der weiblichen Gottebenbildlichkeit in der männlichen Schultheologie bis hart an die Schwelle der Gegenwart. Die Aufarbeitung unserer mariologischen Tradition, wie sie wirklich in vielen Zeugnissen sowohl positiver wie negativer Art greifbar ist, steht noch weitgehend aus. Sie ist theologische Knochenarbeit. Den hier besprochenen, sich als feministisch-theologisch verstehenden Ansatz möchte ich dagegen als psychologisch-poetische Marienphantasie bezeichnen, die mit dogmengeschichtlicher Aufarbeitung wenig zu tun hat, da sie von einem vereinseitigten und klischeehaften Verständnis von Tradition ausgeht. Marienliteratur aber sollte ein möglicher Ort sein, wo Poesie und kreative Phantasie an der Mariengestalt sich entfalten können, wenn nur auf offensichtlich falsche Vorstellungen von Tradition verzichtet wird.

Sicher gibt es bei mir auch noch lebensgeschichtliche Gründe für die ablehnende Haltung gegenüber der Marienmythologie, die nicht nur die Frauen meiner Generation verstehen können werden. Als katholische Kinder in einer Diaspora-Gegend von protestantischen Kindern wegen unserer angeblichen „Marienanbeterei" zur Rede gestellt, empfanden wir es als größte Erleichterung, ihnen ehrlich in die Augen schauend, mit unseren einfachen Katechismus-Begriffen dies überzeugend widerlegen zu können. Daß derartiges sich heutzutage in der japanischen Erwachsenenwelt noch abspielt, weil einige protestantische Denominationen nicht darauf verzichten können, die katholische „Marienanbeterei" als apologetisches Mittel im Unterricht zu gebrauchen, ruft mir diese Jugenderinnerung beständig wach. Ein anderes kommt hinzu: Wer in den frühen Schuljahren zur Verdrängung der biblischen Geschichten mit germanischen Göttern und Göttinnen traktiert wurde und im Studium historisch-kritische Exegese als befreiend erfahren hat – gerade auch in einem feministisch belangvollen Sinne –, wird so schnell keine Heilserwartung mehr an Mythologie als solche stellen, wohl aber diese zu verstehen suchen und sich selbst tiefer dadurch erkennen können. Dies alles sei nicht geleugnet, aber der Transzendenzcharakter des Christentums ist noch ein anderer. Um ihn hat sich jegliche Theologie zu bemühen.

Thesen zur Befreiungsmariologie

Möglichkeiten und Grenzen

von Herlinde Pissarek-Hudelist

Ausgangspunkte der Befreiungstheologie[1]

1. Befreiungschristen gehen von folgender Situationsschilderung aus: „Untersuchen wir die Lage eingehender, so stellen wir fest, daß die Armut keine vorübergehende Phase ... ist, sondern das Produkt wirtschaftlicher, sozialer und politischer Situationen und Strukturen ... Hierzu gehört der innere Zustand unserer Länder, der in vielen Fällen seinen Ursprung und Fortbestand von Mechanismen herleitet, die ... auf internationaler Ebene die Reichen immer reicher werden lassen auf Kosten der Armen, die immer mehr verarmen"[2].

2. Die Option, also die vorrangige Entscheidung, für die Armen (Puebla, 1134–1165), weil sie die Lieblingskinder Gottes sind (Puebla, 1143), die Sicht der Kirche und Gesellschaft mit den Augen dieser Armen und die dreifache Befreiung nach Gutiérrez[3] (politische Befreiung – Befreiung des einzelnen – theologische Befreiung) gehören daher zu den Eigentümlichkeiten lateinamerikanischer Befreiungstheologie und ihrer Vertreter. Einige von ihnen haben übrigens in Europa studiert.[4]

3. Die Option für die Jugend[5] wird weit weniger hervorgehoben. Daß sie aber „allgemein völlig in Vergessenheit geraten" ist, wie die Instruktion der Glaubenskongregation sagt, ist ein überzogenes Urteil.[6] Boff sagt zum Beispiel in diesem Zusammenhang: „Mehr als die Hälfte der lateinamerikanischen Bevölkerung ist unter 18 Jahre alt ... die Pastoral der jungen Menschen zielt grundsätzlich darauf hin, sie zur aktiven Arbeit an der sozialen Veränderung zu rüsten, nicht freilich mittels gewaltsamen Umsturzes, sondern durch den Prozeß der Befreiung, in dem sie mit dem organisierten Volk solidarisch sind."[7]

4. Lange nicht wahrgenommen wurde die Situation der Frauen. Noch nicht Medellin, Puebla hat aber wenigstens im Anhang diese berücksichtigt. Die „einzige ‚besondere Option für die unterdrückte Frau in Lateinamerika' stammt vom Kongreß über franziskanische Mission und Pastoral in der Dritten Welt, an dem im September 1982 Angehörige aller franziskanischen Orden teilnahmen. Innerhalb der ‚Botschaft von Mattli' kam es, vor allem vom weiblichen Zweig des Ordens beeinflußt, hier zu einer eindringlichen Situationsanalyse der lateinamerikanischen Frauen'."[8]

5. Befreiungstheologisch inspirierte Mariologie ist – nach H. Goldstein[9] – gesellschaftlich geortet, das heißt: ist bezogen auf den Kampf um Befreiung der armen, unterdrückten Völker Lateinamerikas.

6. Methodisch bedient sich befreiungstheologische Mariologie der bereits vorher bekannten und legitimen Methode der Analogie[10]. Die Situation in Palästina um Christi Geburt wird von gegenwärtiger sozialer und religiöser Erfahrung her gedeutet. Das berührendste Beispiel dafür ist die Herbergssuche durch ein junges Paar, Maria und José, im Buch ‚Vamos Caminando', das unter der Mitwirkung vieler Menschen in Basisgemeinden von einigen Befreiungstheologen erarbeitet worden ist[11].

Auch Carlos Mesters bietet einige Beispiele:

„In Nazaret gab es nur eine Wasserstelle, an der sich alle zu versorgen hatten. Die Frauen, die Wasser holten, trafen sich dort, und von dort verbreiteten sich die Neuigkeiten, vermischt mit den Kommentaren des Volkes. So geschieht das auch heute noch in vielen Dörfern und Weilern im Hinterland Palästinas und Brasiliens."[12]

„Wer die Wirkung des Hl. Geistes auf Maria verstehen will, kommt mit der Wissenschaft allein nicht aus. Man müßte nämlich die Augen auch dafür offen halten, was der Hl. Geist heute bewirkt. Gott hat sich seitdem nicht verändert. Was die Bibel von Maria behauptet, geschieht heute mit dem einfachen Volk, das sich wie Maria für das Wort Gottes offen hält und es im Leben zu verwirklichen sucht."[13]

7. Von dieser parteilichen, bedingungslosen Option für das

arme Volk her kommen lateinamerikanische Befreiungstheologen im Gefolge des II. Vatikanum zu einer positiveren Einschätzung der bis dahin eher verachteten Volksreligiosität. Der Grund dafür ist: das Volk erkennt sich in dieser starken Frau wieder, „die Armut und Leid, Flucht und Verbannung selbst mitgemacht hat ... So erscheint Maria als das vollkommene Vorbild des Jüngers des Herrn. Dieser Jünger baut an der irdischen und zeitlichen Gesellschaft und ist zugleich auf dem Weg zur himmlischen und ewigen Stadt. Er setzt sich für die Gerechtigkeit ein, die den Unterdrückten befreit, und für die Liebe, die dem Bedürftigen zu Hilfe eilt".[14]

8. Es geht, gesellschaftlich gesprochen, um Ermutigung zum Kampf gegen Unterdrückung, theologisch gesprochen um Kampf gegen Egoismus und Sünde, auch gegen strukturelle Sünde. Lieblingstext ist das Magnifikat, und zwar auch in offiziellen Texten[15].

Im Magnifikat zeigt Maria sich als Vorbild für alle, die die widrigen Umstände des persönlichen und gesellschaftlichen Lebens nicht passiv hinnehmen, die auch nicht der Selbstentfremdung unterliegen, wie man heute sagt, die vielmehr mit ihr verkünden, daß Gott die Niedrigen erhöht und auch die Mächtigen vom Thron stürzt[16].

9. Dieses Marienverständnis dient weniger der individuellen Frömmigkeit als vielmehr dem Aufbau der menschlichen und kirchlichen Gemeinschaft. Maria „lebt in Gemeinschaft mit Jesus, mit den Aposteln und dem Volk. Um sie herum nimmt in Jerusalem die erste christliche Basisgemeinde Gestalt an, entwickelt sich, strahlt pfingstliche Dynamik aus und geht in die Welt hinaus, um allen Völkern bis an die Grenzen der Erde Jesus zu verkünden"[17]. Kraft gibt die subversive Hoffnung, daß die Kleinen die Situation verändern können.

10. Die Aussagen der klassischen Mariendogmen werden kaum reflektiert. Zur Frage der Brüder Jesu sagt etwa Carlos Mesters: „Wie dem auch sei, Katholiken und Protestanten haben beide ihre Argumente. Man sollte sich über solche Dinge nicht streiten oder viel Zeit auf derlei Diskussionen verwenden"[18].

11. Die großen neuen Inspirationen kommen zuerst aus der

Volksfrömmigkeit. Virgil Elizondo vertritt die These, „daß die Erscheinung U.L.F. von Guadalupe im Jahre 1531 im Verein mit der darauf im Volke einsetzenden Verehrung ein Hauptdeutungsschlüssel für das Wachstum und die Entwicklung des christlichen Gottesverständnisses ist"[19]. Damit wird zugleich deutlich, daß sich die Befreiungstheologie als wichtigen Anstoß für die Entwicklung des gesamten Christentums sieht.

„Gewalt, Raub und Tod kennzeichneten die Geburt Lateinamerikas. Die Invasion europäischer Christen, die am Ende des 15. Jahrhunderts begann, leitete einen Ausrottungs-, Versklavungs- und Ausbeutungsprozeß von solcher Ausdehnung und Dauer ein, daß es schwerhält, in der Geschichte Parallelen dazu zu finden. Die Nachwirkung dieser Ereignisse gehört nicht bloß der Geschichte an, sondern wächst und vertieft sich weiterhin in der Welt von heute."[20]

„Durch die Eroberung und die missionarischen Anstrengungen wurde eine vierfache Unterdrückung institutionalisiert:

1. Eine politisch-wirtschaftliche Unterdrückung durch das Aufzwingen einer neuen Lebens- und Regierungsform, die zugunsten der Mächtigen und zum Nachteil der Unterworfenen spielte.
2. Eine sexuelle Unterdrückung, denn einheimische Frauen wurden vergewaltigt. Selbst die eingeborenen Männer begannen, sich an das von den Eroberern gegebene Beispiel zu halten: die Frauen zu mißbrauchen und sie mitsamt den Kindern ihrem Schicksal zu überlassen.
3. Eine sozio-psychologische Unterdrückung, weil die unterworfenen Indios – selbst die Edlen und Weisen der Eingeborenen – zu einem dauernden Status der Knechtschaft und Minderwertigkeit degradiert wurden. Sie hatten fortan bloß zu hören, zu lernen und den neuen Meistern zu gehorchen. Man machte sie stumm und wehrlos.
4. Schließlich war dies auch eine religiöse Unterdrückung, weil die Gottesvertreter der neuen Macht verbissen darauf ausgingen, die angestammten Religionen gänzlich auszurotten. Was sie nicht zu verstehen vermochten, erklärten sie für teuflisch. Sie gaben zwar ihr Leben hin, um die Indios als Gotteskinder zu verteidigen. Gleichzeitig aber brachten

sie die Indios um ihre letzte Daseinswurzel. Die religiöse Unterdrückung dauerte selbst dann weiter, als die Eingeborenen und die Mestizen Christen geworden waren, da ihre Glaubensäußerungen von den westlichen Eliten etikettiert und für sie ausgelegt wurden, sie selbst aber nie darum ersucht wurden, im Theologisierungsprozeß der sich entwikkelnden Ortskirche aktive Partner zu sein."[21]

„In diesem Kontext von Tod und Verzweiflung kam es, weit weg von den Zentren der Staatsmacht und der etablierten Religion, zu einem Einbruch Gottes. Er bestand darin, daß die indianische Himmelskönigin in der Nähe der Stadt Mexiko einem armen Indio namens Juan Diego erschien."[22]

Ihre Botschaft verband das Gottesverständnis der Indianer mit dem der Spanier. Die Indios werden dadurch nicht mehr bloß passive Empfänger der christlichen Botschaft, sondern aktive Mitarbeiter beim Aufbau der neuen Religion. Elizondo sieht hier die Analogie zu den Israeliten. Weil sie „die von der Welt Verfemten und Verlachten waren, bildete ihre Erfahrung und Wahrnehmung, Gottes auserwähltes Volk zu sein, die tiefste Wurzel ihrer anhaltenden Würde und ihrer Befreiungskämpfe. Das Ereignis von Guadalupe leistet den gleichen Dienst."[23] Es ist zugleich der Beginn einer vierfachen Befreiung des Volkes:

1. Politisch-wirtschaftliche Befreiung: „Maria sollte nicht durch Gewaltanwendung oder Drohung mit ewiger Strafe erobern, sondern durch ihr stets liebendes Zugegensein und Mitleid. Sie wird den Nöten der Indios abhelfen, indem sie diese in ihren Kämpfen anführt."
2. Befreiung von sexueller Vergewaltigung: „Maria war rein und unbefleckt, weil sie von den gierigen Händen des Eroberers nicht berührt worden war. In ihr ist der mexikanischen Frau ihre ursprüngliche Würde wiedergegeben worden. Der mexikanische Mann ist ebenfalls befreit, weil er nicht mehr die Kastrierung erleiden muß, die darin liegt, ohnmächtig mitansehen zu müssen, wie seine geliebte Frau vergewaltigt wird. In diesem Fall ist die Jungfräulichkeit völlige Rehabilitation entehrter Personwürde."
3. Sozio-psychologische Befreiung: „Die Erscheinung ist auch

eine Befreiung von der sozio-psychologischen Unterdrükkung, denn Maria will auf die zum Schweigen gebrachten Armen hören, sie beim Namen nennen und all ihr Vertrauen in sie setzen."

4. Die religiöse Befreiung: „So wie der väterliche Aspekt Gottes der allmächtige Schöpfer und Lebensspender ist, so ist der durch die Maria von Tepeyac verkörperte weibliche Aspekt die allmächtige Fürbittende. Die Mutter hört auf die Schreie ihrer Kinder und trägt ihre Bitte dem Vater vor, der sie nicht abschlagen kann, weil es die Mutter ist, die bittet. Doch abgesehen davon bittet eigentlich die Mutter nicht; sie ist die, die alle neuen Bestrebungen in die Wege leitet. Darum gibt der Vater nicht einfach das, worum die Mutter bittet, sondern bringt er auch das, was die Mutter in die Wege leitet, zur Vollendung."[24]

Elizondo folgert daraus: „Zum Gott der Christen tritt der weibliche Aspekt hinzu, während dem Gott der Indios der personale Aspekt hinzugefügt wird in einer tiefen Bereicherung beider ... Die wertvollste Gabe dieser ‚die Erde suchenden' Mutter und dieses ‚den Himmel schenkenden' Vaters ist Jesus von Nazaret ... Durch Maria wird der Herr in den Kulturboden der neuen Welt tief inkarniert werden."[25]

Elizondo kommt daher zum Schluß: „Die Marienverehrung der Armen führt die Gesamtkirche zu einer Neubeurteilung dessen, was Gott ist."[26]

12. Die großen Inspirationen kommen ferner mehr und mehr aus der Bibel.

Maria wird direkt auf das christliche Leben bezogen: „Die christlichen Basisgemeinden sehen in Maria die vollkommenste Jüngerin Christi, die ihnen mit ihrem Beispiel dabei hilft, die wesentlichen Orientierungspunkte zu finden, um heute in Lateinamerika nach dem Evangelium leben zu können."[27]

13. Die Freude über den Glauben will auch gefeiert werden. Die ererbten Formen werden zur Chance für den alten, neuentdeckten Glauben.

14. Eine weitere Inspiration lautet: „Glaube an das Wirken des Geistes auf Maria und das Volk."[28]

Das Wirken des Geistes an Maria und am Volk wird gleichgesetzt: „Was damals an der Jungfrau Maria geschah, geschieht heute an dem ‚jungfräulichen', das heißt demütigen, armen, offenen und hoffenden Volk." – „Das ‚einfache und arme' Volk sagt immer: ‚Wer sind wir? Wie können wir die Kirche Christi sein, wenn wir über keine Mittel verfügen, von nichts eine Ahnung haben und schwach sind?' Durch die Verkündigung des Evangeliums antwortet Gott dann aber: ‚Der Geist wird über dich kommen!' Das Volk glaubte an diese Botschaft, empfing vom Heiligen Geist, und die Kirche wird geboren. Im Leben und durch das Zeugnis dieser Kirche wird das Wort Gottes Fleisch und offenbart uns die Botschaft, die es beinhaltet.

Im Schoß Marias wuchs Jesus, als befreiende Kraft und Hoffnung ... Heute wird im Schoße des Volkes die Kirche geboren. Dort wächst sie heran zu einer befreienden Kraft und Hoffnung ... Was damals mit Maria geschah, geschieht auch heute noch. Der Heilige Geist durchweht die Welt. Wie er damals Jesus von der Jungfrau Maria geboren werden ließ, so läßt er heute die Kirche vom armen Volk, sozusagen von einer Jungfrau, geboren werden." [29]

15. Leonardo Boff vertritt die theologische Hypothese, die er ausdrücklich als solche kennzeichnet [30], daß zwischen der göttlichen Person des Hl. Geistes und Maria eine ontologische Beziehung besteht, das heißt: daß Maria wirklich (d. h. nicht metaphorisch und ohne Übertreibung) Tempel des Geistes wird: „Um den Sohn Gottes zur Welt bringen zu können, wurde sie göttlich gemacht!" [31]

Europäische Sichtweise

Thesen wie die obigen entstammen mehrheitlich einer Begegnung mit Befreiungstheologie, nicht mit Befreiungstheologen oder gar -theologinnen [32]. Sie entstammen also mehr Büchern als dem Leben. Teilweise sind sie nochmals vermittelt durch europäische Sympathisanten der Befreiungstheologie (z. B. Horst Goldstein, Adolf Exeler, Norbert Greinacher [33]). Auch ist die Warnung eines Lateinamerikaners zu bedenken: „Die beschreibende Analyse kann bei der Erklärung helfen, kann jedoch nicht die Erfahrungen des Lebens ersetzen"[34]. Überdies ist auffallend: Trotz der zahlreichen Äußerungen der Bischofskonferenz von Puebla 1979, trotz der entgegenstehenden Aussagen lateinamerikanischer Studenten, trotz der gegenteiligen Beteuerungen von Goldstein und Exeler ist wenigstens innerhalb der ins Deutsche übersetzten Schriften von Befreiungstheologen überraschend wenig über Maria zu finden – und auch dies weniger integriert in einen Gesamtentwurf[35] als eigens behandelt[36]. Hängt dies mit dem auch sonst zu beobachtenden stark virilen Zug der Befreiungstheologie zusammen? (Auch Autoren wie Boff und Gutiérrez tun sich offensichtlich nicht immer leicht, Frauen als solche wahrzunehmen[37].) Oder hängt dies mit der Auswahl zusammen, die Verlage treffen? Es gibt Bücher lateinamerikanischer Autoren über Maria, die noch nicht ins Deutsche übersetzt sind[38]. – Ein positiver Grund ist sicher die jahrhundertelange Identifikation der lateinamerikanischen Völker mit dem leidenden Herrn Jesus Christus. Der Karfreitag ist dort nach wie vor ein lebendig gefeierter Tag!

Bei der Lektüre der lateinamerikanischen Befreiungstheologie ist mir wieder (wie schon bei der koreanischen und afrikanischen Befreiungstheologie[39]) der hohe Preis jeder Kontext-Theologie deutlich geworden: Außerhalb ihres Umfeldes ist sie schwer verständlich und daher schwer vermittelbar. Auch Kari Børresen kommt zu diesem Urteil[40], wenn ich auch ihre Konsequenz etwas anders formulieren würde: „Die Befreiungstheologie ist bekanntlich in Südamerika entstanden, wo sie zweifellos ihren Sitz im Leben hat; für sie bedeutet Maria das Urbild der durch Christus befreiten Schöpfung. Im Kontext des Magnifikat (Lk 1,46–55) verkündet Maria die Befreiung der Armen und Unterdrückten. So wird Maria im Katholizismus Lateinamerikas traditionsgemäß sehr verehrt, zur Verkündigung einer neuen Ordnung. Diese Theologie scheint mir in ihrem gesellschaftlich-politischen Umfeld gut am Platze; man darf aber nicht übersehen, daß sie eben dadurch höchst zeitbedingt ist. Ich sehe nicht ein, warum das Gespräch über die Befreiung nicht christozentrisch bleiben sollte, da ja Christus der Befreier ist und nicht Maria."

Lateinamerikanische Rede über Maria bleibt schwer nachvollziehbar nur dort, wo der Hintergrund einer Situation der Unterdrückung von uns nicht als Realität erlebt wird. Diese Rede von Maria wird aber sofort verständlich dort, wo Maria im einen oder anderen Sinn tatsächlich als befreiend erfahren wird: als Befreiung von einem allzu individualistischen, frömmelnden statt frommen, Frauen auf bestimmte Verhaltensweisen einengenden Bild hin zu einem kraftvollen Bild von Maria, das auch die reale Situation der unmenschlichen Unterdrükkung von Menschen durch Menschen, ja Christen, in den Blick nimmt und zum gemeinschaftsbezogenen Handeln anleitet.

Die Verehrung der Jungfrau von Guadalupe läßt vielleicht die Nähe zu echten, gelebten Formen marianischer Volksfrömmigkeit bei uns wahrnehmen.

Lateinamerikanische Theologiestudenten vermögen mit wenigen Sätzen anschaulich zu machen, daß Maria in ihrer Heimat nicht über, sondern mit und unter ihnen ist – sogar ihr Bild. Anderseits erleben sie, daß eine pluralistische Haltung zu Maria keineswegs mit Ablehnung von Maria identisch ist und daß angstlose Begegnung und Austausch alle Seiten bereichern können: Menschen, Frauen und Männer, die auf der Suche nach Maria sind, die Schwierigkeiten mit der Art erlebt haben, wie Maria in ihrer Erziehung eingesetzt worden ist, die ein Übermaß oder einen völligen Ausfall an marianischer Frömmigkeit erfahren haben, die ihre eigene Art des Zugangs lebhaft verteidigen, die ein neues Frauenbewußtsein einbringen, die aus dem evangelischen Raum kommen. Lateinamerikaner machen ihrerseits den Satz verständlich: „Ich kann mir Wachsen in meinem christlichen Leben ohne Maria nicht vorstellen."

Gemeinsamkeiten und Verschiedenheiten von Befreiungstheologie und Feministischer Theologie erhellen sich gegenseitig. Befreiungsmariologie und feministisch inspirierte Mariologie sind von der gemeinsamen Hochschätzung des Magnificat beeinflußt[41], wobei feministische Theologinnen (z. B. C. Halkes) allerdings darauf bestehen, nicht zu vergessen, daß es eine Frau war, die dieses Magnificat gesungen hat[42].

Anfragen

Es bleiben einige Anfragen. Küng hat formuliert: „Wäre eine solche Marienverehrung (mit der daraus folgenden Dezentralisierung der Volksfrömmigkeit) überhaupt nötig gewesen, wenn von den christlichen Missionaren von allem Anfang an statt des Gottes der Herrschenden der Jesus der Evangelien und sein Gott (mit allen politisch-sozialen Konsequenzen) gepredigt worden wäre?"[43] Anderseits fragt Edwin Wiedenhofer im Blick auf eine bestimmte Richtung der Feministischen Theologie: „Wird der eine, dreifaltige Gott nicht noch männlicher, wenn ihm eine Maria als Muttergöttin entgegengestellt wird?"[44] Wiederum anders gewendet: Birgt nicht auch ein legitimes „Rückbinden" Marias an Christus wiederum die Gefahr in sich, das Weibliche zurückzudrängen?

Für mich bleibt die Zuversicht, daß sich vom theologischen Ansatz Karl Rahners aus ein Weg finden läßt, der sowohl Maria als auch Jesus Christus, sowohl dem Gottes- als auch dem Menschenbild gerecht wird, und dies, ohne einerseits die protestantischen Christen zurückzustoßen oder andererseits Volksfrömmigkeit zu verachten.

Für mich besonders auffallend war die Erkenntnis, wie sehr gerade im Umkreis von Marienverehrung der eigene, erlebte gefühlsmäßige Hintergrund – fördernd oder hemmend – bestimmend bleibt. Wird dieser Hintergrund von einem Menschen positiv registriert, überdauert die Beziehung zu Maria Höhen und Tiefen, Zeiten der fraglosen Fülle und Zeiten der Leere. Das Geschenk einer solchen Biographie gibt auch die Chance, die „Last und Kraft" der christlichen Tradition (Erzbischof Jachym) aufzuschließen und sie mit neuen Anfragen der Gegenwart zu verbinden.

Fehlt ein emotioneller Hintergrund und Zugang ganz, gibt es die Chance eines behutsamen Neuanfangs, der allerdings unter Umständen zunächst noch mehr über den Kopf läuft als das Herz erreicht. Ist der emotionelle Hintergrund aber gestört, kann gerade aus solchem Leidensdruck ein radikaler Neuansatz erwachsen – oder die Geduld, eine Zeit „winterlicher, karger Frömmigkeit" (Karl Rahner)[45] hoffend zu überstehen, ohne sich unter Erfolgszwang zu setzen. Anderseits muß – schon um nicht viele Menschen der katholischen, vor allem aber der evangelischen Tradition auszuschließen – klar bleiben, daß Menschen das Eigentliche des Christentums leben können, auch wenn sie keinen Zugang zu Maria finden.

Bedenklich allerdings ist eine Art der Marienverehrung, die mit Botschaften arbeitet, welche nicht wenige Menschen als Drohung empfinden. Drückt sich hier nicht manchmal eine Art „Haben-Mentalität" aus? Man will Gott, den Unverfügbaren, „haben" und dies mit jener falschen „Sicherheit", die es auf unserem Pilgerweg von Glaube, Hoffnung und Liebe eben nicht geben kann. Die offene Auseinandersetzung mit diesen zugelassenen Ängsten macht es dann möglich, positive Seiten auch dieser Form von Marienfrömmigkeit (Ernsthaftigkeit, Vertrauen) zu erkennen.

So meine ich abschließend: Gestehen wir uns gegenseitig in der Weltkirche unsere verschiedenen Zugänge zu Maria, unsere Umwege, ja sogar Irrwege, zu. Gestehen wir uns auch gegenseitig zu, daß wir zeitweilig oder dauernd keine solchen Wege zu Maria finden. Lernen wir, uns in unseren verschiedenen Zugängen zu ertragen, zu bejahen, auszutauschen, gegenseitig zu beschenken. Seien wir behutsam im Umgang mit marianischen Frömmigkeitsformen. Das Bild der Mutter, der Frau, kommt hier ins Spiel – damit werden geglückte oder mißglückte Urerfahrungen jedes einzelnen Menschen dieser Welt lebendig und dazu die tiefe Sehnsucht nach dem Göttlichen. So treffen Äußerungen über Maria viele Menschen ins Herz, also in die Mitte ihrer Existenz. Dies müssen vor allem jene im Bewußtsein behalten, die Kinder und Jugendliche auf ihrem Weg des christlichen Glaubens begleiten.

Anmerkungen

Maria – Schwester im Glauben. Eine Einführung

[1] René Laurentin, Jesus und die Frauen: Eine verkannte Revolution?, in: Concilium 16 (1980), S. 281 Anm. 1: „In der engagierten feministischen Literatur wird Maria höchstens nur gelegentlich erwähnt und dann noch, um damit ein überholtes Idealbild der Frau als Inbegriff der Passivität, der Selbstvergessenheit, des schweigenden Duldens und der Entfremdung anzuklagen."
[2] Magdalene Bußmann, Maria und die Frau in der Kirche, in: Katechetische Blätter 106 (1981), S. 619.
[3] Vgl. Herlinde Pissarek-Hudelist, Feministische Theologie – eine Herausforderung an Kirche und Theologie?, in: Wolfgang Beinert (Hg.), Frauenbefreiung und Kirche. Darstellung – Analyse – Dokumentation, Regensburg 1987, S. 15–50 (mit Literaturübersicht zur Rezeption und Entwicklung der feministischen Theologie im deutschen Sprachraum), Kap. 5: Mariologie, S. 36f.; zitiert wird hier Mary Daly, Jenseits von Gottvater, Sohn & Co. Aufbruch zu einer Philosophie der Frauenbefreiung, München 1980, S. 104f.
[4] Arlene Swidler, Die Frau in einer vom Vatergott bestimmten Religion, in: Concilium 17 (1981), S. 233.
[5] Angelus Silesius, Cherubinischer Wandersmann I, 23 (überschrieben: „Die geistliche Maria"), zitiert nach der Ausgabe von Louise Gnädinger (Hg.), Zürich 1986, S. 37.
[6] Hier sei auf einige Publikationen hingewiesen, die eigenes Engagement im Sinne dieses Anliegens widerspiegeln: Elisabeth Gössmann (Hg.), Archiv für philosophie- und theologiegeschichtliche Frauenforschung (iudicium verlag, München); von dieser auf 10 Bände hin konzipierten Reihe sind bisher erschienen: Bd. 1: Das wohlgelahrte Frauenzimmer (1984); Bd. 2: Eva – Gottes Meisterwerk (1985); Bd. 3: Johann Caspar Eberti, Eröffnetes Cabinet dess gelehrten Frauen-Zimmers (1986, Nachdruck der Ausgabe Frankfurt/Leipzig 1706); Bd. 4: Ob die Weiber Menschen seyn, oder nicht? (1988). – Aus der Arbeit der Akademie der Diözese Rottenburg – Stuttgart seien vier Tagungsdokumentationen genannt: Peter Dinzelbacher / Dieter R. Bauer (Hg.), Frauenmystik im Mittelalter, Ostfildern 1985; Margot Schmidt / Dieter R. Bauer (Hg.), „Eine Höhe, über die nichts geht". Spezielle Glaubenserfahrung in der Frauenmystik? (Mystik in Geschichte und Gegenwart, Abt. I, Bd. 4), Stuttgart 1986; Dieter R. Bauer / Elisabeth Gössmann (Hg.), Eva – Verführerin oder Gottes Meisterwerk? Philosophie- und theologiegeschichtliche Frauenforschung (Hohenheimer Protokolle, Bd. 21), Stuttgart 1987; Peter Dinzelbacher / Dieter R. Bauer

(Hg.), Religiöse Frauenbewegung und mystische Frömmigkeit im Mittelalter (Beihefte zum Archiv für Kulturgeschichte, H. 28), Köln/Wien 1988.

[7] Wolfgang Beinert, Die mariologischen Dogmen und ihre Entfaltung, in: Wolfgang Beinert / Heinrich Petri (Hg.), Handbuch der Marienkunde, Regensburg 1984, S. 236, beschreibt „das ‚marianische Jahrhundert', das mit der Regierungszeit der pianischen Päpste von Pius IX. bis Pius XII. identisch ist. Mariologische Themen haben jetzt Hochkonjunktur, machtvoll gefördert durch die beiden Mariendogmen, die wie Fanale den Anfang und das Ende der Epoche bezeichnen, aber auch durch zwei Themen aus der hymnischen Tradition, die Mittlerschaft und Miterlöserschaft Mariens."

[8] Marialis Cultus, zitiert nach: Kirchliches Amtsblatt für die Diözese Rottenburg 81 (1974), Beilage, Nachkonziliare Dokumente 42. Vgl. bes. Nr. 31–38.

[9] Verlautbarungen des Apostolischen Stuhls 75, hg. vom Sekretariat der Deutschen Bischofskonferenz.

[10] Ebd., Nr. 30.

[11] Ebd., Nr. 31.

[12] Die Zeit der Frau. Apostolisches Schreiben „Mulieris Dignitatem", Papst Johannes Paul II., mit einer Hinführung von Joseph Ratzinger und einem Kommentar von Elisabeth Gössmann, Freiburg i. Br. 1988, S. 127.

[13] Ebd.

[14] Ebd., S. 128 (Kommentar von E. Gössmann). Zum folgenden vgl. Nr. 5.

Alttestamentliche Weisheitstexte als marianische Liturgie. Sprüche 8 und Jesus Sirach 24 in den Lesungen an Marienfesten

[1] Das Volksmeßbuch für alle Tage des Jahres nach Pater Urbanus Bomm, 1947.

[2] Vgl. M. Sæbø, ḥkm weise sein, in: Theologisches Handwörterbuch zum Alten Testament, Bd. 1, München/Zürich 1971, S. 557.

[3] Gerhard von Rad, Weisheit in Israel, Neukirchen 1970, ²1982, bes. S. 217 ff.

[4] Aus: Otto Plöger, Sprüche Salomos (Proverbia) (Biblischer Kommentar. Altes Testament, Bd. 17), Neukirchen 1984, S. 85 f.

[5] Georg Fohrer, Sophia (Altes Testament), in: Theologisches Wörterbuch zum Neuen Testament, Bd. 7, Stuttgart 1964, S. 494.

[6] Christa Bauer-Kayatz, Einführung in die alttestamentliche Weisheit (Biblische Studien 55), Neukirchen 1969, S. 78.

[7] Zit. nach Helmer Ringgren, Die Religionen des Alten Orients (Das Alte Testament Deutsch, Ergänzungsreihe, Sonderband), Göttingen 1979, S. 30.

[8] Vgl. hierzu bes. Maurice Gilbert, Le discours de la Sagesse en Proverbes 8, in: ders. (Hg.), La Sagesse de l'Ancien Testament, in: Bibliotheca Ephemeridum Theologicarum Lovaniensium 51 (1979), S. 209–211. Interessant ist, daß hier nicht der Terminus technicus *bara'* für „erschaffen" verwendet wird.

[9] Othmar Keel, Die Weisheit spielt vor Gott, in: Freiburger Zeitschrift für Philosophie und Theologie 21 (1974), S. 13.

[10] Otto Plöger, Sprüche Salomos, a. a. O., hat „Pflegling"; Berend Gemser, Sprüche Salomos (Handbuch zum Alten Testament I/16), Tübingen ²1963 „Lieb-

ling"; so auch Gerhard von Rad, Weisheit in Israel, a.a.O. Vgl. auch Maurice Gilbert, Le discours de la sagesse, a.a.O., S. 213f.

[11] Vgl. Othmar Keel, Die Weisheit spielt vor Gott, in: a.a.O., S. 17ff., und Urs Winter, Frau und Göttin. Exegetische und ikonographische Studien zum weiblichen Gottesbild im Alten Israel und in dessen Umwelt (OBO 53), Göttingen [2]1987, S. 516ff.

[12] „Da war ich ihm zur Seite als Werkmeisterin und war seine Wonne" (Helmer Ringgren, Sprüche/Prediger, Das Alte Testament Deutsch 16/1, Göttingen [3]1980, S. 39.

[13] Vgl. dazu bes. Urs Winter, Frau und Göttin, a.a.O., S. 527ff: „(Frau) Weisheit" als Mittlerin.

[14] Othmar Keel, Die Weisheit spielt vor Gott, in: a.a.O., S. 64.

[15] Vgl. Gerhard von Rad, Weisheit in Israel, a.a.O., S. 199.

[16] Hellmut Brunner, Grundzüge der altägyptischen Religion, Darmstadt 1983, S. 32.

[17] Vgl. dazu auch ebd., S. 41, 67 und 69.

[18] Erik Hornung, Der Eine und die Vielen. Ägyptische Gottesvorstellungen, Darmstadt 1971, S. 209.

[19] Otto Plöger, Sprüche Salomos, a.a.O., bes. S. 97f.

[20] Helmer Ringgren, Sprüche a.a.O., S. 41; vgl. auch Gerhard von Rad, Weisheit in Israel, a.a.O., S. 202.

[21] Otto Plöger, Sprüche Salomos, a.a.O., S. 92.

[22] Aus: Georg Sauer, Jesus Sirach (Jüdische Schriften aus hellenistisch-römischer Zeit III/5), Gütersloh 1981, S. 563–566.

[23] Gerhard von Rad, Weisheit in Israel, a.a.O., S. 208.

[24] Sir 24 wird sehr häufig benutzt, aber immer nur eine jeweils passend erscheinende Auswahl. Die Verszählung ist zudem sehr unterschiedlich, da der Text der lateinischen Übersetzung (= Vulgata), der hierfür meist benutzt wurde, länger ist und mit der griechischen Fassung oft nicht übereinstimmt.

[25] Vgl. dazu den Darstellungsteil bei Urs Winter, Frau und Göttin, a.a.O., bes. Abb. S. 460–466.

[26] Nach Otto Rickenbacher, Weisheitsperikopen bei Ben Sira (OBO 1), Göttingen 1973, ist V. 18 ein Zusatz der Vetus Latina; überhaupt sei keine andere Weisheitsperikope von der VL so stark umgearbeitet worden wie Sir 24. Vgl. bes. S. 171.

[27] Der Rest des Kapitels ist geprägt von Aussagen über das Wasser, das für ein Gedeihen der Bäume unverzichtbar ist. Verschiedene Traditionen, auch Anspielungen auf die Paradiesströme, klingen hier an. Baum – Göttin – Wasser – Leben bilden immer einen Zusammenhang, der in der Ikonographie in verschiedenster Weise ausgedrückt wird. Im übrigen ist der Text in der zweiten Hälfte von Sir 24 außerordentlich verderbt und mit späteren Zusätzen und Ermahnungen, auch aus christlicher Zeit, durchsetzt. So kann ich leider nicht auf alle Einzelheiten eingehen, insbesondere auch nicht auf den Text der Vulgata, der den liturgischen Texten bekanntlich zugrunde liegt.

[28] Nur der männliche *logos* wird später auch mit einer Person, nämlich mit Jesus, identifiziert, während die beiden weiblichen Vorstellungen *Weisheit* und *Geistkraft* verschlungenere Wege gehen. S. dazu unten.

[29] Vgl. dazu bes. Silvia Schroer, Der Geist, die Weisheit und die Taube. Feministisch-kritische Exegese eines neutestamentlichen Symbols auf dem Hinter-

grund seiner altorientalischen und hellenistisch-frühjüdischen Traditionsgeschichte, in: Freiburger Zeitschrift für Philosophie und Theologie 33 (1986), S. 210.

30 Claudia V. Camp, Wisdom and the Feminine in the Book of Proverbs (Bible and Literature Series 11), Sheffield (England) 1985, S. 11.

31 Elisabeth Schüssler Fiorenza, Wisdom Mythology and the Christological Hymnus of the New Testament, in: R. L. Wilken, Aspects of Wisdom in Judaism and Early Christianity, Notre Dame/London 1975, S. 26ff., unter Verweis auf Hans Conzelmann, Die Mutter der Weisheit, in: Zeit und Geschichte (Festschrift Rudolf Bultmann), Tübingen 1964, S. 225–234.

32 Auf diese Aspekte kann hier nicht im einzelnen eingegangen werden; vgl. dazu auch Silvia Schroer, Der Geist, die Weisheit und die Taube, in: a. a. O., S. 209f.

33 Urs Winter, Frau und Göttin, a. a. O., S. 529.

34 Felix Christ, Jesus Sophia. Die Sophia-Christologie bei den Synoptikern, Zürich 1970, S. 153.

35 Claudia V. Camp, Wisdom and the Feminine, a. a. O., S. 263f.

36 Ebd., S. 230.

37 Nach Bernhard Lang, Frau Weisheit, Düsseldorf 1975, S. 181, werden Sir 24 und Spr 8 seit dem 7. Jh. als Lesungstexte an Marienfesten verwendet.

38 Paula Seethaler, Die Weisheitstexte in der Marienliturgie, in: Benediktinische Monatsschrift 34 (1958), S. 112ff.

39 Seit dem 11. Jh. als „Variante der christologischen Deutung". Bernhard Lang, Frau Weisheit, a. a. O., S. 181.

Der mit den Anmerkungen gegebenen Auswahl aus der neueren Literatur möchte ich noch einige Titel hinzufügen:

P.-E. Bonnard, De la Sagesse personnifiée dans l'Ancien Testament à la Sagesse en personne dans le Nouveau, in: Bibliotheca Ephemeridum Theologicarum Lovaniensium 51 (1979), S. 117–149; Susan Cady / Marian Ronan / Hal Taussig, Sophia. The Future of Feminist Spirituality, New York 1986; Dieter Georgi, Frau Weisheit oder das Recht auf Freiheit als schöpferische Kraft, in: Leonore Siegele-Wenschkewitz (Hg.), Verdrängte Vergangenheit, die uns bedrängt. Feministische Theologie in der Verantwortung für die Geschichte, München 1988; S. 243–276. Max Küchler, Frühjüdische Weisheitstraditionen. Zum Fortgang weisheitlichen Denkens im Bereich des frühjüdischen Jahweglaubens (OBO 26), Göttingen 1979; Renate Laut, Weibliche Züge im Gottesbild israelitisch-jüdischer Religiosität, Köln 1983; H.-P. Müller / M. Krause, ḥāḵam, in: Theologisches Wörterbuch zum Alten Testament, Bd. 2, Stuttgart u. a. 1977, S. 920–944; Hans Heinrich Schmid, Wesen und Geschichte der Weisheit (Beihefte zur Zeitschrift für die alttestamentliche Wissenschaft 101), Berlin 1966.

[1] Eine repräsentative Sammlung neutestamentlicher Apokryphen in deutscher Übersetzung mit ausführlichen Quellen- und Literaturangaben wurden von Edgar Hennecke (†) und Wilhelm Schneemelcher herausgegeben: Wilhelm Schneemelcher, Neutestamentliche Apokryphen I (Evangelien), Tübingen [5]1987; Edgar Hennecke / Wilhelm Schneemelcher, Neutestamentliche Apokryphen II (Apostolisches, Apokalypsen und Verwandtes), Tübingen [4]1971. Eine Neuauflage des 2. Bandes ist in Vorbereitung. Im folgenden zitiert: NA. Die Originaltexte wurden von R. A. Lipsius und M. Bonnet, Leipzig 1891/1898, ediert (Acta Apostolorum Apocrypha); eine neue kritische Gesamtausgabe mit französischer Übersetzung wird in der Reihe ‚Corpus Christianorum. Series Apocryphorum' vorbereitet.

[2] NA I, S. 334–349.

[3] NA I, S. 174–179. Die Schrift des Klemens von Alexandrien ist in deutscher Übersetzung in der Reihe ‚Bibliothek der Kirchenväter', Kempten 1911 ff. (BKV) zugänglich, Bd. 17, 1936, und Bd. 19, 1937. In den Anmerkungen hier wird auf die Angabe der klassischen Editionen verzichtet; auf Übersetzungen in modernen Sprachen wird verwiesen.

[4] Ruf. I, 10; Sok. I, 20 (The Nicene and Post-Nicene Fathers = NPNF); Soz. II, 7 (NPNF); Theod. I, 24 (BKV 51, 1926).

[5] Eusebios, Kirchengeschichte V, 31 (BKV, Bd. II/1, 1932). Eusebios stützt sich allerdings auf Quellen, die sich teilweise widersprechen (vgl. III, 30 und V, 37).

[6] In NA II, 404, nur erwähnt. Engl. Übers. bei William Wright, Apocryphal Acts of the Apostles, London 1871 (Neudruck 1968).

[7] Vgl. Klaus Thraede, Art. ‚Frau' in: Reallexikon für Antike und Christentum (RAC) 8, Stuttgart 1972, Sp. 197–269.

[8] Elaine Pagels, Versuchung durch Erkenntnis. Die gnostischen Evangelien, Frankfurt a.M. 1987, S. 40–69.

[9] NA I, 93–113. Das Thomasevangelium ist ebenfalls in lat., dt. und engl. Übersetzung abgedruckt in: Synopsis Quattuor Evangeliorum (hg. v. Kurt Aland), Stuttgart 1964, S. 517–530.

[10] NA I, S. 313–315.

[11] NA I, S. 290–297.

[12] Gegen die Häresien III, 21 u. 22; V, 19 u. 21 (BKV 3 u. 4, 1912). Die Parallele Eva/Maria findet sich bereits bei Justin, Dialog mit dem Juden Tryphon 84; 100; 124 (BKV 33, 1917). Bei ihm dominiert aber der Gedanke der Schrifterfüllung in der Jungfrauengeburt.

[13] Wir kennen die „Thekla-Akten" nur als Teil der „Paulus-Akten" (Text: NA II, S. 243–251), sie waren aber ursprünglich eine eigenständige Überlieferung. Die Veröffentlichung einer ausführlichen Thekla-Dokumentation („Thekla die Apostelgleiche. Wandlungen einer frühchristlichen Frauentradition") wird von der Verfasserin vorbereitet. Vgl. Ruth Albrecht, Das Leben der heiligen Makrina auf dem Hintergrund der Thekla-Traditionen, Göttingen 1986; Anne Jensen, Thekla, in: Zwischen Ohnmacht und Befreiung. Biblische Frauengestalten, hg. v. Karin Walter, Freiburg i.Br. 1988, S. 173–179.

[14] Stevan L. Davies, The Revolt of the Widows. The Social World of the Apocryphal Acts, Southern Illinois Univ. Press 1980.
[15] Nicht in NA II. Griechischer Text in: Apocrypha Anecdota II, hg. v. Montague Rhodes James, 1893, S. 58–85, engl. Übersetzung in: The Ante-Nicene-Fathers (ANF), Michigan 1978.
[16] Dennis R. MacDonald, The Legend and the Apostle. The Battle for Paul in Story and Canon, Philadelphia 1983; Virginia Burrus, Chastity as Autonomy. Women in the Stories of the Apocryphal Acts, Lewiston (NY) 1987. MacDonalds Interesse gilt primär dem Paulusbild in den mündlichen Legenden, Burrus untersucht die Frauentraditionen auf dem Hintergrund volkstümlicher Erzählkunst. Davies vertritt darüber hinaus die These, daß die gesamten Apostelakten auch in der vorliegenden schriftlichen Form von Frauen verfaßt seien, doch seine Argumente sind nicht überzeugend. Vgl. auch: The Apocryphal Acts of Apostles, in: Semeia 38 (1986).
[17] BKV 32, 1917.
[18] Hieronymus, Über die beständige Jungfrauschaft Mariens. Gegen Helvidius 19 (BKV 15, 1914).
[19] Augustinus, De virginitate 2–4. Dt.: Heilige Jungfräulichkeit, Würzburg 1952.
[20] Vgl. Hans Frhr. v. Campenhausen, Die Jungfrauengeburt in der Theologie der frühen Kirche (Sitzungsberichte der Heidelberger Akademie der Wissenschaften), Heidelberg 1962.
[21] Vgl. Art. ‚Ehegesetze', in: RAC 4, Stuttgart 1959, Sp. 677–80.
[22] Vgl. Aline Rousselle, Porneia, Paris 1983.
[23] Hanna-Barbara Gerl-Falkovitz am 14. 2. 1987 in der Thomas-Morus-Akademie in Walberberg.
[24] In: Ascetische Schriften des Johannes Chrysostomus (Jakob Fluck), Freiburg i. Br. 1866.
[25] Über die beständige Jungfrauenschaft Marias, a. a. O. Die Schrift des Helvidius ist nicht erhalten.
[26] Panarion 49, 2.
[27] Leben der hl. Väter, BKV 5, 1912.
[28] Vgl. Hans Achelis, Virgines Subintroductae, Leipzig 1902; ich arbeite an einer neuen Untersuchung des Phänomens aus der Frauenperspektive.
[29] Johannes Chrysostomos, in: Ascetische Schriften, a. a. O.; griech./franz.: De la Virginité, SC (= Sources Chrétiennes), 125, Paris 1966.
[30] Über die Jungfräulichkeit, in: Gregor von Nyssa, Drei asketische Schriften (Bibliothek der griechischen Literatur 7), Stuttgart 1977; griech./franz.: Traité de la Virginité, SC 119, 1966.
[31] Augustinus, Über den Wortlaut der Genesis (Carl Johann Perl), 2 Bde., Paderborn 1961/64.
[32] Dt.: Augustinus, Die Enthaltsamkeit, Würzburg 1948.
[33] Ebd., 22–23.
[34] Dt.: Augustinus, Heilige Jungfräulichkeit, Würzburg 1952.
[35] Dt.: Augustinus, Das Gut der Ehe, Würzburg 1949, 22 f.
[36] Brief 39 an Paula (BKV II/18, 1937).
[37] Text (griech./lat./franz.) in: Périclès-Pierre Joannou, Les canons des Synodes Particuliers, Grottaferrata 1962, S. 83–99.
[38] Ebd., c. 13.

[39] Ebd., c. 17.
[40] Lat. Text mit dt. Übers., Einleitung und Kommentar bei: Christoph Stücklin, Tertullian: De virginibus velandis. Ein Beitrag zur altkirchlichen Frauenfrage, Bern/Frankfurt a.M. 1974.
[41] Ebd., VII.
[42] Tertullian, Über die Taufe 17 (BKV 7, 1912).
[43] Cyprian, Über die Haltung der Jungfrauen (BKV 34, 1918).
[44] Tertullian, An seine Frau I, 6; Über die Aufforderung zur Keuschheit XIII (BKV 7, 1912).
[45] Philo von Alexandrien, De vita contemplativa; dt.: Über das betrachtende Leben oder die Schutzflehenden, in: Werke VII, Berlin 1964, 44–70.
[46] Egérie, Journal de Voyage (23), SC 296, 1982; dt.: Die Pilgerreise der Aetheria, Klosterneuburg 1958.
[47] Gilbert Dagron, Vie et Miracles de Sainte Thècle, Paris 1978; dt. in: Thekla die Apostelgleiche (wie Anm. 13).
[48] The Golden Bough, the Oaken Cross. The Virgilian Cento of Faltonia Betitia Proba, hg. von Elizabeth Clark u. Diane Hatch, Chico (Calif.) 1981 (lat. Text mit engl. Übersetzung, Einleitung und Kommentar).

Mariologische Entwicklungen im Mittelalter. Frauenfreundliche und frauenfeindliche Aspekte

[1] Vgl. meine Einleitung zu Bd. 1 des von mir herausgegebenen Archivs für philosophie- und theologiegeschichtliche Frauenforschung, München 1984, S. 14.
[2] Vgl. die Bände des Archivs für philosophie- und theologiegeschichtliche Frauenforschung, hg. von Elisabeth Gössmann, München 1984ff.
[3] In der in der Handschriftenabteilung der Münchener Staatsbibliothek vorhandenen Ausgabe von 1577, S. 425ff.
[4] Archiv Bd. 1, a.a.O., S. 112.
[5] Vgl. Elisabeth Gössmann, Die Verkündigung an Maria im dogmatischen Verständnis des Mittelalters, München 1957, S. 12. Diese Arbeit ist bisher von der Forschung kaum rezipiert worden. Im folgenden werden für die Zitatangaben die Seitenzahlen dieser Arbeit angeführt.
[6] Ebd., S. 13.
[7] Vgl. ebd., S. 17–22.
[8] Vgl. ebd., S. 43 und 69.
[9] Vgl. ebd., S. 36–39.
[10] Vgl. Silvia Schroer, Der Geist, die Weisheit und die Taube, in: Freiburger Zeitschrift für Philosophie und Theologie 33 (1986), S. 197–225, und die dort angegebene Literatur.
[11] Vgl. Elisabeth Gössmann, Die Verkündigung an Maria, a.a.O., S. 26–32.
[12] Ursprünglich dürften „Weisheit" und „Wort" keinen Gegensatz gebildet haben, wenngleich die allmähliche Verdrängung der Sophia durch den Logos eine schmerzliche Tatsache unserer Tradition ist.
[13] Maria – Gottes Ja zum Menschen. Papst Johannes Paul II. Enzyklika „Mutter des Erlösers", Freiburg i.Br. 1987, Nr. 13.

[14] Mary Daly, Pure Lust. Elemental Feminist Philosophy, Boston 1984 (dt.: Reine Lust, Elemental-feministische Philosophie, München 1986).
[15] Elisabeth Gössmann, Die Verkündigung an Maria, a.a.O., S. 190–192.
[16] Vgl. ebd., S. 99–103.
[17] Ebd., S. 117f.
[18] Vgl. ebd., S. 45–47.
[19] Abaelard, Die Leidensgeschichte und der Briefwechsel mit Heloise, übertr. und hg. von Eberhard Brost, 1979, S. 283–285.
[20] Vgl. Elisabeth Gössmann, Die Verkündigung an Maria, a.a.O., S. 283–285.
[21] Vgl. ebd., S. 49–53.
[22] Vgl. ebd., S. 52f.
[23] Vgl. ebd., S. 60–65.
[24] Vgl. ebd., S. 71–73.
[25] Summa theologiae, III, qu. 28, art. 1 resp.
[26] Vgl. Elisabeth Gössmann, Die Verkündigung an Maria, a.a.O., S. 162–170.
[27] Vgl. ebd., 131–138.
[28] Sentenzenkommentar zum 3. Buch des Petrus Lombardus, Quaracchi-Ausgabe, Tom. III, S. 67.
[29] Vgl. Elisabeth Gössmann, Die Verkündigung an Maria, a.a.O., S. 138–141.
[30] Vgl. ebd., S. 171–174.
[31] Vgl. ebd., S. 150–161.
[32] Wolfgang Beinert/Heinrich Petri (Hg.), Handbuch der Marienkunde, Regensburg 1984, S. 166 zu Petrus Damiani und S. 184 zu Jakob Sprenger. Allerdings ist auch die Mariologie der Frauen nicht ganz übergangen, S. 186f.
[33] In dieser Hinsicht bringt das Buch von Alois Müller, Glaubensrede über Maria, Mainz 1980, gute Ansätze.
[34] Alois Müller, Glaubensrede über Maria, a.a.O., S. 98. Eine Kritik zu S. 67 dieses Buches ist notwendig. Es handelt sich bei der mittelalterlichen Auffassung von der jungfräulichen Empfängnis Christi keineswegs um einen Konvenienzgrund, sondern um strenge Notwendigkeit, auch wenn einzelne Aspekte der Jungfräulichkeit als konvenient bezeichnet werden.
[35] Michael Schmaus, Katholische Dogmatik, Bd. 5: Mariologie, München 2. Aufl. 1961, S. 262 und S. 268.

„Maria, Spiegel der Schönheit". Zum Marienbild bei Hildegard von Bingen und Mechthild von Magdeburg

[1] Hildegardis Scivias, ed. Adelgundis Führkötter, coll. Angela Carlevaris, Corpus Christianorum Cont. Med. 43 et 43a, Turnholti 1978, 43, I S. 8, 33–35.
[2] Von der Menschwerdung 54 und Gegen die Arianer I n. 38f. II n. 59, und n. 70 u. öfter.
[3] Margot Schmidt, Maria – „materia aurea" in der Kirche nach Hildegard von Bingen, Münchener Theol. Zs. 32 (1981) S. 16–32.
[4] Pitra, Analecta s. Hildegardis opera specilegio Solesmensi parata, ed. Johannes

Baptista Pitra (= Pitra), Analecta sacra, tom. 8, Monte Casinense, Paris 1882, 329 und 395.

[5] Hildegard von Bingen, Lieder (= Lieder). Nach den Handschriften hg. von Prudentia Barth O. S. B., M. Immaculata Ritscher O. S. B. und Joseph Schmidt-Görg, Salzburg 1969, S. 224 f.

[6] Ebd. Lieder: O virga ac diadema purpurae Regis, S. 222.

[7] Ebd., S. 222 f.

[8] Ebd., S. 228 f. Vgl. auch Hildegard von Bingen, Wisse die Wege. Scivias. Nach dem Originaltext des illuminierten Rupertsberger Kodex ins Deutsche übertragen und bearbeitet von Maura Böckeler, Salzburg 5. Aufl. 1963, III, 6. S. 258. Hildegardis Scivias, a. a. O., CC 43, S. 451, 683.

[9] Josef Ratzinger, Betrachtungen über den Marienglauben in der Kirche, Einsiedeln 2. Aufl. 1977, S. 70 f.

[10] Margot Schmidt, Maria – „materia aurea", a. a. O., S. 19.

[11] Hildegard von Bingen, Der Mensch in der Verantwortung. Das Buch der Lebensverdienste (Liber vitae meritorum). Nach den Quellen übersetzt und erläutert von Heinrich Schipperges, Salzburg 1972, VI n. 46, S. 284.

[12] Hildegard von Bingen, Lieder a. a. O., S. 218 f. und S. 226 f.

[13] Hildegard von Bingen, Wisse die Wege, a. a. O., II, 1 S. 148. Hildegardis Scivias, a. a. O. CC 43, S. 118, 290 sq.

[14] Hildegard von Bingen, Lieder, a. a. O., S. 278 f.

[15] Pitra, S. 253.

[16] Hildegard von Bingen, Welt und Mensch. Das Buch „,De operatione Dei'". Aus dem Genfer Kodex übersetzt und erläutert von Heinrich Schipperges, Salzburg 1972, V, n. 31. S. 218. Hildegardis abbatissae opera omnia, ed. J. P. Migne, Patrologiae cursus completus, Serias latina, tom. 197 (= PL), Paris 1882, 928 AB. Hildegard von Bingen, Lieder, a. a. O., S. 80.

[17] Ephräm, Hymnen de Ecclesia, 36, 2 (Corpus Scriptorum Christianorum Orientalium, Vol. 199, Script. Syri t. 85), Louvain 1960.

[18] Ebd.

[19] Ebd., 37, 2.

[20] Ebd., 36, 6.

[21] Ebd., 36, 1.

[22] Hildegard von Bingen, Lieder, a. a. O., S. 22 f. Vgl. Margot Schmidt, Das Auge als Symbol der Erleuchtung bei Ephräm und Parallelen in der Mystik des Mittelalters, in: Oriens Christianus 68 (1984), S. 40.

[23] Hildegard von Bingen, Lieder, a. a. O., S. 286 f.

[24] Pitra, S. 217.

[25] Ep CXII: Deus rationalitas illa est quae nec finem habet. PL 332 C.

[26] Hildegard von Bingen, Wisse die Wege, a. a. O., III, 2, Scivias, S. 367, 640 sq.

[27] Vgl. Hildegard von Bingen, Der Mensch in der Verantwortung, a. a. O., IV, 7, S. 227. Ebd., V, 10, S. 225; Liber vitae meritorum: „Homo in pennis rationalitatis vitalis est", Pitra S. 186.

[28] Pitra, S. 217.

[29] Hildegard von Bingen, Welt und Mensch, a. a. O., II, 5 n. 17, S. 204. Liber divinorum operum, PL 916 C.

[30] Ephräm, De Nativitate (Corpus Scriptorum Christianorum Orientalium, Vol. 187, Script. Syri t. 83), Louvain 1959.

[31] Ebd.

[32] Vgl. Margot Schmidt, Maria – „materia aurea", a. a. O., S. 23.
[33] Hildegard, Lieder, a. a. O., S. 220.
[34] Hildegard von Bingen, Wisse die Wege III, 1, S. 214; Scivias CC 43a, S. 338, 390 sq.
[35] Hildegard von Bingen, Scivias III, 8, CC 43a, S. 499, 726 sq.
[36] Hildegard von Bingen, Lieder, a. a. O., S. 216.
[37] Hildegard von Bingen, Wisse die Wege III, 13, S. 341; Scivias CC 43a,S. 615, 53 sq.
[38] Hildegard von Bingen, Scivias III, 8, CC 43a, S. 503, 864 sq.
[39] Elisabeth Gössmann, Die Verkündigung an Maria im dogmatischen Verständnis des Mittelalters, München 1957, S. 114f.
[40] Hildegard von Bingen, Lieder, a. a. O, S. 224.
[41] Ebd., S. 226.
[42] Hildegard von Bingen, Welt und Mensch, a. a. O., III 10 n. 9, S. 219. PL 1009 CD.
[43] Hildegardis, Expositio Evangeliorum IV 2, Pitra 253.
[44] Hildegard von Bingen, Welt und Mensch II, 5 n. 31, S. 218; Liber divinorum operum, Pl 928 A. B.
[45] Hildegardis Causae et curae, ed. P. Kaiser, Leipzig 1903, Reprint Basel 1980, S. 136, 23f.
[46] Hildegard von Bingen, Der Mensch in der Verantwortung, a. a. O., IV n. 76, S. 216; Pitra, S. 176. Vgl. Welt und Mensch, a. a. O., III, 10 n. 9, S. 290; Liber divinorum operum, PL 1009 C.
[47] Hildegard von Bingen, Der Mensch in der Verantwortung, a. a. O., I n. 96, S. 69.
[48] Hildegard von Bingen, Welt und Mensch II, 5 n. 42, S. 232; Liber divinorum operum, PL 943 B.
[49] Hildegard von Bingen, Wisse die Wege I 1, S. 95; Scivias CC 43, S. 8,34.
[50] Mechthild von Magdeburg, Das fließende Licht der Gottheit, ed. Gall Morel, Reprint Darmstadt 3. Auflage 1980, I, 22.
[51] Ebd.
[52] Elisabeth Gössmann, Die Verkündigung an Maria, a. a. O., S. 158f.
[53] Mechthild von Magdeburg, a. a. O., V, 23.
[54] Ebd., V, 13.
[55] Ebd.
[56] Ebd., III, 23.
[57] Ebd., V, 23.
[58] Ebd.
[59] Ebd., VI, 39.
[60] Vgl. die zutreffende Deutung dieser Stelle durch Elisabeth Gössmann a. a. O., S. 185–190.
[61] Mechthild von Magdeburg, a. a. O., IV, 39.
[62] Ebd., II, 3.
[63] Ebd., I, 31.
[64] Ebd., I, 22; IV, 3.
[65] Ebd., IV, 3.
[66] Ebd., I, 22.
[67] K. Wittkemper, Braut, in: Lexikon der Marienkunde Bd. 1, St. Ottilien 1988, S. 564–571.

[68] Mechthild von Magdeburg, a.a.O., VII, 19.
[69] Ebd., IV, 39.
[70] Ebd., I, 22.
[71] Ebd., VII, 37.
[72] Ebd., III, 1 und III, 9.
[73] H. Schottmann, Isländische Mariendichtung, in: Lexikon der Marienkunde Bd. 3, a.a.O. im Druck.
[74] Mechtild, a.a.O., V, 23.
[75] Ebd., III, 4.
[76] Ebd., I, 31 und II, 3.
[77] Ebd., III, 9.
[78] Ebd., V, 32.
[79] Ebd., III, 4.
[80] Ebd., IV, 2.
[81] Ebd., IV, 35.
[82] Ebd., III, 1.
[83] Ebd., I, 22.
[84] Ebd., VI, 39.
[85] Ebd., VII, 19.
[86] Ebd., V, 7.
[87] Ebd., VI, 16.
[88] Ebd., I, 45.
[89] Ebd., II, 3.
[90] Ebd., I, 22.
[91] Ebd.
[92] Ebd.
[93] Ebd.
[94] Ebd., V, 2.
[95] Ebd., V, 23.
[96] Ebd., II, 24.
[97] Ebd., V, 23.
[98] Ebd., IV, 3.
[99] Ebd., VII, 19.
[100] Ebd., V, 23.
[101] Ebd., VII, 19.

„Geschenk der Natur und des Himmels". Zur Mariologie der Renaissance

[1] Vgl. im einzelnen: Hanna-Barbara Gerl, Einführung in die Philosophie der Renaissance, Darmstadt 1988.
[2] Eine Fülle von Gemälden, insbesondere in Siena, zeigt die „Gürtelspende"; vgl. Giuseppe Manacorda, Italienische Madonnen des Quattrocento, Berlin 1942.
[3] E. Delaruelle, u.a., L'Eglise au temps du grand Schisme et de la crise conciliaire (S. 1378–1449). Histoire de L'Eglise XIV, 1, S. 275.
[4] Denzinger, S. 734–735, Nr. 1400.
[5] Denzinger, S. 792, Nr. 1515.

[6] Elisabeth Gössmann verdanke ich den Hinweis, daß der Streit auf einer unterschiedlichen Zeugungstheorie bei den Dominikanern und Franziskanern beruht. Vgl. ihren Beitrag in diesem Buch. – So widersetzte sich z.B. der Dominikaner Vincenzo Bandello in seinem ‚Tractatus de singulari potestate et prerogativa Salvatoris nostri Jesu Christi' der These von der „Unbefleckten Empfängnis", desgleichen schon in seinem ersten Werk ‚Libellus Recollectarius de veritate conceptionis', Mailand 1475, wo er auf den mangelnden biblischen Befund hinwies. – Der Dominikaner Wigand Wirt aus Frankfurt hatte 1512 und 1523 ähnliche Argumentationen öffentlich zu widerrufen. 1508 waren in Bern vier Dominikaner aus demselben Grund verbrannt worden. Vgl. Clément Schmitt, La controverse allemande de l'Immaculée Conception: l'intervention et le procès de Wigand Wirt op (1494–1513), in: Archivum Franciscanum Historicum 45 (1952). Weitere Literatur und Einzelheiten bei: Guy Bedouelle, Lefèvre d'Étaples et l'intelligence des écritures, Genève 1976, S. 197–201.

[7] Der „Streit um die Mutter Anna" führte zu einer noch unausgeschöpften Fülle von Beiträgen: von Trithemius über Luther, Arnold Bostius (der einen poetischen Wettbewerb über den Hl. Joachim veranstaltete), Josse Clichtove bis zu Agrippa von Nettesheim und Lefèvre d'Étaples. Bei diesem Streit ging es um die Empfängnis Marias bei der Begegnung von Joachim und Anna: eben um die Frage der Vererbung der Ursünde bei der Zeugung. Vgl. auch: B. Kleinschmidt OFM, Die hl. Anna. Ihre Verehrung in Geschichte, Kunst und Volkstum, Düsseldorf 1930.

[8] Vgl. Wolfgang Beinert / Heinrich Petri (Hg.), Handbuch der Marienkunde, Regensburg 1984, S. 193–196.

[9] Die Briefe des Hl. Thomas More aus dem Gefängnisse, übertr. von Karlheinz Schmidthüs, Freiburg o.J., S. 49f.

[10] Wolfgang Beinert / Heinrich Petri (Hg.), Handbuch der Marienkunde, a.a.O., S. 202–206.

[11] Erklärung zur Heimsuchung Marias von 1532, ebd., S. 205.

[12] René Laurentin, Kurzer Traktat der Marianischen Theologie, Regensburg 1959, S. 100.

[13] Herbst des Mittelalters. Studien über Lebens- und Geistesformen des 14. und 15. Jahrhunderts in Frankreich und in den Niederlanden (letzte Fassung: 1941), Stuttgart 1987, bes. S. 205–236. – Fast rührend, wie gerade auch die Mutter Anna „festgehalten" wurde: in der Trierer Schatzkammer im Dom findet sich z.B. „Annas Arm".

[14] Peter Burke, Die Renaissance in Italien. Sozialgeschichte einer Kultur zwischen Tradition und Erfindung, Berlin 1984, S. 220.

[15] Deutsche Übersetzung von Margarete Zimmermann, Das Buch von der Stadt der Frauen, Berlin 1986. Ausführliche Bibliographie bei Angus J. Kennedy, Christine de Pizan, London 1984.

[16] Beide Werke sind herausgegeben von Maurice Roy, Oeuvres poétiques de Christine de Pisan, Band III, Paris 1896, S. 1–14.

[17] Bibliotheca Apostolica Vaticana, Urb. lat. 387, 261v–262v; Vat. lat. 2919, 15v–16r (zitiert nach: Remo L. Guidi, Questioni di storiografia agiografica nel Quattrocento, in: Benedictina 34,1 [1987], S. 213):
primum namque forma humani corporis a thorace ad pedes usque deorsum, ob longo basilice nostre spatio quantum a foribus ad exitum testudinis porrigitur, paulo diligentius intuenti, persimilis apparet. Reliquum deinde spatium, quod

ambitu testudinis inferius continetur, superiori hominis trunco a capite usque ad thoracem nullatenus dissimile ostenditur; atque ut hec nostra similitudo recte convenire videatur, constitue aliquem in superiori ecclesie parte, cuius universum corpus humi prosternas velim, ita ut caput eius ad orientem vergat, brachiis in diversa utrinque extensis, altero ad septentrionem, altero vero ad meridiem vergente, pedes autem ad occidentem spectent, atque humano corpore per hunc modum abs te constituto, dubitare non poteris quin hec nostra similitudo omnibus prope modis convenire videatur.

[18] Ilse Reineke, Julius Caesar Scaligers Kritik der neulateinischen Dichter. Text, Übersetzung und Kommentar des 4. Kapitels von Buch VI seiner Poetik, München 1988, S. 166: *non sine ingenio, sed sine arte.*

[19] Ebd., S. 348: *Christianus Maro.*

[20] La Partenice mariana di B. Mantovano, ed. E. Bolisani, Padova 1957, I, S. 661–665: *non robusta nimis, teneros neque debilis artus incolumis, morboque carens, non mole sepulti corporea sensus: crines, caput, ora sinusque brachia, colla, manus postremaque membra ligarat solerti compage deus.*

[21] Nach: Remo L. Guidi, a.a.O., S. 211.

[22] Etwa bei: Alessandro Borromeo, Beatissimae Virginis Mariae ad illustrissimam Blancham Mariam Mediolani dominam (...) vita. Die bizarrsten Beispiele bei Remo L. Guidi S. 207–211 (Essensverweigerung, Furcht vor der Heirat, Scheu vor Kontakten, Unleiblichkeit etc.).

[23] La Partenice I, S. 631–655:
quicquid habent sacrae divina volumina legis,
quicquid inest Arabum libris lustrat et omnis
Graiorum annales, Romanorumque triumphos;
et quantum Latii fudissent arma cruoris
Punica, quot bellis rubuit navalibus aequor;
qui Troiam petiere duces (...).
Quicquid in his tumidum, quicquid crudele procaxque
et quaecumque pios non attestantia mores
offendit, damnabat, apes imitanda legendo.

[24] F. Silvestri, Beatae Osannae Mantuanae de tertio habitu ordinis Fratrum Praedicatorum vita, Mediolani 1505, f. 8 rv: De Maria Virgine eam litteras edocente (zit. nach Remo L. Guidi, a.a.O., 204).

[25] Bernardino da Feltre, De beata Virgine, quomodo ipsa sola plus potest apud Deum quam omnes alii Sancti simul et omnes alie creature, in: C. Varischi (Hg.), Sermoni del b. Bernardino Tomitano da Feltre, Milano 1964, I, S. 69–81 (zit. nach Remo L. Guidi, a.a.O., S. 206.

[26] Zitiert nach Remo L. Guidi, a.a.O., S. 209.

[27] Ilse Reineke, Julius Caesar Scaligers Kritik der neulateinischen Dichter, a.a.O., S. 574.

[28] J. Sannazaro, De partu virginis, hg. v. A. Altamura, Napoli 1948, I, S. 188–194:
At venter (...)
sine vi, sine labe pudoris,
arcano intumuit verbo: vigor actus ab alto
irradians, vigor omnipotens, vigor omnia complens
descendit, Deus ille, Deus, totosque per artus
dat sese miscetque utero: quo tacta, repente

viscera contremuere.
[29] Ebd., II, S. 369–371:
alma parens nullos intra praecordia motus
aut incursanteis devexi ponderis ictus
senserat; haerebant immotis viscera claustris.
[30] In: J. Monfasani (Hg.), Collectanea Trapezuntiana, Binghampton 1984, S. 596.
[31] A. S. Piccolomini, Opera inedita, ed. Josephus Cugnoni, Roma 1883, S. 358.
[32] Ebd.: *Munera nulla petet, vitulos ne quere litandos:*
Mens bona sola placet; mens bona sola satis.
[33] Zitiert nach H. A. Enno van Gelder, The Two Reformations in the 16th Century, The Hague 1961, S. 67.
[34] In: Opera Omnia, ed. Gregorius Majansius, Valentiae Ed. 1788, VII, S. 122–131.
[35] Ebd., S. 123f.
[36] Ebd., S. 124.
[37] Ebd., S. 126: *Venus victa.*
[38] Ebd., S. 127: *filius praetor designatus.*
[39] Ebd., S. 127: *Euge fortissima Imperatrix.*
[40] Ebd., S. 130: *tempus enim quo à veritate aures avertent, et ad fabulas convertentur, quis appetere nequaquam prospicit?*
[41] Erasmus, Die Wallfahrt, in: Auswahl aus seinen Schriften von Anton Gail, Düsseldorf 1948, S. 288–291.
[42] Colloquia Familiaria, übersetzt von W. Welzig, in: Erasmus, Ausgewählte Schriften in 8 Bänden; Das Fischessen, VI, S. 451.
[43] Erasmus, Die Wallfahrt, in: Auswahl aus seinen Schriften von Anton Gail, Düsseldorf 1948, S. 313.
[44] Ebd., S. 321.
[45] Ebd., S. 291.
[46] Epistres et Evangiles pour les cinquante et deux dimanches de l'an, Leiden 1976.
[47] Ebd., S. 96.
[48] Ebd., S. 368f.
[49] Ebd., S. 370.
[50] Ebd., S. 370.
[51] Ebd., S. 370.
[52] Ebd., S. 371.
[53] Ebd., S. 370.
[54] Ebd., S. 371.
[55] Ebd., S. 135.
[56] Ebd., S. 371.
[57] Ebd., S. 371.
[58] Ebd., S. 97.
[59] Ebd., S. 370.
[60] Ausgewählte Sonette der Vittoria Colonna; Umdichtungen von Hans Mühlestein, Basel [2]1935, S. 25.
[61] Hilda Graef, Mary: A History of Doctrine and Devotion, Bd. 2, London/New York 1965, Kap. 7. W. Delius, Geschichte der Marienverehrung, München/Basel 1963.

[62] Patricia Labalme, Venetian Women on Women. Three Early Modern Feminists, in: Archivio Veneto, Venedig 1981, S. 81–109. Es handelt sich um Moderata Fonte, Lucretia Marinella und Arcangela Tarabotti.
[63] Vorgestellt und in Auszügen übersetzt von Mara Huber-Legnani, in: Elisabeth Gössmann (Hg.), Archiv für philosophie- und theologiegeschichtliche Frauenforschung, Bd. 4, München 1988, S. 124–167.
[64] Dieses Zitat befindet sich in einem anderen Textausschnitt, in: Dieter R. Bauer / Elisabeth Gössmann (Hg.), Eva – Verführerin oder Gottes Meisterwerk? Philosophie- und theologiegeschichtliche Frauenforschung, Stuttgart 1987, S. 141.
[65] Lucretia Marinella, Le Nobiltà et Eccellenze delle Donne et i Diffetti e Mancamenti de gli Huomini, Venedig 1600/1608/1621; in dt. Übers. von Hanna-Barbara Gerl, auszugsweise gedruckt in: Elisabeth Gössmann (Hg.), Archiv für philosophie- und theologiegeschichtliche Frauenforschung, Bd. 2, München 1985, S. 23–44.
[66] Dies., La vita di Maria vergine, Venedig 1617, S. 83.
[67] Dies., Le Nobiltà et Eccellenze delle Donne, Kap. III: Natur und Wesen des weiblichen Geschlechts, a. a. O., S. 27: „Daß der Körper der Frauen edler und wertvoller ist als jener der Männer, beweist ihre Zartheit und eigentümliche Konstitution oder ihre gleichmäßige Natur und die Schönheit, die eine Anmut oder ein Glanz ist, der aus der Seele entspringt. Denn Schönheit ist zweifellos ein Strahl und Licht der Seele, die den Körper formt, in dem sie sich wiederfindet."
[68] Dies., La vita di Maria vergine, a. a. O., 21 v–22 r.
[69] Ebd., 89 r.
[70] Ähnliche Identifikation und Aufwertung bietet das späte Werk von Marinella, Dei Gesti heroici e della Vita maravigliosa di S. Catherina di Siena, Venedig 1624.
[71] Dies., La vita di Maria vergine, 22 r: *La sua divina bellezza era dote di natura, e del Cielo.*

Maria – Schwester oder Mutter im Glauben? Chancen und Schwierigkeiten in Verkündigung und Katechese

[1] Magdalene Bußmann, Die Stellung der Frau in der Geschichte der Kirche – ein Beitrag zu einer nicht geschriebenen Kirchen-Geschichte, in: Religionspädagogische Beiträge, Heft 10/1982, S. 74.
[2] Golser schrieb 1486 an Sprenger: „Ich werde aus Ordinariats-Vollmacht thun, was ich für nützlich halte. Wahrhaft solltet ihr euch, ehrwürdiger Vater, in euer Kloster zurückziehen, wie ich euch schon früher gerathen habe, und ihr sollet andern nicht überlästig fallen. Ich habe es E. P. schon wiederholt gesagt, daß ihr in gegenwärtigen Umständen im Bisthume nichts zu thun habet, sondern ihr gehen sollet, wie ich auch meinte, ihr seyd schon längst gegangen. Lebet wohl." Zitiert nach: Josef Gelmi, Kirchengeschichte Tirols, Innsbruck 1986, S. 113.

[3] Heinrich Institoris / Jakob Sprenger, Malleus maleficarum (1487); neue deutsche Ausgabe: München [3]1985.
[4] Vgl. die schreckliche Liste bei Joachim Fernau, Und sie schämeten sich nicht. Ein Zweitausendjahrbericht, München 1980, S. 85 f.
[5] Nostra aetate, Art. 4. Lateinischer und deutscher Text, in: LThK[2], Bd. 13. Das Zweite Vatikanische Konzil. Dokumente und Kommentare. Teil II, Freiburg 1967, 490–495. Vgl. auch die sehr aufschlußreiche „Kommentierende Einleitung" von Johannes Österreicher, ebd., S. 406–478.
[6] Von Maria handelt das 8. Kapitel der Dogmatischen Konstitution über die Kirche unter der Bezeichnung ‚De Beata Maria Virgine Deipara in mysterio Christi et Ecclesiae' (‚Die selige jungfräuliche Gottesmutter Maria im Geheimnis Christi und der Kirche'), in: LThK[2] Bd. 12. Freiburg i. Br. 1986, S. 326–347. – Deutsche Ausgaben beider Schreiben: Maria – Gottes Ja zum Menschen. Papst Johannes Paul II.: Enzyklika ‚Mutter des Erlösers'. Hinführung von Joseph Kardinal Ratzinger, Kommentar von Hans-Urs von Balthasar, Freiburg 1987; Die Zeit der Frau. Apostolisches Schreiben ‚Mulieris Dignitatem' Papst Johannes Pauls II. Hinführung von Joseph Kardinal Ratzinger, Kommentar von Elisabeth Gössmann, Freiburg 1988. Zu kirchlichen Äußerungen über Frauen vgl. Anneliese Lissner, Zur Frauenrolle in der römisch-katholischen Kirche in der Bundesrepublik Deutschland. Überblick und Dokumentation, in: Claudia Pinl u. a., Frauen auf neuen Wegen, Gelnhausen/Berlin und Stein 1978, S. 188 f.; Rudolf Zwank, Amtliche Dokumente zur Frage der Stellung der Frauen in Kirche und kirchlichen Gemeinschaften, in: Wolfgang Beinert (Hg.), Frauenbefreiung und Kirche. Darstellung – Analyse – Dokumentation, Regensburg 1987, S. 99–296.
[7] Vgl. Herlinde Pissarek-Hudelist, Die Spiegelung der nestorianischen Kämpfe in den Osterfestbriefen des hl. Cyrill von Alexandrien, Innsbruck 1960 (Diss. masch.), zusammenfassend S. 5–9.
[8] Elisabeth Gössmann (Hg.), Ob die Weiber Menschen seyn, oder nicht?, Archiv für philosophie- und theologiegeschichtliche Frauenforschung, Bd. 4, München 1988.
[9] Gängige Redeweise während der Zeit des Nationalsozialismus.
[10] Aloisio Lorscheider, Die soziale Dimension der Katechese, in: KatBl. 106 (1981), S. 89 und S. 97.
[11] Vgl. Lk 13, 10–17.
[12] Zum Beispiel Hieronymus: „Solange die Frau für Geburt und Kinder lebt, besteht zwischen ihr und dem Manne derselbe Unterschied wie zwischen Leib und Seele. Wenn sie aber Christus mehr dienen will als der Welt, wird sie aufhören, Frau zu sein und ‚Mann' wird man sie nennen, weil wir wünschen, daß alle vollkommen zum Mann erhoben werden". Kommentar zu Eph 5, PL 26, 531 f., zitiert nach Haye van der Meer, Priestertum der Frau? Freiburg i. Br. 1969, S. 98.
[13] Luther, Werke. Weimarer Ausgabe, Bd. 11, S. 3984 f.; Erlanger Ausgabe, Bd. 20, S. 84.
[14] Wolfgang Beinert, Die mariologischen Dogmen und ihre Entfaltung, in: Wolfgang Beinert / Heinrich Petri (Hg.), Handbuch der Marienkunde, Regensburg 1984, S. 234.
[15] Ebd., S. 235.
[16] Hugo Rahner, Maria und die Kirche, Innsbruck 1951, S. 15.
[17] Vgl. Wolfgang Beinert, Die mariologischen Dogmen, in: a. a. O., S. 236.

[18] Vgl. z. B. Gerhard Heintze, Maria im Urteil Luthers und in evangelischen Äußerungen der Gegenwart, in: Wolfang Beinert u. a., Maria – Eine ökumenische Herausforderung, Regensburg 1984, S. 57–74.
[19] Wolfgang Beinert, Himmelskönigin – Urbild der Kirche – neue Frau; in: ders., u. a., Maria wie a. a. O., S. 76f.
[20] Vgl. ebd., S. 88–92.
[21] Vgl. ebd., S. 83–86.
[22] Ebd., S. 86f.
[23] Ebd., S. 87.
[24] Vgl. Anm. 6.
[25] Karl Rahner / Herbert Vorgrimler, Kleines Konzilskompendium, Freiburg [17]1984, S. 131.
[26] LThK², Bd. 12, a. a. O., S. 326f.
[27] Karl Rahner / Herbert Vorgrimler, Kleines Konzilskompendium, a. a. O., S. 121.
[28] Die bekannten Anfangsworte der Pastoralkonstitution über die Kirche in der Welt von heute – LThK², Bd. 14, S. 281.
[29] Vorwort zu Ekkart Sauser, Maria im Advent, Trier 1969, S. 7.
[30] Wolfgang Beinert, Heute von Maria reden? Kleine Einführung in die Mariologie, Freiburg 1973 (5. Auflage 1981!). Vgl. auch: ders. (Hg.), Maria heute ehren, Freiburg 1977.
[31] Alois Müller, Glaubensrede über die Mutter Jesu. Versuch einer Mariologie in heutiger Perspektive, Mainz 1980.
[32] Vgl. Karl Rahner, Mut zur Marienverehrung, in: Karl Rahner / Marianne Dirks, Für eine neue Liebe zu Maria, Freiburg 1984, S. 11–33, hier z. B. S. 14 u. S. 26f. Der an sich wertvolle, kurze Beitrag von Karl H. Neufeld, Zur Mariologie Karl Rahners – Materialien und Grundlinien, in: Zeitschrift für Kath. Theologie 109 (1987), S. 431–439, bedarf einiger kleiner Korrekturen.
[33] Enzyklika Mutter des Erlösers, a. a. O.
[34] Ebd., Nr. 3.
[35] Mit kleinen Varianten bereits veröffentlicht unter dem Titel ‚Annäherung an Maria als Schwester im Glauben', in: ‚präsent' vom 4. Juni 1987 (23/1987), S. 9f.; ebenso in der Zeitschrift ‚Jetzt', Heft 1/1988, S. 12–14, unter dem Titel ‚Beobachtungen zur Marienenzyklika'.
[36] Maria – Gottes Ja zum Menschen. Papst Johannes Paul II., Enzyklika „Mutter des Erlösers", Freiburg i. Br. 1987, Nr. 37.
[37] Ebd., Nr. 8, 12, 13, 27, 35 und 36.
[38] Ebd., Nr. 27.
[39] Ebd., Nr. 21.
[40] Ebd., Nr. 14.
[41] Ebd., Nr. 16 und Nr. 18.
[42] Ebd., Nr. 21.
[43] Ebd., Nr. 20.
[44] Ebd.
[45] Ebd., Nr. 37.
[46] Ebd., Nr. 46.
[47] Hervorhebungen von mir.
[48] Um diesen haben sich mein Lehrer Josef Andreas Jungmann SJ und seine Schüler Klemens Tilmann und vor allem Franz Schreibmayr große Verdienste

erworben. – Zu den Vorarbeiten vgl. den Band mit Tagungsberichten, Korrespondenz und Gutachten im Institut für Katechetik und Religionspädagogik Innsbruck, den Pater Jungmann selbst zusammengestellt hat: ‚Um den neuen deutschen Katechismus. Aus den Verhandlungen und der eigenen Mitarbeit. 1938–1955'. Vgl. auch den Bericht von Franz Schreibmayr, Neue und zukunftsträchtige Ansätze in der Arbeit am neuen Katechismus von 1955, in: Walter Kasper (Hg.), Einführung in den Katholischen Erwachsenenkatechismus. Düsseldorf 1985, S. 109–112 (Nachdruck aus KatBl 100 [1975], S. 715–737); Streit um den „Grünen Katechismus". Erinnerungen von Hubert Fischer, in: KatBl 113 (1988), S. 194–197; vgl. auch die teilweise andere Sicht von Hermann Kirchhoff, Der „Grüne Katechismus" entsteht im DKV, in: KatBl 112 (1987), S. 475. Mit dem „Grünen Katechismus" ist der von den deutschen Bischöfen herausgegebene ‚Deutsche Katechismus für die Bistümer Deutschlands', Freiburg 1955, gemeint. Eine weitere Kurzbezeichnung lautet „Deutscher Einheitskatechismus". Dieser Katechismus war übrigens der erste seit Petrus Canisius von allen (bundes)deutschen Diözesen übernommene Katechismus (vgl. Edgar Josef Korherr / Gottfried Hierzenberger, Praktisches Wörterbuch der Religionspädagogik und Katechetik, Wien 1973, S. 183).

49 Dies hat Jungmann gegen Ende seines Lebens deutlich erkannt. Wenige Monate vor seinem Tod schrieb er seinem Mitbruder und Freund Pater Johannes Hofinger SJ:
„Ich bin mir dabei bewußt geworden, wie altertümlich meine Katechetik war, besonders weil ich die Kinder im paradiesischen Zustand vorausgesetzt habe."
Überliefert bei: Johannes Hofinger, Erneuerung der Katechese, in: Balthasar Fischer / Hans Bernhard Meyer, J. A. Jungmann. Ein Leben für Liturgie und Kerygma, Innsbruck 1975, S. 82.

50 Adolf Exeler, Maria in der deutschen Katechese seit dem Zweiten Vatikanischen Konzil, in: Informationen für Religionslehrer, 1–2/84, Bistum Limburg, 2–7; Nachdruck aus KatBl 106 (1981), S. 637–645. Hier wird nach dem Nachdruck zitiert.

51 Ebd., S. 4.

52 Ebd.

53 Ebd.

54 Ebd.

55 Ebd., S. 5f.

56 Michael Gennert untersuchte im Sommersemester 1988 innerhalb des wissenschaftlichen Seminars „Maria im Religionsunterricht", gehalten von mir und meiner Assistentin Dr. Martha Heizer, ‚Maria in Lehrplänen und Lehrbüchern des Bundeslandes Nordrhein-Westfalen'. Seine kritischen Ergebnisse dekken sich teilweise mit den Aussagen von Exeler / Cano: „Bezeichnend ist doch, daß Maria nur in der Primarstufe einen etwas breiteren und vielschichtigeren Platz eingenommen hat. Ist unser Marienbild und unsere Marienverehrung etwa nur Kindern erklärbar – und verstehbar? ... Ein Thema zu verschweigen oder seine Sprachlosigkeit mit Bildern zu verdecken, wird keine Fortschritte bringen" (27f.). – Die Resultate der hier und im folgenden zitierten Seminararbeiten sind in meiner Verantwortung überprüft worden. Die Begegnung junger Menschen mit den verschiedenen Themen spiegelt den Bewußtseinsstand einer je neuen Generation.

57 Vgl. Adolf Exeler, Maria in der deutschen Katechese, a.a.O., S. 6.

[58] Ebd.

[59] Gelebter Glaube. Religion AHS 7. Klasse, hg. vom Interdiözesanen Katechetischen Fonds (Verfasser: Hans Zwinz u. Maria Riebl auf der Grundlage von Vorarbeiten einer Arbeitsgruppe des Katechetischen Institutes Wien), Klagenfurt 1987, S. 100–109. Vgl. die Seminararbeit von Bruno Schmid, ‚Maria in den Religionsbüchern', der nach dem Durcharbeiten von mehr als 5000 Seiten folgende, meines Erachtens positiv zu wertende Schlußbilanz zieht: „In all den verschiedenen Zugängen habe ich oft ein Ringen um eine neu zu vermittelnde Maria gespürt, die eben erst aus dem Schweigen hervorzutreten scheint" (S. 2).

[60] Franz Moser / Alois Nußbaumer / Leopold Schöfbeck, Im Garten des Lebens. Religion BHS 5, hg. vom Interdiözesanen Katechetischen Fonds, Salzburg 1988, S. 117–154. – Im Zusammenhang mit dem Marienthema im Religionsunterricht sei überdies auf die gelungenen ökumenischen Marienlieder von Erna Woll hingewiesen: Wie spricht man mit dir. Ökumenische Marienlieder, München 1986; dies., Und Maria sang. Musizierheft zu ‚Wie spricht man mit dir', München 1986; dies., Kinder fragen nach Maria. Neue Marienlieder, München 1988; dies., Selig preisen mich alle Völker (Gemeindeheft mit allen Liedern beider Ausgaben), München 1988.

[61] Lehrpläne für den katholischen Religionsunterricht an BHS (Kommentierte Ausgabe 1983), hg. vom Interdiözesanen Amt für Unterricht und Erziehung Wien, Salzburg 1983, S. 86–88.

[62] In ihrer Seminararbeit ‚Maria in ihrer Bedeutung für die religiöse Erziehung seit 1950' kam Simone Burster zum selben Ergebnis (erarbeitet im Sommersemester 1987 im Seminar „Weibliche religiöse Sozialisation" meiner Assistentin Dr. Martha Heizer).

[63] Catharina J. M. Halkes, Gott hat nicht nur starke Söhne, Gütersloh ^{3}1982, S. 95 bzw. S. 118.

[64] M. Kassel, Maria und die menschliche Psyche, in: Concilium (D) 19 (1983), S. 657.

[65] „Schwerer ist es, die Blockierungen aufzuarbeiten, die eine falsche marianische Erziehung im sexuellen Bereich des ehelichen Lebens ... bewirkt hat ... Die Ursache dafür liegt vielfach darin, daß die jungfräulich gebliebene Mutter Maria uns Frauen lange Zeit als das Leitbild für jegliche Art weiblicher Existenz vorgestellt wurde. Das brachte Konflikte und Belastungen, unter denen viele Frauen der älteren Generation heute noch leiden ... Es ist erstaunlich, für wie viele Frauen meiner Generation und vielleicht auch noch der nächsten, besonders auf dem konservativen Land, der Geschlechtsverkehr auch in der Ehe mit der vagen Vorstellung von etwas Unreinem behaftet war und zum Teil noch ist. So mußte das eheliche Leben im geschlechtlichen Bereich bei vielen Frauen etwas Verkrampftes bekommen." Marianne Dirks in: Karl Rahner / Marianne Dirks, Für eine neue Liebe zu Maria, a. a. O., S. 57 f.

[66] Dieser Hinweis entstammt der Seminararbeit von Konrad Junker, Stereotypen in den Katechetischen und Christlich-pädagogischen Blättern in der Zeit von 1879–1930, innerhalb des Seminars „Geschichte der Katechese" im Wintersemester 1986/87 (S. 8). M. Stepperger, „Sohn, siehe deine Mutter!" Katechese über Marienverehrung für Knaben-Fortbildungsschulen, in: KatBl 46 (1920), S. 436. Bezeichnend scheint mir folgende Anrede an die Schüler: „Vielleicht regt sich da und dort der Gedanke: Ach was, bei uns Knaben über Maria reden! Das gehört doch in die Mädchenklassen! Nur sachte. Knaben denken mehr als

Mädchen, darum überlegt erst einmal, ehe wir das Thema ‚Marienverehrung' überschlagen, überlegt, ob nicht auch ein Knabe an Maria, der Mutter unseres Herrn, edle Charaktereigenschaften entdecken kann" (ebd., S. 436f. Dadurch „soll das den Knaben innewohnende Vorurteil: Marienverehrung ist den Mädchen vorbehalten, weggeräumt ... werden" (ebd., S. 437).

67 Ludwig Esch, Maria und die Jugend, Kevelaer 1923. – Wiederum bezeichnend (und bis heute vorkommend), daß unter dem allgemeinen Begriff „Jugend" nur männliche Jugendliche gemeint sind. Esch hat dies wenigstens selbst bemerkt: „Die eine Beschränkung allerdings mußten wir uns auferlegen, daß wir handeln nur von der männlichen Jugend und zwar von der Zeit der Entwicklungsjahre. Nur so ließ sich etwas Einheitliches bieten", S. 9.

68 Ottilie Mosshamer, Werkbuch der religiösen Mädchenführung, Bd. I–III, Freiburg 1937–1939. Sie war viele Jahre die Verantwortliche für Arbeit mit katholischen Frauen in Bayern.

69 Ebd., Bd. II, S. 126.

70 Ebd., Bd. III, S. 303.

71 Vgl. Gabriele Miller, Geschichte ist Gegenwart – religionspädagogische Konzeptionen der letzten 50 Jahre, in: KatBl 102 (1977), S. 913–918.

72 Vgl. das Themenheft ‚Maria in den Kirchen' der Zeitschrift Concilium 19 (1983), H. 10. In bearbeiteter Form und mit neu verfaßten Beiträgen als Buch: Elisabeth Moltmann-Wendel / Hans Küng / Jürgen Moltmann (Hg.), Was geht uns Maria an? Beiträge zur Auseinandersetzung in Theologie, Kirche und Frömmigkeit, Gütersloh 1988.

73 Ich habe diese Generation beschrieben in meinem Beitrag: Frauen in der Kirche: die geduldig–ungeduldige Generation, in: Jetzt, Heft 3/1987, S. 3–5.

74 Karl Rahner, Vorfragen zu einem ökumenischen Amtsverständnis, Freiburg i. Br. 1974, S. 23.

75 Ruth Ahl hat mich darauf aufmerksam gemacht, daß sie bereits 1972 eine Marien-Meditation verfaßt hat, in der sie die vier Mariendogmen als Hoffnungszeichen durchmeditiert. Sie wurde 1974 im ‚Christ in der Gegenwart' veröffentlicht. Ich freue mich, daß wir unabhängig voneinander einen ähnlichen Zugang gesucht haben.

Mariologische Thesen in der Feministischen Theologie. Darstellung und Kritik

1 Dt.: Mary Daly, Jenseits von Gottvater, Sohn & Co., München 1980.

2 Walter Schöpsdau, in: ders. (Hg.) Mariologie und Feminismus, Göttingen 1985, S. 12.

3 Vgl. Zuletzt: Gerhard Lohfink, Rudolf Pesch, Tiefenpsychologie und keine Exegese, Stuttgart 1987 und die Erwiderung von Eugen Drewermann, An ihren Früchten sollt ihr sie erkennen, Olten 1988.

4 Rosemary Radford Ruether, Mary. The Feminine Face of the Church, Philadelphia 1977.

5 Dies., Maria. Kirche in weiblicher Gestalt, München 1980.

6 Christa Mulack, Maria. Die geheime Göttin im Christentum, Stuttgart 1985.

[7] Vgl. Michael Schmaus, Katholische Dogmatik, Bd. 4, 2: Von den letzten Dingen, München 1959.
[8] Vgl. dazu: Haruko Okano / Elisabeth Gössmann, Himmel ohne Frauen? Zur Eschatologie des weiblichen Menschseins in östlicher und westlicher Religion, in: E. Gössmann / G. Zobel (Hg.) Das Gold im Wachs, München 1988, 397–426.
[9] Christa Mulack, a. a. O., S. 221.
[10] Vgl. Anton Bammer, Das Heiligtum der Artemis von Ephesos, Graz 1984.
[11] Vgl. dazu auch: Elisabeth Burmeister, Anfragen an die Göttin und ihren Heros, in Schlangenbrut Nr. 11, 1985, S. 6–12.
[12] Marie-Theres Wacker, Die Göttin kehrt zurück. Kritische Sichtung neuer Entwürfe, in: dies. (Hg.), Der Gott der Männer und die Frauen, Düsseldorf 1987.
[13] Rosemary Radford Ruether, Maria. Kirche in weiblicher Gestalt, a. a. O., S. 42.
[14] Christa Mulack, a. a. O., S. 102.
[15] Ebd.
[16] Rosemary Radford Ruether, Maria. Kirche in weiblicher Gestalt, a. a. O., S. 90.
[17] Christa Mulack, a. a. O., S. 23.
[18] Die Thematik bei Jeremia ist aufgearbeitet von Urs Winter, Frau und Göttin. Exegetische und ikonographische Studien zum weiblichen Gottesbild im Alten Israel und in dessen Umwelt. Göttingen 2. Aufl. 1987.
[19] Vgl. z. B. O. Bardenhewer, Mariae Verkündigung. Ein Kommentar zu Lukas 1,26–38. Biblische Studien X, 5, Freiburg 1905.
[20] Christa Mulack, a. a. O., S. 91 (Hervorhebung von mir).
[21] Demostenes Savramis, in: Walter Schöpsdau (Hg.), Mariologie und Feminismus, a. a. O., S. 33: „Die orthodoxe Kirche ... vertritt die Auffassung, daß sie (sc. Maria) wie jeder andere Mensch geboren wurde und daß sie erst durch die Botschaft des Engels, durch die Herabkunft des Heiligen Geistes auf sie, also im Moment ihrer Empfängnis, durch die Gnade Gottes unbefleckt und sündenfrei wird."
[22] Christa Mulack, a. a. O., S. 176.
[23] Vgl. Elisabeth Gössmann, Wie könnte Frauenforschung im Rahmen der katholischen Kirche aussehen? (Eichstätter Hochschulreden 57), München 1987.
[24] Eine herausragende Stellung bei diesen Umdeutungen von Frauen nimmt Hildegard von Bingen ein. Nach ihr ist jeder Mensch, der in diese Welt geboren wurde, mit der scientia boni et mali ausgestattet. Das Wissen um gut und böse ist sogar der Inhalt ihrer Makro-Mikrokosmos-Lehre. Was die Stammeltern im Paradies praktizierten, ist nach Hildegard scientia mala, die uns blind macht für die scientia bona. Vgl. Elisabeth Gössmann, Scientia boni et mali. Science and Faith in Hildegard von Bingen, in: Vox Benedictina 4 (1987), S. 307–320.
[25] Christa Mulack, a. a. O., S. 192.

Thesen zur Befreiungsmariologie. Möglichkeiten und Grenzen

[1] Diese Thesen verdanken viel dem Artikel von Horst Goldstein, Anwältin der Befreiung. Mariologische Neuansätze in Lateinamerika, in: Diakonia 12 (1981), S. 396–402. Für den Bereich der Katechetik/Religionspädagogik hat sich Adolf Exeler, bewegt und bewogen durch die Begegnung mit lateinamerikanischen Christ/inn/en, um die Vermittlung der sozialen Dimension der Katechese bemüht. Auf ihn geht sicher der befreiungsmariologische Bezug (Magnifikat-Deutung) im Katechismus ‚Grundriß des Glaubens' zurück, an dessen Erarbeitung er maßgeblich beteiligt war (Deutscher Katechetenverein [Hg.], Grundriß des Glaubens. Allgemeine Ausgabe, München 1980, S. 80f.). Vgl. seine Anmerkung 15 in: Adolf Exeler, Maria in der deutschen Katechese seit dem Zweiten Vatikanischen Konzil, in: Informationen für Religionslehrer, 1–2 (1984) Bistum Limburg, S. 2–7.

[2] Die Evangelisierung Lateinamerikas in Gegenwart und Zukunft. Schlußdokument der III. Vollversammlung des lateinamerikanischen Episkopats in Puebla, hg. vom Sekretariat der deutschen Bischofskonferenz, Bonn 1979.

[3] Gustavo Gutiérrez, Theologie der Befreiung. Mit einem Vorwort von Johann Baptist Metz, München/Mainz 1973, S. 41f. und S. 170.

[4] Z.B. hat Leonardo Boff 1970 bei Leo Scheffczyk und Heinrich Fries in München mit einer Dissertation über ‚Die Kirche als Sakrament im Horizont der Welterfahrung' promoviert.

[5] Die Evangelisierung Lateinamerikas in Gegenwart und Zukunft (Puebla) a.a.O., IV und II.

[6] Kongregation für die Glaubenslehre, Instruktion über einige Aspekte der Theologie der Befreiung, Stein am Rhein 1984, S. 13: „6. Wir rufen ins Gedächtnis, daß die vorrangige Option für die Armen, wie sie in Puebla festgehalten ist, eine doppelte ist: für die Armen und für die Jugendlichen. Es ist bezeichnend, daß die Option für die Jugendlichen allgemein völlig in Vergessenheit geraten ist."

[7] Leonardo Boff, Eine kreative Rezeption des II. Vatikanums aus der Sicht der Armen: Die Theologie der Befreiung, in: E. Klinger / K. Wittstadt (Hg.), Glaube im Prozeß. Christsein nach dem II. Vatikanum. Für Karl Rahner, Freiburg 1984, S. 628–654, hier: S. 651.

[8] Vgl. Herlinde Pissarek-Hudelist, Die Sicht der Befreiungstheologie und der feministischen Theologie, in: Anton Kolb (Hg.), Glaube – Wissen – Zukunft. Festakt und Symposion zum 400-Jahr-Jubiläum der Katholisch-Theologischen Fakultät der Karl-Franzens-Universität Graz im Jahre 1985, Graz 1987, S. 81–120, hier: S. 92 bzw. S. 116, Anm. 28. Hier der Hinweis auf: Durch die Armen herausgefordert, in: Herderkorrespondenz 36 (1982), 548–552; und A. Balde, Die Rolle der Frau in der Evangelisierung Lateinamerikas, in: Kontinent der Hoffnung, hg. von H. Schöpfer und E. L. Stehle, München/Mainz 1979, S. 123–131. Vgl. auch die Dissertation von Hanni Rolfes M.S.C., Dienste der Frau in der Gemeinde und das Vollkommenheitsideal. Eine Reflexion auf die Entwicklung der frühen Kirche aus lateinamerikanischer Perspektive, Tübingen 1984, bes. S. 240–315.

[9] Goldstein, Anwältin der Befreiung, in: a.a.O., S. 397.

[10] Vgl. die Ausführungen des Befreiungstheologen Hugo Echegaray, Vamos Caminando – eine neue Art, Theologie zu treiben, in: Equipo Pastoral de Bambamarca, Vamos Caminando. Machen wir uns auf den Weg!, Freiburg (Schweiz)/Münster 1983, S. 403–407.

[11] Ebd., S. 158f.

[12] Carlos Mesters, Maria – A Mãe de Jesus, Petrópolis ^{3}1979, 42, 62; zitiert nach Goldstein Anwältin, a. a. O., S. 398. Das Buch erschien inzwischen in deutscher Sprache: Carlos Mesters, Maria – Mutter Jesu, Düsseldorf 1985.

[13] Ebd.

[14] Die Evangelisierung Lateinamerikas (Puebla), a. a. O., S. 302; Apostolisches Schreiben „Marialis Cultus". Über die Marienverehrung (Nachkonziliare Dokumentation Bd. 45, Trier 1978), Nr. 37. J. Marins, Maria – Mulher Libertadora. Dinamismo mariológico no Comunidade Eclesial de Base, São Paulo 1979, S. 22; zitiert nach H. Goldstein, Anwältin der Befreiung, in: a. a. O., S. 399.

[15] Die Evangelisierung Lateinamerikas (Puebla), a. a. O., S. 297.

[16] Vgl. Johannes Paul II. in Zapopá/Mexiko. Vgl. auch Gustavo Gutiérrez, Aus der eigenen Quelle trinken. Spiritualität der Befreiung. München/Mainz 1986, S. 140 mit Anm. 85.

[17] J. Marins, Maria a. a. O., S. 22; zitiert nach H. Goldstein, Anwältin der Befreiung, in: a. a. O., S. 399.

[18] Carlos Mesters, Maria a. a. O., S. 42; zitiert nach H. Goldstein, Anwältin der Befreiung, in: a. a. O., S. 398. Im deutschen Sprachraum zugänglich ist überdies der Abschnitt 32: Die Mutter Jesu, in: ders., Vom Leben zur Bibel – von der Bibel zum Leben. Ein Bibelkurs aus Brasilien für uns, Bd. 2, München 1983, S. 113–116. Übrigens: Die Mütter aus dem Leben und aus der Bibel in diesem Abschnitt haben nur Söhne!

[19] Virgil Elizondo, Maria und die Armen. Ein Modell eines evangelisierenden Ökumenismus, in: Concilium 19 (1983), S. 641. Vgl. einen früheren Beitrag desselben Autors: Unsere Liebe Frau von Guadalupe als Kultursymbol: Die Macht der Machtlosen, in: Concilium (D) 13 (1977), S. 73–78. Ein Vergleich mit der Marienverehrung in Österreich nach dem Sieg über die Türken bei Lepanto (1571) legt sich durchaus nahe. Zu „Maria – Siegerin in allen Schlachten Gottes" vgl. die eindrucksvolle Textsammlung von Gottfried Bachl, Stichworte (Theologische Texte, Heft 4/1983), Linz 1983 (Eigenverlag: Institut für Dogmatik und Ökumenische Theologie der Kath. Theol. Hochschule Linz). Vgl. auch die militante Terminologie in marianischen Bewegungen: Blaue Armee, Rosenkranz-Sühnekreuzzug, Legio Mariae. Eine interessante individuell-spirituelle Deutung dazu gibt die Seminararbeit von Christian Sint, Die Legion Mariens, Innsbruck 1988, S. 12: „Auch Maria hat sich mit diesem Gott eingelassen, sie hat, so glaube ich, auch mit ihm zu kämpfen gehabt und hat dadurch ‚Großes' vollbracht."

[20] Virgil Elizondo, Maria und die Armen, in: a. a. O., S. 641. Vgl. zu Guadelupe auch Harvey Cox, Verführung des Geistes, Stuttgart 1974, S. 174–184.

[21] Virgil Elizondo, Maria und die Armen, in: a. a. O., S. 642.

[22] Ebd.

[23] Ebd., S. 643.

[24] Alle Zitate ebd., S. 644.

[25] Ebd., S. 645.

[26] Ebd.

[27] J. Marins, Maria a. a. O., S. 23; zitiert nach H. Goldstein, Anwältin der Befreiung, in: a. a. O., S. 400.
[28] Ebd.
[29] Carlos Mesters, Maria a. a. O., S. 63f.; zitiert nach H. Goldstein, ebd.
[30] Leonardo Boff, Ave Maria. Das Weibliche und der Heilige Geist, Düsseldorf 1982, S. 51, Anm. 4.
[31] Ebd. Das Erschrecken und die Ratlosigkeit mehrerer protestantischer Tagungsteilnehmerinnen bezüglich solcher Aussagen war nicht zu übersehen.
[32] Die Zeitschrift ‚Concilium' bemüht sich seit Jahren, auch Theologinnen der sogenannten Dritten Welt zu Wort kommen zu lassen. Das Themenheft ‚Theologien der Dritten Welt: Konvergenzen und Differenzen', Concilium 24 (1988), H. 5, enthält darüberhinaus eine Reihe von Namen und Informationen über solche Frauen auch in Beiträgen von Männern.
[33] Norbert Greinacher (Hg.), Konflikt um die Theologie der Befreiung. Diskussion und Dokumentation, Einsiedeln 1985. Weitere Angaben in meinem Beitrag: Die Sicht der Befreiungstheologie, in: a. a. O.
[34] Dimas Antônio Künsch, Kirchliche Basisgemeinden in Brasilien. Aspekte einer Kirche, die an der Basis entsteht (Seminararbeit zum Seminar „Formen der Katechese in der Weltkirche", Sommersemester 1983), 2. Seine Diplomarbeit hatte folgenden Titel: Comunidades Eclesiais de Base no Brasil. Lugar social, origem e autocompreensâo (= Kirchliche Basisgemeinden in Brasilien. Sozialer Ort, Entstehung und Selbstverständnis), Innsbruck 1984.
[35] Ausnahmen: Gustavo Gutiérrez, Aus der eigenen Quelle trinken, a. a. O., S. 140 mit Anm. 85; Enrique Dussel, Herrschaft und Befreiung, Freiburg i. Br. 1985, S. 256–260; Ernesto Cardenal, Das Evangelium der Bauern von Solentiname, Bd. 1 und 2, Wuppertal 1978. Überraschend wenig eigenständig: Aloisio Lorscheider, Das Geheimnis Mariens, in: ders., Impulse aus Lateinamerika, Graz 1981, S. 175–192.
[36] Schon genannt sind Leonardo Boff, Ave Maria, a. a. O.; J. Marins, Maria, a. a. O., Carlos Mesters, Maria, a. a. O.
[37] Bei Gutiérrez kommt in der ‚Theologie der Befreiung' die Frau überhaupt nicht vor. In ‚Die historische Macht der Armen', München/Mainz 1984, bringt sie es immerhin auf eine Anmerkung: S. 159, Anm. 55. Vgl. meinen Artikel, Die Sicht der Befreiungstheologie, in: a. a. O., S. 120 (Anm. 5).
Dies (die geäußerten Bedenken) trotz einiger bewegender Texte, z. B. in: A. Reiser / P. G. Schoenborn, Basisgemeinden und Befreiung, Wuppertal 1981, S. 219, 250; trotz der Dritten ‚quaestio disputata' von Leonardo Boff, Das Priestertum der Frau und seine Möglichkeit, in: ders., Die Neuentdeckung der Kirche, Mainz 1980, S. 110–140; trotz des Dokuments von Puebla. Ein Bericht von Marita Estor (Der Eklat von New York. Von den Schwierigkeiten der Theologen mit der Frauenfrage. Ein Erfahrungsbericht, in: Publik-Forum Nr. 13, 26. Juni 1981, S. 24f.) zeigt auf, daß sich auch namhafte Befreiungstheologen in einer „Diskrepanz zwischen Theorie und Praxis" befinden, wenn die Unterdrückten tatsächlich anwesend sind und ihre Stimme erheben: Frauen waren bei einem Seminar in New York über die „Prophetische Rolle der Theologie in einer angstgeschüttelten Welt" die einzige anwesende Gruppe von Unterdrückten und formulierten ihre Kritik. Vgl. dazu auch den bemerkenswerten Schlußteil des Berichts von E. Dussel über die „Ökumenische Vereinigung von Theologen der Dritten Welt" (EATWOT) 1974–1983; über das VI. Treffen in Genf 1983, in:

ders., Herrschaft und Befreiung, Freiburg (Schweiz) 1985, S. 134. – Eine quantitative Bildanalyse von Vamos Caminando ergibt übrigens bei 155 Bildern: 15 Darstellungen von Frauen, 89 von Männern, 51 gemischte, dazu das Titelbild „Frau mit Kindern". Leonardo Boff gelingt es auch in seinem Reisetagebuch: Theologie hört aufs Volk, Düsseldorf 1982, über die Vorbereitung eines Seminars zum Thema „Familie" zu schreiben (ebd., S. 44f.), ohne die Frau zu erwähnen. – Auch Boffs Buch „Das mütterliche Antlitz Gottes", Düsseldorf 1985, räumt meine Bedenken nicht aus. Vgl. auch zum Ganzen den Abschnitt „IV. Kritik an ‚Vamos Caminando' aus feministischer Sicht" von Sonja Maria Riha in ihrer Diplomarbeit: Befreiender Umgang mit der Bibel – am Beispiel von ‚Vamos Caminando', dem Glaubensbuch peruanischer Campesinos/as, Innsbruck 1987, S. 98–109.

[38] Z. B. J. Marins, Maria, a. a. O.

[39] Jürgen Moltmann (Hg.), Minjung. Theologie des Volkes Gottes in Südkorea, Neukirchen-Vluyn 1984. Außerordentlich aufschlußreich ist der Vergleich mit der Arbeit von Hector Diaz, A Korean Theology. Chu-Gyo Yo-Ji: Essentials of the Lord's Teaching by Chóng Yak-jong Augustine (1760–1801) (Neue Zeitschrift für Missionswissenschaft. Supplementa, Vol. XXXV), Immensee 1986. – Joseph G. Donders, Afrikanische Befreiungstheologie. Eine alte Kultur erwacht, Olten 1986. Vgl. damit die Arbeit von Heribert Rücker, Afrikanische Theologie. Darstellung und Dialog (Innsbrucker theologische Studien, Bd. 14), Innsbruck 1985.

Hier liegt übrigens der einzigartige Vorteil der Feministischen Theologie. Sie ist zwar auch Kontext-Theologie, dazu gehören aber Frauen aller Rassen, Kulturen und sozialen Schichten. Feministische Theologie (negativ) als Theologie im Kontext der Erfahrung von Frauen als Unterdrückten, Selbstentfremdeten und Fremdbestimmten und (positiv) als Theologie im Kontext ihrer Befreiungserfahrungen durch die christliche Botschaft ist daher in diesen Gemeinsamkeiten grundsätzlich in jeder kulturellen und sozialen Umwelt verständlich und mitteilbar. Vgl. z. B. den gut nachvollziehbaren Artikel der koreanischen feministischen Theologin Sung-Hee Lee-Linke, Frauengestalten im Alten Testament aus der Perspektive asiatischer Frauen, in: Elisabeth Moltmann-Wendel (Hg.), Weiblichkeit in der Theologie. Verdrängung und Wiederkehr, Gütersloh 1988, S. 68–92.

[40] Kari Elisabeth Børresen, Maria in der katholischen Theologie, in: Concilium (D) 19 (1983), S. 638.

[41] Der Ausdruck „Befreiungsmariologie" geht auf R. R. Ruether zurück. Rosemary Radford Ruether, Mariologie der Befreiung, in: dies., Sexismus und die Rede von Gott. Schritte zu einer anderen Theologie, Gütersloh 1985, S. 185–192; Catharina J. M. Halkes, Die prophetische Maria, in: dies., Gott hat nicht nur starke Söhne. Grundzüge einer feministischen Theologie, Gütersloh [3]1982, S. 113; dies., Suchen, was verloren ging. Beiträge zur feministischen Theologie, Gütersloh 1985, S. 87–90; Christa Mulack, Maria – die geheime Göttin im Christentum, Stuttgart [2]1986, S. 7f.; dies., Mutter der Revolution?, in: Publik-Forum Nr. 1, 19. Januar 1987, S. 21. „Seit die lateinamerikanische Befreiungstheologie das Magnificat als Inspirationsquelle verwendet, haben feministische Theologen darauf hingewiesen, daß man dann aber die Frage gut im Auge behalten müsse, wer denn dieses prophetische Befreiungslied gesungen habe oder wem dieses Lied in den Mund gelegt worden sei." So Catharina J. M.

Halkes, Maria – die Frau. Mariologie und Feminismus, in: Walter Schöpsdau (Hg.), Mariologie und Feminismus (Bensheimer Hefte 64), Göttingen 1985, S. 63f. – Ein sehr früher Beleg: Dorothee Sölle, Die revolutionäre Geduld, Berlin 1974, S. 14f.; abgedruckt in: Uta Knolle, ... denn übel bestellt ist es mit denen, deren Kinder weiblich sind. Anfragen des Feminismus an die Theologie, Gelnhausen 1979, S. 9f. Nach Verlagsankündigung ähnlich Ivone Gebara / Maria C. Lucchetti Bingemer, Maria. Mutter Gottes und Mutter der Armen (Bibliothek der Theologie der Befreiung: Die Kirche, Sakrament der Befreiung).

[42] Die erste, die dies kritisch gefordert hat, war m.E. Catharina Halkes. Es fiel ihr auf, daß „Gutiérrez das Magnificat nennt, ohne das Subjekt, ohne Maria zu erwähnen" (vgl. Gustavo Gutiérrez, Theologie der Befreiung, a.a.O., S. 143), in: Catharina J. M. Halkes / Daan Buddingh (Hg.), Wenn Frauen ans Wort kommen. Stimmen zur feministischen Theologie, Gelnhausen/Berlin/Stein 1979, S. 112.

[43] Hans Küng, Maria in den Kirchen, in: Concilium 19 (1983), S. 590.

[44] Edwin Wiedenhofer, Mariologie und Marienverehrung in Hinblick auf die Rolle der Frau in der Kirche (Seminararbeit im Wintersemester 1985/86 zu meinem Seminar „Selbstverständnis heutiger Frauen und kirchliche Dienste"), 14.

[45] „Dieses Buch spiegelt in Erziehern und in den zu Erziehenden eine karge und winterliche Zeit der Frömmigkeit wider". Nachwort von Karl Rahner, in: Sigmund Kripp, Abschied von morgen. Aus dem Leben in einem Jugendzentrum, Düsseldorf 1973, S. 198.